山东青年政治学院学术出版基金资助项目
山东青年政治学院博士科研启动经费资助项目
山东省社会科学规划研究项目基金资助课题

新时代大学生法治认同要论

朱国良 著

中国社会科学出版社

图书在版编目(CIP)数据

新时代大学生法治认同要论/朱国良著.—北京：中国社会科学出版社，2019.9（2021.6重印）
ISBN 978-7-5203-3952-0

Ⅰ.①新… Ⅱ.①朱… Ⅲ.①大学生—社会主义法制—法制教育—研究—中国 Ⅳ.①D920.4②G641.5

中国版本图书馆CIP数据核字（2019）第013136号

出 版 人	赵剑英
责任编辑	刘 艳
责任校对	陈 晨
责任印制	戴 宽

出　　版	中国社会科学出版社
社　　址	北京鼓楼西大街甲158号
邮　　编	100720
网　　址	http://www.csspw.cn
发 行 部	010-84083685
门 市 部	010-84029450
经　　销	新华书店及其他书店
印刷装订	北京市十月印刷有限公司
版　　次	2019年9月第1版
印　　次	2021年6月第2次印刷
开　　本	710×1000 1/16
印　　张	15
插　　页	2
字　　数	203千字
定　　价	69.00元

凡购买中国社会科学出版社图书，如有质量问题请与本社营销中心联系调换
电话：010-84083683
版权所有　侵权必究

序

习近平总书记在《之江新语·弘扬法治精神，形成法治风尚》一文中写道："从客观上说，法治也并不体现于普通民众对法律条文有多么深透的了解，而在于努力把法治精神、法治意识、法治观念熔铸到人们的头脑之中，体现于人们的日常行为之中。"这段话强调了法治精神的日常性、实践性特征，突出了立足生活实践向度培养人们的法治精神、法治意识和法治观念，让人们对法治的心理文化认同在日常生活实践中得以实现。法治认同是人们对法治的内心赞同与认可接受，包括对法治制度的认可和遵行，以及对法治精神的尊崇和信仰，是法治中国建设的文化心理根基。法治认同是人们的法治意识、法治观念、法治精神的一种内在体现，树立法治意识、养成法治观念、践行法治精神的人自然具有对法治的高度认同。

党的十八大以来，以习近平同志为核心的党中央明确提出：依法治国是党领导人民治理国家的基本方略，法治是治国理政的基本方式。两个基本的提出，昭示着党领导人民推进全面实施法治的决心，昭示着新时代鲜明的法治主题和法治权威。新时代法治认同起着凝聚共识、汇聚力量的重要作用，对于推动社会主义核心价值观建设，对于实现中华民族伟大复兴的中国梦都有着重要的实践价值和时代意义。新时代大学生思想政治教育要紧密结合这一时代发展主题、主动适应这一新时代发展要求，加强面向大学生的宪法法律宣传教育、不断增强大学生的法治认同，这是新时代大学生思想政治教育的重要任务，同时也是新时代对大学生思想政治教育的开创性有益探索。朱国良博士正是在这种新时代背景下选题立项、进行不断探索研究的，他的研究得到了导师组的一致认同，大家认为选题具有重要的理论意义和现实价值。正如他在博士论文中写的那样，这一追寻契合了依法治国方略的实施，中国的法治建设正经历着深刻变革和历史转型，如何彻底、全面、顺利转型，如何充分克服前进道路上的不利障碍，尤其是如何引导广大民众真正走向法治，还是一个较为现实的问题。朱国良对法治认同理论的重要性认识及其对这一领域的不懈探索，我是非常认同的。

朱国良在山东大学攻读博士期间，他在自己的单位山东青年政治学院同时承担着较为繁重的教学科研工作任务和行政管理工作任务，他十分珍惜攻读博士学位的学习机会，加倍努力完成工作和学习双重任务。他比较勤奋，俗话说勤能补拙，但他不但不拙，还很善于思考、勤于钻研，思考和执着相结合，勤奋和踏实相搭档，我们完全有理由相信他是在努力收获着属于自己的辛勤付出。

欣闻朱国良要将自己的博士论文集结出版，我是由衷的赞赏，十分欣赏他这种努力和勤奋，欣赏他这种踏实和执着。《新时代大学生法治认同要论》一书将是第一部专门研究大学生法治认同的著作，从这个意义上讲，其创新价值和出版意义是不言而喻的。我们期待朱国良博士在这一紧扣新时代发展主题的研究领域深入持续下去，有更多的研究作品问世，为全面推进法治中国建设、为全面推进依法治国方略实施作出更大的学术贡献！

是为序。

山东大学马克思主义学院教授、博士生导师　徐国亮
2019年6月6日于泉城领秀城

自序　新时代法治三论

党的十八大以来，以习近平同志为核心的党中央明确提出：依法治国是党领导人民治理国家的基本方略，法治是治国理政的基本方式。两个基本的提出，昭示着党领导人民推进全面实施法治的决心，昭示着新时代鲜明的法治主题和法治权威。新时代推进国家治理体系和国家治理能力现代化的关键是"法治化"，国家治理现代化的实现过程同时就是实现法治化的过程。全面依法治国必须维护宪法权威，必须从理念上改变对国家宪法的基本看法、从行为上强化对国家宪法的根本遵循、从制度上推进对国家宪法的司法适用。

一　法治方略论

（一）依法执政是一种法治自觉

习近平总书记强调指出：把党依法执政的过程作为实现人民当家作主和实行依法治国的过程，作为巩固党的执政地位过程。[①] 依法执政事关党执政的合法性和权威性，这里的合法性是一种广义的认可，党员干部要增强依法执政意识，这是一种政治自觉，更是一种法治自觉。革命战争年代依靠武装斗争夺取政权，人民武装是赢得政权的坚实力量，执政的合法性和权威性来自于武装斗争力量的强大。国家和社会建设时期，执政的合法性和权威性来自于国家经

[①]　习近平：《之江新语》，浙江人民出版社2007年版，第207页。

济建设的发展和成就，发展才是硬道理，经济发展才能满足人民基本的物质文化需要，才能足以得到人民的真心拥护和全力支持。当国家的经济建设和社会发展到了一定程度时，当物质文化需求发展为人民群众对美好生活的向往时，人民的政治文化素质得到极大地提升，政治文明的发展对对依法治国基本方略提出了新的更高要求，在未来几十年乃至于一百年甚至几百年更长的时间里，法治将是硬道理。在这种形势下，党员干部的执政意识和执政能力的提升显得尤为重要，传统的政治权威将被法治权威所取代，依法执政将成为执掌政权的合法性和权威性的重要源泉。

依法执政是新时代坚持党的领导的重要内容，是加强党的领导和改进党的领导方式的重要途径。依法执政是经历了几十年的不懈探索得出的结论，是中国特色社会主义法治建设实践中党的集体智慧的结晶。依法执政必须正确处理好的核心问题是党和法的关系问题，习近平总书记一针见血地指出，"党大还是法大"是一个政治陷阱，是一个伪命题。[①] 党和法的关系问题事关我们的执政党能否真正做到依法执政，事关人民群众对执政党的政治认同和法治认同，事关依法治国基本方略的贯彻落实。习近平总书记也明确给出了回答，那就是执政党作为一个整体而言，是不存在党大还是法大的问题，这是一个伪命题。但是具体到每个党组织和党员干部个体的时候，必须服从宪法和法律。执政党只有服从宪法和法律，才能真正做到依法执政，这是一种法治理念和法治思维。要提高党员干部的法治思维能力和依法办事能力，要大力提倡弘扬法治精神，将依法执政的理念熔铸到执政者的头脑之中，体现到具体的行动之中，要养成尊重法治、敬畏法律的意识、思维和习惯，真正形成党员干部依法执政的法治自觉。

---

① 中共中央宣传部：《习近平新时代中国特色社会主义思想三十讲》，学习出版社2018年版，第192页。

（二）法治是基本方式

法治是治国理政的基本方式，这是我们党在深刻认识和总结人类社会发展的一般规律、中国特色社会主义建设规律、中国共产党执政规律得出的一条重要结论。[①] 选择法治作为基本方式是一种历史的进步和历史的必然，是相对于中国传统历史中的人治方式而言的，是为了我们党执掌政权的长治久安，是对历史的超越。法治作为基本方式意味着依靠法治走出历史的周期律，意味着依靠法治摆脱那种以人的意志为转移的行政专横，意味着要"将权力关进制度的笼子"，给桀骜不驯的行政权力戴上法治的羁束，使其为国家谋太平、为人民谋福祉。党的十八大以来，全面从严治党的推进，显示了以习近平为核心的党和国家领导人对选择法治方式的自觉和坚定，法治作为基本方式的突出效果已经显现出来，赢得了民心、树立了权威，促进了国家和社会的健康发展，在中国特色社会主义的道路上展现了中国风采、发扬了中国特色、走出了中国自信。改革开放以来的社会发展过程中，人们经常慨叹伴随着物质的丰富和改革开放进程的加深，道德的滑坡越来越严重，甚至是道德沦丧、价值观扭曲，面对这种现实，党中央提出了坚持德法并举，推进社会主义核心价值观入法入规。可以说，法治是整个社会倡导和践行道德的最可靠方式，法治可以充分发挥法的强制性作用，可以与道德的践行形成互补。法治不仅具有强制力，还具备理性的品质，法治要求经过充分的程序，程序是保障实体正义的有效条件，现代社会的精细化发展，对理性的要求必然越来越高。人们的取舍不是随意的和一时的，要求经过广泛的研究论证和严密的组织计划，法治恰好能够满足这一严格的要求，现代智库的充分发展就是最为明显的例证。我们强调法治是治国理政的基本方式还在于法治能够克服少数人的专横，最大限度的保障最大多数人的正当权益，这是现代民

---

① 颜晓峰：《推动法治成为治国理政的基本方式——学习党的十八届四中全会〈决定〉精神》，《西安政治学院学报》2014年第6期。

主社会最为关键的要素。一个敢于和能够维护整个社会中最大多数人的最广泛利益的社会，才能得到最广泛的拥护和爱戴，当下党中央提出的打黑除恶、维护社会稳定，就是为着最广泛人民群众的根本利益着想。只有以法治为基本方式，维护最大多数人的利益和整个社会的和谐稳定发展，才能厚植执政基础，获得国家和社会的长治久安。

（三）依法治国是基本方略

依法治国被确定为党领导人民治理国家的基本方略，已经上升为我们的宪法、写入党的章程，而且进入全面推进的阶段，业已成为一种新时代的常态，并逐步成为全国人民的日常行为范式。事实证明，依法治国是最好的战略选择，依法治国在"四个全面"战略布局中具有重要的地位和作用，事关国家生活和社会生活法治化、制度化、规范化，是实现党和国家长治久安的重要保障。[①]以人民为中心是全面依法治国的根本基础，也是依法治国的行动准则，体现了全面推进依法治国的价值导向。全面推进依法治国体现着党和国家的人民情怀，是为着改善人民的生活条件、保障全体人民的根本利益和社会生活的安定有序。所谓法治兴则国家兴就是这个道理，全面推进依法治国事关人民生活幸福，其出发点和落脚点必然是人民为中心。为了实现全面依法治国，控制权力必然是其关键要素。法与权力是一对关系紧密的矛盾统一体，党执掌国家政权是依靠法律来确认和维护的，但是党领导人民实施依法治国又要必须去规范和羁束权力。没有法律羁束的权力必然是任性的权力，会侵害他人和社会的合法权益，无法实现全面依法治国保障人权的价值所在，因为权力和人权总是相对而生的。

创新、协调、绿色、开放、共享的新发展理念体现着党对治国理政规律认识的升华和飞跃，体现着党领导人民全面推进依法治国

---

① 黄进：《为全面依法治国贡献力量——深入学习贯彻习近平同志在中国政法大学考察时的重要讲话精神》，《新华文摘》2017年第19期。

方略的创新发展。创新是一种极其宝贵的品质，可以说，没有创新就没有全面依法治国。法治的实施必须进行创新，没有一层不变的法治，社会生活总是不断丰富发展、呈现出复杂多变的一面。协调本身也是法治运行所必须的理念和特质，需要各种层级法律法规体系的协调，需要各种司法执法部门的协调，法治本身就是一套复杂的精细化的体系，没有协调就不可能健康正常运转自如。绿色环保理念既是立法的宗旨更是法治运行的目的，法治本身的持续良性发展依赖于整个社会的良性发展和绿色发展，绿色环保是所有社会要素的根本所在，即使是成为暂时的不利和不畅，但从世代发展的长远和终极目标上来看，绿色也是全面依法治国方略的本质要求。至于开放和共享，更是新时代我们应该坚持引领全面依法治国全过程的创新理念，因为法治系统本身是不可能故步自封的，必须充分吸收和借鉴人类文明发展的最新成果，必须充分参与全球化的历史进程，在构建人类命运共同体的过程中实现开放式发展、实现法治的共治共享成果。

二　治国理政论

（一）推进国家治理现代化

2013年11月，在党的十八届三中全会上，习近平总书记明确提出了推进"国家治理体系和国家治理能力现代化"这一重大的理论命题，[①] 标志着马克思主义国家治理理论的探索进入了一个新的时期，这是第一次将国家治理体系与国家治理能力和现代化结合起来。如果说在中国特色社会主义建设过程中，工业、农业、国防、科学技术的四个现代化是第一个现代化，那么新时代国家治理体系和国家治理能力的现代化则是第二个现代化，这个现代化是以习近平总书记为核心的党中央在对执政规律、国家建设规律和社会主义

[①] 张齐学：《马克思主义国家治理理论中国化实践及其经验》，《湖南农业大学学报》（社会科学版）2019年第1期。

发展规律深刻把握的基础上审时度势而提出的，标志着中国共产党真正从一个革命党逐渐转变为一个具有现代意识的执政党，丰富和发展了马克思主义国家治理理论，开启了新时代中国特色社会主义国家治理理论和治理实践的新篇章，具有无比重要的理论意义和实践意义。

国家治理现代化是党的十八大以来习近平为核心的党中央针对大国治理和中国特色社会主义治理经验总结的基础上创造性思考和提出的，提出了全面从严治党、全面推进依法治国和以德治国等推进国家治理体系和治理能力现代化的战略，[①] 提出了提高党员干部法治思维和依法办事能力的策略，确立了以"五大发展理念"为引领的"四个全面战略布局"作为新时代国家治理现代化的战略举措，确立了国家治理现代化两个阶段两个十五年的具体发展规划。新时代国家治理现代化以治党治国为基本面向，坚持治国必先治党，坚持从严治党，因此，国家治理现代化必须坚持党的领导，这是中国特色社会主义的宝贵经验，已经为历史所证明。只有坚持党的领导，才能形成国家治理现代化所必须的稳定和谐的政治局面，才能为国家治理现代化把握正确的政治方向，才能不断创新解决国家治理现代化所遇到的各种难题和和矛盾。国家治理现代化还必须坚持以人民为中心的治国理政的理念，坚持依靠人民，坚持一切为了人民，人民是国家治理的主体而不是国家治理的客体，国家治理现代化的出发点和归宿点都应该是以人民为中心。执政为民是以人民为中心的最好体现，只有做到这一点，才能真正凝聚起国家治理现代化的最强大力量，最终真正实现国家治理的现代化远大目标。

国家治理现代化要重视全球化治理，要坚定不移地坚持构建人类命运共同体，积极参与到全球化治理当中来，发挥中国作为一个负责任的大国作用。在中国这样一个发展中大国，实现国家治理的

---

① 张齐学：《马克思主义国家治理理论中国化实践及其经验》，《湖南农业大学学报》（社会科学版）2019年第1期。

现代化不仅能够使中国持续健康稳定发展,同时能够造福整个人类,能够使中国在与世界各国共享共治中传播中国声音、共享发展成果,为世界上其他国家提供国家治理现代化的中国模式和中国经验,在全球化治理中发挥作用彰显中国智慧。全球化也是现代化的必由之路,国家治理的现代化同时也是走向全球化的过程。新时代中国提倡的"一带一路"建设正在成为中国参与全球化治理的重要途径,"一带一路"建设成为中国与世界各国尤其是"一带一路"沿线国家命运共同体建设的重要链接,成为向世界各国传播中国技术和经济社会发展成果的重要载体,成为实现中国国家治理现代化和参与全球治理现代化的重要场域,不断提升着中国对全球治理体系的参与塑造能力。

(二) 实现国家治理的法治化

国家治理现代化的关键是"法治化"。没有实现法治化的国家,很难想象能够实现国家治理的现代化,国家治理现代化的实现过程同时就是实现法治化的过程。国家治理现代化就是国家治理体系和治理能力的现代化,治理体系是指国家的制度体系和管理体系,是管理国家和社会、政治、经济、文化、生态等各个方面各个领域的体制机制;治理能力是指运用国家的制度体系和管理体系管理国家和社会各个方面事务的能力,是治理整个国家和社会的能力,简言之是治国理政能力。所谓治理现代化就是实现各种制度体系的科学化、规范化,实现管理国家和社会事务的程序化、制度化和公开公正有序化。因此从这个意义上讲,国家治理现代化就是国家治理的法治化,法治化是国家治理现代化的重要内容,国家治理的现代化必须依赖国家治理的法治化才能实现,法治的健全和完善正是治理现代化的关键要素。全面推进依法治国新的十六字方针首先要求科学立法,所谓科学立法就是要保证国家治理现代化所必须的法治体系的科学和完备,科学首先是建立在法治健全基础之上的,要保证国家治理的各个领域有科学而规范的法治制度体系。法治化是国家治理现代化的关键要素还在于必须严格执法,仅有科学的立法还不能实现法治化和现代化，再好的制度都必须依赖严格的执行，没有严格的执法和贯彻实施，科学的立法也只是一纸空文。实现国家治理的法治化本身就必然包含着严格执法，不严格执法就会使治理的法治化成为一句空话，也就不可能会有治理法治化的实现。

法治化还是衡量国家治理现代化的重要标准。国家治理现代化的实现需要有一个客观的标准进行评判，这个标准就是法治化。国家治理的现代化包括治理体系和治理能力的现代化，治理体系的现代化就是管理国家和治理社会的各种体制机制的现代化，也就是法治制度的现代化；治理能力的现代化就是进行国家治理的人的能力现代化，人的能力现代化体现在对现代法律制度的运用和驾驭，体现在法治思维和依法办事的能力上。一个国家的公民如果没有培养出法治思维，或者根本没有遵守规则和制度意识，不能够严格依法办事，那自然也是不可能实现国家的现代化。因此，我们完全可以说法治化既是国家治理现代化的重要内容，没有法治化就不可能实现现代化；法治化又是国家治理现代化的评价标准，只有用法治化的标准才能衡量一个国家治理体系和治理能力的现代化程度。

新时代实现国家治理的法治化，要求我们推动社会主义核心价值观入法入规，进一步加强道德领域突出问题的立法工作。以德治国和依法治国一样都是我们进行国家治理的方略，习近平总书记也明确强调践行道德的最可靠方式就是法治，这是马克思主义法治理论中国化的最新成果，为国家治理法治化指明了方向和推进路径。2018年5月党中央也出台了《社会主义核心价值观融入法治建设立法修法规划》，规划也明确了入法入规的核心任务和时间阶段，下一步，推进国家治理的法治化和现代化就是要全面实现社会主义核心价值观融入新时代的法治体系，尤其是将社会的一些基本道德规范及时纳入进国家的法律规范体系，约束和惩治突出的失德失范不良行为，捍卫道德行为和文明风尚，在国家治理的法治化中用社会主义核心价值观全面引领整个社会的道德风尚，引导和规范公民的道德言行，促进文明行为和文明风尚的养成，提升全社会的文明程度，实现依法治国与以德治国的良性互动，最终实现国家治理的法治化和现代化的宏伟目标。

三 宪法权威论

（一）全面依法治国必须维护宪法权威

必须从理念上改变对国家宪法的基本看法。宪法权威事关全面依法治国，宪法权威是全面依法治国的根本前提和重要基础，是整个社会主义法治体系的统领和核心。传统理念中，宪法是政治性的法律，往往是被束之高阁，供奉在神坛上的，是缺乏司法适用效力的，哪怕是被违反了也没有什么具体的惩罚性措施，甚至是冠之以"良性违宪"。新时代全面推进依法治国首先必须从树立宪法权威的理念开始，宪法绝不仅仅是一种摆设，宪法应该是最崇高的，宪法是一种国家精神的体现，由此筑牢宪法信仰的法治基础。要从权力之源的高度深刻体会宪法的巨大威力，培养全体公民尤其是国家公务人员对宪法的敬畏意识，要让执政者对宪法的敬畏意识引领整个社会的风尚，使敬畏宪法成为全社会的主流意识和宪法理念。要认识到宪法不仅仅是有政治性的一面，更有法律性的一面，所有的具体部门法都应该从宪法里找到授权和源头，要把宪法作为对法治的根本信仰，违反宪法的行为必须得到及时惩罚和修正。

必须从行为上强化对国家宪法的根本遵循。维护宪法权威不仅仅是树立宪法理念，更要落实在行动上，每一个公民都有付诸实际行动维护宪法权威的宪法义务。宪法是公民行为的根本准则，公民应该用实际行动捍卫自己的基本权利、履行和承担宪法规定的基本义务，对于任何破坏宪法、违背宪法的行为，公民都有义务去监督检举和控告，以实际行动维护宪法的权威。公民依法行使宪法所赋予的检举、控告、揭发的权利，尤其是加强对公权力主体的监督是对宪法权威的最好维护。无论是国家公职人员还是普通民众都应该严格按照宪法的规范约束自己的行为，并积极行使宪法所赋予的基本权利作为对宪法权威的有力维护和根本落实。

必须从制度上推进对国家宪法的司法适用。习近平总书记明确指出：宪法的生命在于实施，宪法的权威也在于实施。① 宪法的实施莫过于宪法的司法适用，也即是宪法司法化的问题。宪法司法化是一个非常值得探讨的领域，目前学界有三种观点，所谓狭义宪法司法化是要求人民法院在审理案件时将宪法原则和宪法精神作为说理和裁判的依据，是当前推进宪法适用的有效途径。所谓中义宪法司法化是指将宪法条文作为人民法院判决案件的依据，直接适用宪法作为说理和裁判依据，这是当前推进宪法司法化的直接途径。但同时需要解决的是我国宪法规范的可操作性问题，只有增强宪法规范的司法适用性，宪法才能更好的作为人民法院说理和裁判的直接依据。所谓广义宪法司法化是指人民法院要承担其违宪审查的职责，有学者也将其称为最为激进的宪法司法化。新时代全面推进依法治国，切实维护宪法权威，必须从制度上推进狭义和中义宪法司法化，那就是既要让宪法原则和宪法精神作为人民法院裁判和说理依据，还要让人民法院直接适用宪法条文作为说理和裁判依据，更要积极推进人民法院在宪法适用过程中提出相关司法建议的工作，要让司法建议发挥好维护宪法权威的重要作用。

（二）树立宪法权威，要让宪法成为权力行使的"紧箍咒"

全面贯彻实施宪法是建设社会主义法治国家的首要任务和基础性工作，新时代随着依法治国全面深入推进，在全社会树立宪法权威提到了前所未有的政治高度。宪法权威最根本的还是体现在宪法对公权力的监督和制约上，要真正做到对公权力施以有效羁束，将其关进制度的笼子，否则宪法权威还只能是空中楼阁。

首先，树立宪法权威要做到依法确定权力。权力和权利往往是一对矛盾统一体范畴，是"公"与"私"的界分，公权力有多大界限，私权利就受到多大限制。对权力监督的根本就是要对权力列出清单、限定范围，要做到运用宪法科学确定和配置公共权力。宪

---

① 《习近平谈治国理政》，外文出版社2014年版，第138页。

法是明确的,权力是清晰的,宪法没有明确授权的,权力是不可以行使的,真正做到没有授权,就没有权力。权力一定是有明确依据的,绝不能自我授权,要充分尊重宪法权威,形成宪法信仰,国家公务人员在掌握公共权力时首先应该检视手中的权力是否具备明确的宪法依据,权力的界限是不可以逾越的,权自法定,只有法律才能赋予权力,国家公务人员首先对宪法和法律负责,而不是对上级负责。其次,树立宪法权威要做到制度限制权力。权力的使用必须有外在的约束,而且是一种恒定的约束,这种限制和约束只能是来自于制度,不能依赖圣贤自律。只有制度才是刚性的,权力要有刚性的制约和限制,毕竟权力是最桀骜不驯的,最易于侵犯公民合法权利和利益的。很多走上违法犯罪道路的领导干部在忏悔中几乎都会提到,当他们掌握了大权时,制度对他们来说几乎就是形同虚设,制度对他们没有了任何外在约束力,权力就变成了为所欲为,这种没有制度限制的权力必然使人走向毁灭。第三,树立宪法权威要做到阳光使用权力,制度必须是公开的、阳光的,滥用权力和殆于行使权力的不当行为在公开监督制约下才能有效减少或者避免,阳光是最好的"防腐剂",公开阳光使用权力才能真正做到遵守法治、维护宪法权威。阳光使用权力就是要让权力公开接受制约和监督,让监督成为一种公开活动,人们可以公开问询,让权力的行使成为一种"可视"的过程,杜绝私下交易和掩人耳目的做法。第四,树立宪法权威要做到合理监督权力。监督权力本身也是一种权力,同样不可以凌驾于宪法之上,监督权力有一个限度合理性的问题,绝不可以逾越和代替,越权就不是合理监督,超越了限度的监督就是擅权和越权,反而违背了宪法的基本规定,成为一种有损宪法权威的行为。第五,树立宪法权威要做到严惩滥用权力。没有惩治就没有遵守,没有人会把没有惩治的规范严格遵守的;没有惩治,所有的规范就成为一纸空文,宪法权威无从谈起。"把权力关进制度的笼子里"必然要求严惩滥用权力的任何行为,使得任何权力的行使必须要有宪法和法律这个"紧箍咒"。严惩成为一种潜在的震慑和必然的后果，权力行使者的内心就会形成深深的敬畏，严惩其他权力滥用者，对所有行使权力者都是一种强烈震撼的宪法法治教育。如果能够做到让所有的政府官员在行使权力时首先下意识地想到："这个事情宪法是怎么规定的"，那么树立宪法权威就已经真正实现了。

（三）树立宪法权威，要让宪法走进老百姓的生活

全面推进依法治国，树立宪法权威，要让宪法得到有效实施，要让宪法走进老百姓的生活。这是对依法治国基本方略提出的一种总的要求和应该达到的状态，具体而言，首先，能够运用宪法的武器维护自身的合法权益。对于老百姓来说，当自己利益受到侵害的时候能够不自觉地意识到"自己的权益在宪法上是怎么保护的"、"我的宪法权利是否受到侵犯了"等。这就要求民众能够做到基本熟悉宪法，熟悉宪法对公民基本权利的规定，宪法在公民日常生活中能够成为一种自觉和必备。要让宪法切实有效实施，让每一个公民的合法权益都能得到宪法的庇护和保障，让公民在宪法保护其合法权益切身经历中提升对宪法的好感与亲近。只有亲近公民日常生活，有效维护他们的合法权益，让老百姓感受到宪法是有用的，宪法才能走进老百姓的生活。司法部在全国范围内推广的"宪法进万家活动"正是着眼于力图使民众熟悉宪法、运用宪法的有效做法。其次，能够运用宪法的武器监督执政者的权力行使行为。执政者亲近民众的关键是要带头尊重宪法权威，执政者树立宪法权威意识更为重要，要身体力行引导整个社会弘扬宪法权威，当然得经得起民众的宪法监督。当老百姓亲身实践到了能够运用宪法武器监督执政者的权力行使行为，并且纠正了他们的违宪行为，老百姓自然会更加亲近宪法、信服执政者，老百姓的参与执政、参与宪法实践的热情就会得到极大地提高，法治政府权威会不断提高。习近平总书记明确指出的"依法治国首先是依宪治国，依法执政首选是依宪执政"在当下有着重要的理论意义和现实意义，依宪治国和依宪执政必须是在树立和尊重宪法权威、自觉接受民众宪法监督的基础上实

现的，这既是对依法治国基本方略的贯彻实施，也是让宪法走进老百姓生活的必然进路。最后，通过宪法实施构建一种让人们能够获得尊严和体面的公共生活。所谓让人们能够获得尊严和体面的生活，是指宪法有效实施，并且能够切实承担起保护每一个公民的合法权益、切实维护每一个公民的基本人权不受侵害的职责和功用，进而使得整个社会的工作生活状况呈现出一片井然有序的和谐景象。宪法的有效实施能够实现维护良好社会秩序的目标，构建起一种和谐、安定的社会秩序，在宪法秩序的范畴内，权力各安其道，权利成为了权力的边界，人们能够惬意而祥和的生活工作，根本无须仰视公权力，也不去羡慕公权力，人们心中最崇高的是权利而不是权力。宪法成为每一个人的信仰，成为人们心目中最权威和最有法律地位的根本大法，宪法完全融入人们的日常生活和世界观之中，宪法精神为人们所敬仰，人们沐浴在宪法的阳光中，宪法的功用和价值得到充分发挥，这一切都来自于一个国家的宪法能够得到全面有效实施。

从法治方略论到治国理政论再到宪法权威论，这是依法治国的历史逻辑和现实进路，也是依宪治国和依宪执政的历史演进。历史总是能够给人们提供丰富的文化营养，依法治国基本方略的选择在中华人民共和国的历史上也绝不是凭空产生的，而是一种历史的继承与创新。法治经历了社会主义性质的根本改造，也渡过了法治虚无主义的浩劫，更经历了痛定思痛的法治重塑，又迎来了新时代马克思主义法治中国化的创新发展。法治在中华民族伟大复兴的历史征程中扮演着极其重要的历史角色，法治发展与中华民族的伟大复兴相融共生，法治能够为中华民族的伟大复兴提供根本的制度性保障和全局性保障，中华民族必须在法治的道路上才能真正实现民族的伟大复兴。依法治国成为新时代治国理政的基本方略，为中国共产党的治国理政服务，能够确保整个国家的长治久安，能够保障中国共产党人跳出中国历史上历代王朝执政的历史周期律，实现国家政权的稳固和人民生活的幸福，达到中国共产党治国理政的法治化和现代化。治理国家与治理社会最关键的就是要讲规矩，法治社会是最讲规矩的，只有法治才是治国理政的最大和最重要的规矩。在所有的规矩当中，宪法是第一位的也是最根本性的规矩，依宪治国和依宪执政首先就是对宪法权威的尊重和遵从，要让宪法成为公权力的最根本制约，更要让宪法走进普通老百姓的生活之中，成为广大民众合法权益的守护神。在我们国家法治发展的历史进程中，特定的法治文化和历史积淀，使得我们的宪法和宪法权威在现实生活中还远没有达到我们所需要的法治理想状态，甚至是有很大的差距和不足。因此我们说，宪法权威是新时代法治的关键和核心，成为依法治国的压舱石、定盘星。我们也应该认识到，依法治国不在于人们掌握了多少具体的法律知识条文，关键是要培养法治意识、养成法治思维，形成全社会的宪法权威，使每一个公民做到心中有规矩、行为守底线，做到敬畏法治、敬畏宪法，实现新时代的法治权威、宪法权威。新时代法治成为治国理政的基本方略是一种必然，法治已经成为一种生活方式，宪法已经走进我们的生活，人们正在享受着法治的福利，国家兴旺发达、社会繁荣兴盛，我们的国家和民族正以前所未有的崭新姿态屹立于世界民族之林，法治正在缔造着中华民族的伟大复兴，全面依法治国必将在新时代展开波澜壮阔的历史画卷。

法治强则国家强，法治兴则国家兴！

朱国良

2019 年 7 月 17 日于泉城舜耕书院

目　　录

前言 ……………………………………………………………（1）
　一　法治的印象 ………………………………………………（1）
　二　法治认同的新时代价值 …………………………………（4）

第一章　绪论 …………………………………………………（1）
　一　研究现状述评 ……………………………………………（1）
　　（一）研究概况 ……………………………………………（1）
　　（二）研究述评 ……………………………………………（4）
　二　研究思路与研究方法 ……………………………………（14）
　　（一）研究思路 ……………………………………………（14）
　　（二）研究方法 ……………………………………………（17）
　三　研究创新点与不足之处 …………………………………（19）
　　（一）研究的创新点 ………………………………………（19）
　　（二）研究不足之处 ………………………………………（20）

第二章　新时代大学生法治认同的基本理论 ………………（22）
　一　法治认同的理论概述 ……………………………………（22）
　　（一）法治认同的基本含义 ………………………………（22）
　　（二）法治认同的主要特征 ………………………………（25）
　　（三）法治认同的形成条件 ………………………………（34）

二　新时代大学生法治认同的理论基础及相关
　　概念辨析……………………………………………（39）
　　（一）新时代大学生法治认同的理论基础…………（39）
　　（二）法治认同与相关概念辨析……………………（43）
三　新时代大学生法治认同的主要类型………………（47）
　　（一）工具性法治认同和价值性法治认同…………（48）
　　（二）个体性法治认同和群体性法治认同…………（52）
　　（三）消极性法治认同和积极性法治认同…………（55）
小结………………………………………………………（60）

第三章　新时代大学生法治认同的价值……………（62）

一　新时代大学生法治认同的法治价值………………（62）
　　（一）法治建设的精神底蕴…………………………（63）
　　（二）法治运行的内在动力…………………………（65）
　　（三）依法治国的政治共识…………………………（68）
二　新时代大学生法治认同的思想教育价值…………（70）
　　（一）法治何以成为思想政治教育的重要元素……（71）
　　（二）法治认同实现思想政治教育的主要维度……（74）
　　（三）新时代大学生法治认同思想教育价值的
　　　　　创新实现…………………………………………（78）
小结………………………………………………………（81）

第四章　新时代大学生法治认同的现状……………（83）

一　新时代大学生法治认同的现状调查………………（84）
　　（一）新时代大学生的法治认知状况………………（85）
　　（二）新时代大学生的法治意识状况………………（89）
　　（三）新时代大学生的法治情感状况………………（91）
　　（四）新时代大学生的法治行为状况………………（92）
二　新时代大学生法治认同的现状与问题分析………（94）

（一）信服和接受较高 …………………………………（94）
　　（二）认知与行动相悖 …………………………………（95）
　　（三）质疑与认同并存 …………………………………（96）
　三　新时代大学生法治认同问题的原因分析 ……………（97）
　　（一）存在法治理念误区 ………………………………（98）
　　（二）欠缺法治契约精神 ………………………………（101）
　　（三）尚未养成法治思维 ………………………………（104）
小结 …………………………………………………………（108）

第五章　提升新时代大学生法治认同的战略性思考 ………（109）
　一　提升新时代大学生法治认同的主要影响因素分析 ……（109）
　　（一）提升新时代大学生法治认同问题的经济
　　　　　影响因素 ………………………………………（110）
　　（二）提升新时代大学生法治认同问题的政治
　　　　　影响因素 ………………………………………（113）
　　（三）提升新时代大学生法治认同问题的文化
　　　　　影响因素 ………………………………………（116）
　二　提升法治权威的正当性基础 …………………………（118）
　　（一）法治权威的现实基础与基本前提 ………………（119）
　　（二）法治认同树立权威的正当性基础 ………………（122）
　三　提升新时代大学生法治认同的逻辑起点 ……………（126）
　　（一）民主——共识性根本内容 ………………………（127）
　　（二）法治——制度化重要进路 ………………………（130）
小结 …………………………………………………………（133）

第六章　推进新时代大学生法治认同的路径选择 …………（134）
　一　加强法治宣传教育 ……………………………………（134）
　　（一）大学生法治宣传教育的重要价值和
　　　　　现实意义 ………………………………………（135）

（二）依法治国视域下大学生法治宣传教育的
　　　　重要内容 …………………………………………（140）
　　（三）依法治国视域下加强大学生法治宣传教育的
　　　　路径优化 …………………………………………（143）
二　激发情感动力 …………………………………………（147）
　　（一）培养对法治的信任感 ………………………………（147）
　　（二）培养对法治的敬畏感 ………………………………（149）
三　内化价值引领 …………………………………………（151）
　　（一）法治建设的重大政治价值 …………………………（151）
　　（二）法治的内在理性精神价值 …………………………（153）
四　培育公民意识 …………………………………………（154）
　　（一）培育公民权利意识 …………………………………（154）
　　（二）培育公民责任意识 …………………………………（155）
　　（三）培育公民关爱意识 …………………………………（157）
　　（四）培育公民主体意识 …………………………………（159）
五　养成法治思维 …………………………………………（161）
　　（一）法治思维的逻辑解构 ………………………………（161）
　　（二）法治思维的价值分析 ………………………………（165）
　　（三）培育新时代大学生法治思维的着力点分析 ………（176）
六　参与制度实践 …………………………………………（180）
　　（一）生活实践向度 ………………………………………（181）
　　（二）社会维权实践 ………………………………………（184）
小结 …………………………………………………………（188）

结语 ………………………………………………………（190）

附录　大学生法治认同的调查问卷 ……………………（195）

参考文献 …………………………………………………（200）

前　言

一　法治的印象

现代制度设计与传统、落后的观念性法律文化相冲突，生活中不少的人们亦或是相当一大部分人还是局限于以行政行为为主导的工具主义法律思维，主要表现在：首先，法与制度是治人的，缺乏现代民主性的规则意识，易于落入机械主义的人治思维，以为严格执行制度就是法治了，甚至对人严格执行法纪、对己宽缓纵容。早在第二次世界大战以后英国最著名的法官并享有世界声誉的法学家之一——阿尔弗雷德·汤普森·丹宁（Alfred Thompson Denning）勋爵主张法官应根据公正的原则，结合案件发生的具体情况灵活地解释法律，而不必拘泥于法律本身。[①] 丹宁的这些主张对于今天我们正确理解和认识法治依然是很有启发意义的。伴随着依法治国基本方略的深入人心，值得庆幸的是越来越多的人们已经认识到人性执法、保障人权才是法治的价值理念核心所在，这正是今日之法治与中国历史上著名的商鞅变法时期不断积淀下来形成的所谓"法治"之区别的根本所在。其次，法是追求威严的，依法治国的推演就是依法治省、依法治市、依法治县、依法治乡、依法治村、依法治企、依法治校、依法治水、依法治 X，这种"依法治 X"的思维

[①] ［英］阿尔弗雷德·汤普森·丹宁：《法律的正当程序》，李克强、杨百揆、刘庸安译，法律出版社 2015 年版，第 9 页。

模式极度盛行，质疑与反对"依法治X"提法的呼声微弱。实践调研中，社会民众对依法治国基本方略普遍表示点赞，同时相当部分民众对"依法治X"的具体提法表示一种不理解、不认同；当然还有一部分人包括首都名牌大学的一位法理学博士依然持有"既然领导这么提了，我们质疑也不好的"传统官本位思维。法治价值在推演中悄然消除殆尽，重新回归人治思维的旧时代，实质上是披着法治的外衣实践着人治之根深蒂固的传统做法。

上面所述正是我时常就会有的一种深切感受，一种个人体悟和思索。由于个人学习与工作经历的缘故，我常常会被问及法律和法治的问题，也会时常暗自苦思冥想，公众对法治是持认同态度还是质疑的态度？正如美国国际政治研究领域著名学者亨廷顿所言：每个人都有多种认同，它们可能会互相竞争或彼此强化，如亲缘关系的、职业的、文化的、体制的、地域的、教育的、党派的、意识形态的及其他的认同。[①] 公众的法治认同只是其中一种来自现实和社会需求的认同，公众对法治认同到什么程度？公众到底是因为什么认同法治？到底是法律职业的魅力诸如律师能够赚大钱，还是法律的传统权威诸如法官的崇高地位？一位法律院校法律专业的大学毕业选调生的困惑——挂职村党支部书记助理两年后的选择反映了什么问题？一位法律院校法律专业的大学毕业生曾经对我谈起在选择上的困惑，两年的选调生涯，基层挂职村党支部书记助理之后面临一个选择：要么去基层人民法院、区人民检察院当法官、检察官，要么去基层党政机关做政府官员。困惑在于是当法官、检察官好，还是做政府公务员好？一度非常纠结，也是人之常情，有可以选择的也是一种痛苦，唯恐选择的不是最好的。但其不经意间代表了一种社会对法治的认同度，而且是法律专业人士对法治的认同度问题。法治认同来源于法律职业的魅力吗？法律的实务性价值——能

---

① ［美］塞缪尔·亨廷顿：《文明的冲突与世界秩序的重建》，周琪、刘绯、张立平等译，新华出版社2010年版，第108页。

前言

够处理法律实务对于公众的法治认同到底能起多大作用？在一次学术报告研讨和交流会上，一位政治学专业的专家曾经讲道：所有社会矛盾问题不能都走法治，上法庭伤感情、代价高。这句话本身还是很有道理的，是在特定情境下为了突出某一领域的专业问题谈到的。但是作为聆听者的笔者个人却陷入一种沉思，是否很多人都会有这样的感受呢？民众对走法治的理解都是限于上法庭吗？法治是这么的刻板吗？法治没有柔性力量的感染力吗？[①] 如果大家对走法治道路都有这种认识和印象的话，法治认同岂不是会遇到相当大的社会阻力和观念层面的负面影响？还有人提出法学家是只要有法就可以，政治家是需要什么样的法？其实这种观点或许值得商榷，但其本质讲的都是怎样看待法治的问题？是一种关乎法治理念或者说法治认同的问题？这些都是我想去系统研究并努力找寻到一个满意答案的问题。不论答案是否会满意，起码激起了我的探求欲望。尤其是在今日之中国，在宏大的依法治国时代背景下，这一追寻也暗自契合了社会发展和民主政治的潮流，使我倍增底气和勇气，也有了一丝"道路"自信和"制度"自信。这里的"道路"自信是追寻法治精神、探讨法治认同的研究与学习的"道路"自信；这里的"制度"自信是对于选择法治、认同法治，法治成为方圆与规则的"制度"自信。

马克思主义法治观中国化的最新成果，就是形成了中国特色社会主义法治观，它是揭示人类政治法律发展及其规律的观念总和与理想状态，是对人类法治原则和法治建设的终极关怀，是中国特色社会主义理论体系的重要组成部分。[②] 法治观其实质主要涉及人们

[①] 谈到柔性力量，在某地市法院系统召开的司法社工推进和研讨的会议上，笔者曾经提出过，司法社工其实是一种柔性社会力量或叫软性社会力量，融汇司法与社工两者的优势，结合在具体的法治实践中，柔性推进法治工作，是一种跨学科、跨专业的有益实践探索。

[②] 王慧扬：《论当代中国社会主义法治观》，《贵州师范大学学报》（社会科学版）2014年第1期。

对法治的认同观念问题，在我接触的人群中，很多人尤其是大学生或者学生的家长们对于法的实务性产生浓厚兴趣，由于职业关系，我所接触到的社会各类人都对法表现出了越来越多的期盼和渴望，甚至有的大学生因此而选择或者重新选择法律作为自己一生从事的职业，表现出对于法律和法治的极大爱好和高度认同，这也给我从事大学生思想政治教育工作带来极大的便利。因此选题结合了个人在实际工作中的思考、感悟。关于新时代大学生法治认同的问题研究要涉及法学、政治学、思想政治教育学等方面的学科专业知识，在高校参加工作后一直从事法律课程教学，以及大学生思想政治教育的管理与研究工作，还从事着青少年法律实务工作，所有这些决定了我一直有研究大学生法治认同问题的浓厚兴趣和知识积累，也非常希望研究选题既有学理上的思考和探讨，又能够做到增强对大学生思想政治教育工作的针对性、指导性。大学生法治认同问题研究选题使我的思考研究在原有知识积累基础之上，得到了进一步丰富、拓展和提升。

二 法治认同的新时代价值

之所以把新时代大学生法治认同的问题研究作为研究选题，是出于一名高校教师对法治的高度认同感，因为"法"也好、"法治"也罢，都不过是真实的人的一种生活方式，而作为人的一种生活方式，"法"和"法治"不仅是人的理性选择的结果，而且也成为塑造人自身的重要生活标准之一。[①]

（一）新时代大学生法治认同问题研究对于新时代法治中国建设具有重大理论与现实意义

从依法治国方略实施和法治社会建设视角下，系统研究新时代

---

① 姚建宗：《法治思语》，法律出版社2014年版，第1页。

前言

大学生法治认同问题，对于贯彻落实党的十八大和党的十九大精神，对于树立法治权威、建设法治社会具有重要的现实意义，这是大学生思想政治教育顺应时代发展的必然要求，也是做好新时代青少年工作的基本前提。当然，法治中国建设的具体实践一方面给予我从事新时代大学生法治认同问题研究良好的时代契机，这是法治建设的理论需要和实践呼唤；另一方面法治中国建设的生动实践也极大地丰富发展了关于新时代大学生法治认同问题研究的法治理论和法治实践，法治实践是法治理论的重要源泉，为法治理论研究提供了丰富的理论素养，同时也为法治理论提供了实践检验和实践发展的有机平台。从这种意义上讲，新时代大学生法治认同的问题研究对于党的十八届四中全会提出的法治国家、法治政府、法治社会三位一体的法治中国建设具有重大理论与现实意义。

新时代大学生的法治认同是培养法治中国建设生力军的文化软件建设。大学生是青年一代的最重要主体和最主要构成，引领着当今社会发展的潮流，青年兴则国家兴，青年强则国家强。[①] 大学生法治认同是一种文化软实力的具体展现和有机构成，法治主体自身存在什么类型的法治理念，现实中的法治主体就会有什么类型的法治行为。法治理念先于法治行为，同时决定着法治行为的具体内容。我们一直在致力于社会主义现代化建设，而人的现代化始终是社会主义现代化建设的关键和核心要素，我们在推进"四个全面"伟大战略的征程中，应当首先着重致力于人的现代化，尤其是法治的现代化。在当前全面建设法治中国的伟大征程中，大学生最终将成为实现中国梦的伟大担当者和践行者，大学生是法治中国建设的生力军。因此，大学生的法治认同在整个社会中具有举足轻重的地位和作用，新时代大学生法治认同问题研究在新时代法治中国建设中具有重大理论和实践意义。

---

① 《习近平谈治国理政》，外文出版社2014年版，第54页。

（二）新时代大学生法治认同问题研究具有重大的时代政治意义

新时代大学生的法治认同问题研究具有重大的时代政治意义，大学生是一支重要的社会政治力量，他们关注时事、热爱国家，时刻准备着响应党和政府号召为国家、为社会奉献青春年华。大学生还是中国共产党的坚实后备力量，他们积极申请加入党组织，是社会各界最有政治热情的群体部分。大学生是最热爱民主政治的，共青团能发扬"党有号召、团有行动"的光荣传统，在党和国家工作大局中找准自身工作的切入点和结合点，[①] 带领团结广大团员青年积极参与社会的改革发展。法治是优秀文化传统，是连接世界和中国的桥梁枢纽，为国际国内的相互认同打通渠道和脉络。我们深知，优秀的传统文化成果不仅有益于增强思想政治教育内容体系的民族特色，构成我国思想政治教育所需具备的文化环境的一部分，也在很大程度上影响着国人思想品德的形成和发展，[②] 指导并深刻影响着民众的生活方式，成为推动社会发展和价值观念进步的重要力量。法治是民主政治的精神底蕴，新时代大学生的法治认同使大学生参政内在积极性高涨，民主政治认同得到巩固，使得法治中国的法治建构有了民主政治的深厚精神价值根基，对于实现政党"束手束脚"、让国家少走弯路，达到宪行天下、政治昌明的法治局面，[③] 巩固中国共产党的执政地位都具有极为重要的现实意义。

之所以认为新时代大学生的法治认同具有重大的时代政治意义，还在于依法治国伟大方略的实施是新时代政治社会生活中的一件具有里程碑意义的大事，是一种民主政治的共识性选择，是中国共产党治国理政方式和理念的重大抉择，代表了一种社会发展和历

---

① 《习近平谈治国理政》，外文出版社2014年版，第54页。
② 顾友仁：《中国传统文化与思想政治教育的创新》，安徽大学出版社2011年版，第28页。
③ 宋玉波：《宪行天下 政治昌明 政党"束手束脚"可让国家少走弯路——习近平法治思想蕴含的新意》，《人民论坛》2013年第12期。

前言

史进步的前进方向。大学生认同法治就是对中国共产党提出依法治国这一战略选择的认可、接受、服从、内化和遵行，就是对中国共产党治国理政具体方式向法治方式转轨的高度赞同和正面回应。在法治中国建构的历史进程中，在中国共产党和中国政府做出历史抉择、中国社会发生深刻历史转型的今天，依法治国的重大决策意义非凡，这是一种民主政治的共识和法治战略的谐调，在这样一种宏大的政治背景下，新时代大学生法治认同问题研究的重大政治意义愈加凸显出来。新时代大学生的法治认同是当今大学文化教育中的精神底蕴，是时代民主政治的精神价值在大学教育中的延伸和拓展，完全应该成为大学育人教育和成才教育的重要根基。新时代大学生法治认同问题研究还是新时代民主政治建设和法治中国建设的重要基础，这一切源于思想政治教育的根本目标所在，也即引领青年人的思想脉动、把握青年人的精神方向、占据青年人的思想高地永远是执政党思想政治工作的重中之重，成为新时代民主政治建设的重要核心内容之一。

（三）新时代大学生法治认同问题研究丰富了大学生思想政治教育的基本命题

大学生的法治理念能够有效塑造大学生的文明行为并提升大学生的文化素养和综合素质，这既是新时代大学生法治认同问题研究的基本目标，也是大学生思想政治教育研究一直以来孜孜以求、坚持不懈的理想目标。作为大学生思想政治教育重要组成部分的法治教育，培育大学生法治认同是有效进行大学生思想政治教育的重要进路。

新时代大学生思想政治教育面临着崭新的发展境遇，依法治国成为新时代社会发展的时代新主题，这一基本方略给新时代大学生思想政治教育提出了新的命题和要求，法治认同问题研究成为符合时代发展趋势的新的理论方向，也是新时代大学生积极参与社会实践的价值引领。这种时代的新境遇一方面把大学生思想政治教育"培养什么人、如何培养人"这一根本问题更加鲜明、具体地提置到了人们面前；另一方面，也使得我们在对比中更加明确地认识到大学生思想政治教育工作在新境遇、新要求面前表现出的许多不够适应的地方、尚且薄弱的环节、亟待解决的问题。①

新时代大学生法治认同问题研究既能够有效提升大学生思想政治教育的水平，又能够有力保障大学生健康成长，成为推进大学生思想政治教育工作的又一重要举措。系统研究新时代大学生法治认同问题，对于围绕党的青年工作理论创新、加强青少年问题研究、增强法治认同的价值引领、提升大学生思想政治教育的实效性，对于维护青少年合法权益、预防青少年犯罪、保障大学生健康成长都具有极为重要的理论和现实意义。法治是一个包含多元价值、具有深厚历史积淀的时代产物，是一种文化软实力的象征和载体。大学生能够对法治采取一种认可、赞同并服从的积极态度，可以极大提升大学生的自身素养。法治还是一种规则，大学生只有遵守规则才能养成法治意识，有了规则意识，才有法治认同，才能为社会为国家打造可塑之才，才能避免向社会输送不合格的残次品。中国传媒大学某学生为找刺激而实施杀人行为；武汉大学珞珈学院女学生返校途中惨遭杀害，凶手为武汉某高校大一学生李某某；西安音乐学院大三学生药家鑫事件和云南大学马加爵杀人案仍然让人心有余悸、痛心不已；清华大学学生刘海洋伤熊事件虽然沉寂多年但仍然让人不能忘却。沉痛的教训让人扼腕叹息，他们有法治意识吗？更不要说法治认同了！百年树人，培育大学生法治认同使命重大、意义非凡，新时代大学生法治认同问题研究在大学生思想政治教育中的地位凸显。

（四）新时代大学生法治认同问题研究使大学生健康成长有了坚定的法治思想理念保障

新时代大学生法治认同的问题研究对于大学生自身成长具有重

---

① 沈壮海：《文化软实力及其价值之轴》，中华书局 2013 年版，第 260 页。

前言

要意义，大学生可以也应该把新时代社会法治要求作为自身成长成才的社会标准。正如英国著名的经济学家和伦理学家亚当·斯密所言：行为的合宜与否，或者说，行为究竟是端正得体或粗鲁下流，全在于行为根源的情感。[①] 大学生的法治认同其实就是一种对待法治的情感，是接受还是排斥；是认可还是否定；是表面应付还是实质认同；是外在强制还是内化于心；是制度约束还是价值引领，无不表现出一种对待现代法治的情感和态度。如果大学生缺乏基本的法治认同观念，或者根本没有什么法治意识，那么再好的思想政治教育都将是一片浮云，成为一种神话传说。大学生的法治认同有效锻造出了新时代大学生的正当行为，规制了他们在日常生活中的失范行为，有力保障了他们的健康顺利成长。大学生思想政治教育的社会实践已经用雄辩的事实作了生动的阐释和有力的证明，大学生的法治认同不仅规范他们的日常行为，还可以有效预防和杜绝违法乃至于犯罪等严重失范行为的产生。正如亚当·斯密所言，行为与作为人之行为根源的情感要素关系十分密切，行为的适当性是建立在作为人之行为根源的情感基础之上的。无论大学生的日常失范行为，还是情节严重的违法及犯罪行为，这些全在于大学生失范行为的情感根源所致。有的大学生班干部辜负班主任、辅导员老师的充分信赖，利用作为班干部所掌握的一点"权力"资源，私自更改大学生学年综合考评成绩，向全班学生公示的本班学年综合考评成绩和最终上报给学院的本班学年综合考评成绩完全是两个版本，视学校综合考评工作制度和工作程序为儿戏，把自身担任班干部作为一种可以谋私的便利。还有的大学生班干部利用学院学生会主要学生干部的身份，私刻学校团委公章，制作假冒打疫苗收费通知，向新入学的全年级同学骗取钱财，性质之恶劣，令人完全意想不到。幸亏有些同学比较认真负责，上交打疫苗费之后，过了足有将近半年

[①] ［英］亚当·斯密：《道德情操论》，谢宗林译，中央编译出版社2015年版，第15页。

仍然还记得去催促落实打疫苗的事情,终于使得事情真相大白。前一个案例是一种违纪失范行为,后一个案例中大学生班干部的行为涉及利用诈骗的犯罪手段谋取他人(同学)钱财,严重违背社会道德和国家法治,早已不是一般的纪律失范行为,而是一种犯罪行为,一种达到犯罪程度的严重失范行为。两种类型的失范行为共同性在于,其背后都是这种行为根源的法治认同缺失,是一种蔑视法治、挑战法治权威、无视法治存在的感情缺失。对那些概括性行为规则的尊重,是可以恰当称为义务感的那种感觉。存在上述案例中失范行为的大学生,既谈不上对法治的认同,实质是一种对法治的不认同,更谈不上对法治的遵守和尊重之感情。亚当·斯密也指出:如果对概括性规则没有这种神圣的尊重,这世上便不会有行为很可靠的人。[1]

从尊重制度和遵守规则这种意义上来讲,研究新时代大学生法治认同的问题,培养大学生的法治认同,就是培养他们对法治的情感,首先是认可,然后是遵从,最后才是一种内化于心,做到价值引领,达到表里如一的尊重法治和遵守法治的统一状态,培养这样的大学生优秀人才是我们从事大学思想政治教育所追求的人才培养目标和结果,也是进行法治建设可以充分依赖的人才。只有大学生生成高度的法治认同,他们才能形成坚定的法治思想理念,法治思想理念是法治行为的先导,是一种重要的内在法治素养,在法治中国建设的历史征程中,缺乏基本的法治素养,没有法治认同,没有法治思想理念,很难想象大学生能够健康成长成才。在这种意义上,我们完全可以说,研究新时代大学生法治认同的问题,只有培育新时代大学生高度的法治认同,他们才能适应当今法治社会的时代要求,才能顺应依法治国的时代潮流,这样的高等教育人才方能健康成长,才能承担起法治中国建设的历史重任。

---

[1] [英]亚当·斯密:《道德情操论》,谢宗林译,中央编译出版社2015年版,第197页。

第一章 绪论

党的十八届四中全会在中国法治建设的历史里程碑上书写下光辉的一页，依法治国吹响了法治中国建设的伟大号角，中国的法治建设正经历着深刻变革和历史转型，当然也已经取得了令世人瞩目的成就。但是如何彻底、全面、顺利转型，如何充分克服前进道路上的不利障碍，尤其是如何引导广大民众真正走向法治，还是一个较为现实的问题。新时代大学生到底是因为什么认同法治？他们对法治认同到什么程度？这一追寻契合了依法治国方略的实施，与社会发展和民主政治的时代方向一致。新时代大学生的法治认同状况，恰是整个社会民众法治认同状况的集中体现和反映。反思新时代大学生的法治认同，必须以整个社会发展历史过程中的法治历史和法治类型为基准，才能做到对新时代大学生的法治认同进行科学考察和准确界定。新时代大学生法治认同要论是对人们为什么遵守法律这一重大命题的深入思考和局部研究，本研究从法治认同的学理视角丰富了新时代大学生思想政治教育的基本理论内涵。

一 研究现状述评

(一) 研究概况

在国内法律信仰的理论研究过程中，法治认同理论逐渐被提出并慢慢得到少数学者重视，就是今天专门研究法治认同，特别是专门研究大学生法治认同问题的，仍然还只是少部分学者，不过党的十八届四中全会之后，法治认同的立足已经不是问题，研究大学生法治认同的论文也逐渐多了起来，大有成为雨后春笋般茁壮的后起之秀的意味，当然需要众人呵护与精心培养，助其顺利成长。究其原因，认同是需要跨学科研究的，一种新的理论除了需要破土而出的勇气，还需要具备适应一方水土的耐性，在慢慢培植和悉心照料下，逐渐形成一种被认可、被"认同"的局势和样态。虽然"认同"理论早在20世纪50年代就已经在心理学领域产生了，但正如卢建军教授指出的那样："认同"一词在跨学科领域进行研究也仅是近二三十年的时间。[①] 就中国而言，1997年的香港回归涉及社会认同的寻觅，2008年的奥运会涉及民族认同的再现和重构，而今，法律、法治的认同更是成为人们关注的课题。[②] 以"篇名"为检索项，输入检索词"法治认同"得到的结果是[③]：30条符合条件的检索结果，2015年7篇、2014年4篇、2013年3篇、2012年2篇、2011年4篇、2010年2篇、2009年3篇、2008年1篇、2007年3篇、1998年1篇；以"关键词"为检索项，输入检索词"法治认同"得到的结果是：6条符合条件的检索结果，2015年2篇、2012年1篇、2011年2篇、2008年1篇。进一步聚焦大学生法治认同的问题研究，以"关键词"为检索项，输入检索词"大学生法治认同"得到的结果是0条结果；以"篇名"为检索项，输入检索词"大学生法治认同"得到的结果是：2011年1篇、2014年1篇、2016年1篇。

就研究著作而言，甘肃警察职业学院卢建军教授著《法治认同生成的理论逻辑》（法律出版社2014年版），可以说是目前为止国内学术界第一篇专门研究法治认同的理论学术专著。当然研究法治的著作是非常多的，有着深厚的积淀，但是比较接近于论述法治认

[①] 卢建军：《法治认同生成的理论逻辑》，法律出版社2014年版，第13页。
[②] 李晖：《法律·法制·法治——公民的法律意识与法治认同》，《社会心理科学》2015年第1期。
[③] 检索时间是2014年7月6日，补充检索时间是2015年7月31日。

同的著作主要有：中国浦东干部学院刘哲昕教授著《法治才是硬道理——从法治思维到命运共同体》（法律出版社2015年版）、《文明与法治——寻找一条通往未来的路》（法律出版社2014年版）；美国康奈尔大学法学院讲座教授於兴中著《法治东西》（法律出版社2015年版）；吉林大学姚建宗教授著《法治思语》（法律出版社2014年版）；中国人民大学王利明教授著《迈向法治——从法律体系到法治体系》（中国人民大学出版社2015年版）、《人民的福祉是最高的法律》（北京大学出版社2013年版）；上海交通大学季卫东教授著《通往法治的道路——社会的多元化与权威体系》（法律出版社2014年版）、《大变局下的中国法治》（北京大学出版社2013年版）、《法治中国》（中信出版社2015年版）；上海财经大学曾坚博士著《信赖保护——以法律文化与制度构建为视角》（法律出版社2010年版）；厦门大学国际法专业徐运良博士著《法治是如何实现的？》（法律出版社2010年版）；武汉大学汪习根教授著《权力的法治规约——政治文明法治化研究》（武汉大学出版社2009年版）；吉林大学张文显教授（哲学社会科学资深教授）主编《良法善治——民主法治与国家治理》（法律出版社2015年版）；华东政法大学蒋德海教授著《社会治理回归社会路径研究》（知识产权出版社2015年版）；中国政法大学张晋藩终身教授著《依法治国与法史镜鉴》（中国法制出版社2015年版）；中共中央编译局俞可平教授主编《国家底线——公平正义与依法治国》（中央编译出版社2015年版）；中国政法大学王人博教授著《法的中国性》（广西师范大学出版社2014年版）；上海交通大学、华东政法大学兼职教授、曾任职中共上海市委宣传部副部长的郝铁川教授著《法治沉思录》（上海三联书店2007年版）；中国艺术研究院中国文化研究所梁治平教授著《法律何为——梁治平自选集》（广西师范大学出版社2013年版）；首都经济贸易大学喻中教授著《法律文化视野中的权力》（法律出版社2013年版）、《中国法治观念》（中国政法大学出版社2011年版）；北京大学陈瑞华教授著《看得见的正义》

（北京大学出版社2013年版）。

有关中文译著主要有：美国汤姆·R.泰勒（Tom R. Tyler）著《人们为什么遵守法律》，黄永译（中国法制出版社2015年版）；德国科隆大学何意志（Robert Heuser）教授著《法治的东方经验——中国法律文化导论》，李中华译（北京大学出版社2010年版）；美国哈佛大学艾伦·德肖维茨（Alan Morton Dershowitz）教授著《你的权利从哪里来？》，黄煜文译（北京大学出版社2014年版）；英国汤姆·宾汉姆（Tom Bingham）著《法治》，毛国权译（中国政法大学出版社2012年版）；英国阿尔弗雷德·汤普森·丹宁（Alfred Thompson Denning）著《法律的未来》，刘庸安、张文镇译（法律出版社2011年版）；美国约翰·罗尔斯（John Rawls）著《正义论》，何怀宏、何包钢、廖申白译（中国社会科学出版社2009年版）；美国戴维·奥布莱恩（David M. O'Brien）编《法官能为法治做什么——美国著名法官讲演录》，何帆、姜强、刘媛、黄琳娜、林娜译（北京大学出版社2015年版）；美国卡尔·威尔曼（Carle Willman）著《真正的权利》，刘振宇、孟永恒、魏书音、王锋、王合静、彭中礼、戈含锋、华东旭译（商务印书馆2015年版）；英国布莱恩·辛普森（A. W. Brian Simpson）著《法学的邀请》，范双飞译（北京大学出版社2014年版）。

（二）研究述评

1. 关于法治认同的概念内涵

龚廷泰教授在《法治文化的认同：概念、意义、机理与路径》一文中提出：法治认同一是指主体间在平等基础上的一种"相互承认"，二是一种"重叠共识"，是民众认知的"最大公约数"。[①] 在《当代中国的法治认同：意义、内容及形成机制》一文中，李春

---

① 龚廷泰：《法治文化的认同：概念、意义、机理与路径》，《法制与社会发展》2014年第4期。

明、张玉梅认为：法治认同是指公众对制定的良好的法律的普遍认可和接受，是指公众通过实践经验和理性对法律进行评判，因法律顺应民众的价值期待、满足民众的需要，民众从而认可法律、尊重和信任法律、愿意服从法律的过程。①饶世权在《如何提高法治政府建设的公众认同》中提出：法治政府建设的公众认同是指公众对法治政府建设和自身利益、需求的一致性做出肯定性评价，即公众理解法治政府建设是对自身利益的确认和保护，从而认可法治政府建设，并采取自愿合作的态度。②周光权在《公众认同、诱导观念与确立忠诚——现代法治国家刑法基础观念的批判性重塑》中分析了刑法认同的内涵，认为刑法认同是指公民对犯罪与刑罚之间必然的、适当的对应关系的确信和对刑法在划定国家权力和公民权利界域中的能力的期待，以及对依刑法而做出的解决社会冲突的结论的服从和尊重。③陈玉祥在《法治原则认同与国家软实力》中提出了"法治原则认同是提升国家软实力的制度基石"④的鲜明观点。李春明博士还进一步对法治认同的分类进行了归纳概括，他认为从公众对法治的功能认知的角度，法治认同可分为工具性认同和价值性认同；从公众与法律的关系的角度，可分为义务性守法认同和权利性的用法认同；从公众在法治建设中的地位来看，可以分为客体性法治认同和主体性法治认同。⑤

　　法治认同是法学界的一个新的研究增长点，而且一经提出就得到了广泛"认同"，因为在传统约束迅速松弛的情况下，法治的底

---

① 李春明、张玉梅：《当代中国的法治认同：意义、内容及形成机制》，《山东大学学报》（哲学社会科学版）2007年第5期。
② 饶世权：《如何提高法治政府建设的公众认同》，《中国党政干部论坛》2014年第2期。
③ 周光权：《公众认同、诱导观念与确立忠诚——现代法治国家刑法基础观念的批判性重塑》，《法学研究》1998年第3期。
④ 陈玉祥：《法治原则认同与国家软实力》，《法制与社会》2014年第5期。
⑤ 李春明、张玉梅：《当代中国的法治认同：意义、内容及形成机制》，《山东大学学报》（哲学社会科学版）2007年第5期。

线防守和约束就成为这个社会至关重要的稳定器。① 法治是现代民主国家的最重要特征和不二选择，称得上是现代民主国家的底色，法治还是现代国家治理的根本依赖。传统中国伦理道德的约束在社会转型期日渐暴露出不适应和难以应对的局势，不仅从民众的心理和行为上难以再拥有昔日的辉煌和大一统的高度认同，而且从国家与社会的整体视域看，法治顺应了社会发展的历史脉络趋势，能够有效改变中国历代政权和政治传统中自上而下层层约束控制的人治模式，能够让人们适应从下而上进行观察和治理社会的需要，因为这种法治模式适应了权利制约权力的民主潮流。从这种意义上讲，法治认同适应了当今中国社会发展和社会转型期的战略需要，法治认同从文化形态、心理意识、精神价值的理性层面到实践行为、制度规范、治理范式的经验层面都有重大战略统摄，是国家和公民个人的相互"体认"和"重叠"的交叉共识之需要，因此法治认同的基本含义阐释中除了公民的文化认可、尊重、服从之外，还应当包括国家对法治战略的选择、尊重、信赖和一体遵行，法治认同当然事关一国政治道路的选择和未来走向，具有顺应世界民主发展的潮流和提升国家文化软实力的重大战略价值和战略影响。

2. 关于法治认同的机制与路径

李春明博士在《以"法治认同"替代"法律信仰"——兼对"法律不能信仰"论题的补充性研究》中指出："多因素互动：影响新时代中国法治认同形成的相关社会因素——市场经济对法治认同的形成，有决定性作用；对人们正当利益的承认和维护，是法治认同形成的现实基础；政治的秩序性、民主性、合法性，与法治认同的形成密切相关。"② 李春明还在《市民社会视角下当代中国法治文化认同》中进一步提出：为了促进法治文化认同，我们要完善

---

① 刘哲昕：《法治才是硬道理——从法治思维到命运共同体》，法律出版社2015年版，第5页。
② 李春明、王金祥：《以"法治认同"替代"法律信仰"——兼对"法律不能信仰"论题的补充性研究》，《山东大学学报》（哲学社会科学版）2008年第6期。

市场经济体制，培育社会中间组织和社团组织，促使市民社会主体的形成和壮大。[1] 李翔在《对现行正式法文化属性的一种反思——以当代中国民间习惯法的"情理"观为出发点》中认为我国现行正式法应彰显"情理"，表征其文化属性——这是民众认同法治的重要心理根基。[2] 亓同惠在《法治中国背景下的"契约式身份"：从理性规制到德性认同》中认为：法治以由内而外、相互认同的姿态重构法治背景下的心理、伦理和身份。[3] 喻名峰在《法治认同的理论辨析与路径探索》中归纳分析了三条路径：1. 加强执法司法的公平正义；2. 建设法治化的小共同体促进社会的法治认同；3. 法治认同需要法治理念教育。[4] 武晓婕在《〈思想道德修养与法律基础〉课教学中大学生法治认同观念培养路径探析》中提出四点关于大学生法治认同观念培养路径：1. 培养大学生的平等精神和科学理性精神；2. 培养大学生对政治制度的认同意识；3. 培养大学生的自主意识和权利义务意识；4. 培养大学生的规则意识。[5] 孙保全在《边疆治理视野中的法治认同问题》中分析了边疆社会治理过程中的法治认同建设的基本路径：首先，制定良法是法治认同的前提；其次，在政治社会化过程中传播法治观念；最后，构建法治化的边疆治理方式。[6] 卢建军教授著《法治认同生成的理论逻辑》（法律出版社2014年版）从法治认同主客体关系的视角，阐述了法

---

[1] 李春明：《市民社会视角下当代中国法治文化认同》，《山东大学学报》（哲学社会科学版）2009年第6期。
[2] 李翔：《对现行正式法文化属性的一种反思——以当代中国民间习惯法的"情理"观为出发点》，《中华文化论坛》2011年第6期。
[3] 亓同惠：《法治中国背景下的"契约式身份"：从理性规制到德性认同》，《法学家》2015年第3期。
[4] 喻名峰：《法治认同的理论辨析与路径探索》，《湖南师范大学社会科学学报》2015年第4期。
[5] 武晓婕：《〈思想道德修养与法律基础〉课教学中大学生法治认同观念培养路径探析》，《价值工程》2011年第11期。
[6] 孙保全：《边疆治理视野中的法治认同问题》，《中国民族报》2015年7月24日第6版。

治认同客体与主体双向互动过程；运用主体间性理论为方法论工具，探析了法治认同的生成机制。①

笔者赞同李春明博士提出的多因素互动这一观点，新时代法治认同的生成机制是一个动态、复杂而多角度考量的平衡机体，既有理念、心理因素的内在价值层面，也有外在环境影响的软件建设，还有制度实践的形成和熏陶，就像很多人认为假冒伪劣食品是一个缺乏信仰的无良之人的扭曲，从现代民主法治的角度看，笔者认为恰恰是缺乏严格的法治实践和制度认同，正是没有了基本的法治认同，才会出现不惜以身试法的无良无德行为，一个对法治有着深刻认同的现代守法公民是不会以自认为的聪明方式获取非法利益的。卢建军教授阐述的有关法治认同生成历史逻辑和社会根基分析，深入细腻，展示给我们一幅关于法治认同生成理论的深厚文化底蕴和纵向历史发展渊源的美丽画卷，昭示着法治认同理论在新时代中国法治建设中的巨大影响力和强大生命力。

3. 关于传统法治文化与法治认同

李春明博士在《传统"法治"文化与新时代中国公众的法律认同》一文中提出：我们做好全社会的现代法治启蒙工作，克服传统"法治"文化消极因素的影响，充分吸取和利用传统"法治"观念中某些体现法治精神和原则的有用资源，促进新时代公民法治认同形成。②刘立明在《民间法与农村社会的法治启蒙》中提出：只有积极地吸收民间法的合理成分，并通过对民间法的借鉴进行合法性重构，才能形成乡土社会对于现代法治的普遍信任。③龚廷泰教授的《法治文化的认同：概念、意义、机理与路径》提出：没有

---

① 卢建军：《法治认同生成的理论逻辑》，法律出版社2014年版，第21页。
② 李春明：《传统"法治"文化与当代中国公众的法律认同》，《东岳论丛》2007年第6期。
③ 刘立明：《民间法与农村社会的法治启蒙》，《延边大学学报》（社会科学版）2012年第1期。

对法治精神文化的认同，国家法治不可能真正得到有效的实施。[①]李春明博士的《市民社会视角下当代中国法治文化认同》一文中认为：市民社会提供了法治文化认同的经济基础，培养了多元化的法治文化认同主体，有利于使法治获得社会公众理性、全面的文化认同。[②]

法治精神与法治文化是新时代法治认同的灵魂，这种影响是一种刻进骨头融进血液的基因式影响，带有遗传的气质和魅力，甚至可以说是根深蒂固的，当然也是可以修正的，但是其产生的实际影响力不容小觑。传统法治文化给新时代中国民众留下来的深刻烙印是一时难以完全打磨消除掉的，随时随处可见传统法治文化的历史痕迹。人们内心深处依然留有传统法治文化的思想理念，带着固有的观念来审视今天的法治方略。因此，在实施依法治国方略的今日中国，从法治的宏大背景和视域下研究新时代的法治认同问题，要特别注意趋利避害，充分注意到传统法治文化（包括民间法）的固有凝聚力和特有号召力、极富感染力对于法治认同的重大影响。

4. 关于法律意识与法治认同

李晖在《法律·法制·法治——公民的法律意识与法治认同》中指出："法律意识不仅仅是人们对现行法律的观点、知识和心理态度，更重要的是人们对法律的信仰程度"，"公民的法律意识和法治认同，对于我国社会的进步与发展，具有重要的意义，应作为法律心理学研究的重要问题。"[③] 刘江翔在《生态文明建设的法治维度及其认同》中认为生态文明建设的法治维度认同既要从国家层面由上而下启动法治建设，又要从公众的法律认知、法律情感、法

[①] 龚廷泰：《法治文化的认同：概念、意义、机理与路径》，《法制与社会发展》2014年第4期。
[②] 李春明：《市民社会视角下当代中国法治文化认同》，《山东大学学报》（哲学社会科学版）2009年第6期。
[③] 李晖：《法律·法制·法治——公民的法律意识与法治认同》，《社会心理科学》2015年第1期。

律理性入手，强化公众参与法治建设的法律认同。① 公民法律意识即公民对于法律的认知，与法治认同都属于法治建设的内生动力层面，尽管法律意识可以对公民的法治认同产生极为重要的影响，甚至有人认为可以从广义上让法律意识包含法治认同，但二者不能完全等同，仔细区分来看，法律意识更多是心理学层面的内隐式观点、思维或者态度，法治认同却是一种从内在到外显的历程，进而会反映到公民的法治行为上来。当然，从培育和提升公民的法律意识入手可以增强公民的法治认同，引导公民的具体法治实践并形成稳固的思维理念和持久的内心确信。从这种视域角度看，法律意识和法治认同是两种有着天然密切关联的有关法治和法律的事物，法治认同必然需要培养深刻的法律意识，没有深刻而全面的法律意识是不可能生成强烈的法治认同感的；反之，产生了强烈的法治认同，并且能够内化为一种不自觉的心理习惯和定式，再外化为一种自觉的具体实际行动，必然是能够生成一种全面的法律意识的。法治认同与法律意识在观察人们行为的角度上看是互为表里的，从研究心理和主观性思维与认识的角度看，两者具有一定的互补和同质性。因此，我们完全可以运用到大学生的思想政治教育当中来，在传统注重培养大学生法律意识、进行法制教育的基础上，加强依法治国的理念教育，努力培养大学生法治思维，教育大学生学会运用法治思维和善于运用法治方式来规范个体行为、处理法律纠纷，并且学会运用法治方式和正当手段来保护自身和他人的合法权益。如果从事大学生思想政治教育工作的教师、辅导员和党政、宣传、共青团工作者们，能够充分认识到法律意识和法治认同的重要性及其价值影响力，能够做到运用法治思维和法治方式在大学生中进行广泛的思想政治教育，那么可以肯定的是，法律意识和法治认同将能够进一步增强大学生思想政治教育的实效性，这种效果将是非常明

---

① 刘江翔：《生态文明建设的法治维度及其认同》，《湖南科技学院学报》2013年第6期。

显的。

5. 关于法律信仰与法治认同

沈瑞英在《确立"法律信仰"》一文中提出:"从法治的形成与发展来看,法治成熟的重要标志应是公众对法治的普遍认同和信仰,是法治的要求成为公众遵纪守法的自觉行动,是法治成为国家核心力量的重要组成部分。"① 张永和在《法律不能被信仰的理由》一文中指出:"法律信仰"一词混淆信仰与权威的界限,② 在中国当前并不适合,是一个伪命题。赖建东在《法律信仰命题的交锋、探源与出路》中认为:关于法律的信仰问题经过了十几年的讨论——从肯定和倡导到反思与批判,忙碌了二十多年,结果似乎又回到了原点,没有取得实质性进展。③ 李春明、王金祥在《以"法治认同"替代"法律信仰"——兼对"法律不能信仰"论题的补充性研究》中明确提出:法律信仰不适应中国,我们应该用"法治认同"代替它,④ 而且总结归纳了用法治认同代替法律信仰的优势和特点,诸如比法律信仰更具理性和国情适应性,"认同"一词比"信仰"更能显示法治对于公民主体的价值意蕴和人文关怀。由上可以看出,关于法律信仰,存在着法律应当被信仰和法律不能成为信仰的对象两种截然不同的学术观点,而且双方谁也不能完全说服对方,或许两大阵营在相当长一段时期里出现力量悬殊的对比,甚至一度出现一边倒的趋势,但毕竟双方都在发展进步,似乎对法律信仰持怀疑态度的人们进步更大一些,这一阵营的自信在一点一点积累中得到了增强。认同有着深层的哲学根基,它的核心就在于同一性与差异性的辩证关系。⑤ 认同最初在心理学领域得到较为深入

---

① 沈瑞英:《确立"法律信仰"》,《北京日报》2011年12月5日第18版。
② 张永和:《法律不能被信仰的理由》,《政法论坛》2006年第3期。
③ 赖建东:《法律信仰命题的交锋、探源与出路》,《研究生法学》2014年第3期。
④ 李春明、王金祥:《以"法治认同"替代"法律信仰"——兼对"法律不能信仰"论题的补充性研究》,《山东大学学报》(哲学社会科学版)2008年第6期。
⑤ 汪怀君:《"认同"内涵的跨学科分析》,《理论导刊》2015年第5期。

细致的研究,当然在社会学领域中运用也是比较早的,后来逐渐被政治学、哲学诸种学科领域拿来研究和使用。如前所述,法学、思想政治教育领域使用"认同"一词相对较晚,但是一经提出法治认同,便得到了比较广泛的关注和研究,尤其是在法治中国建设征程中,今天看来大有雨后春笋般地充满了朝气和活力,而且颇有后起之秀的意味。学者们从不同的角度探讨了法治认同的特性和趋势,指出了法治认同的优势和潜质,因此我们完全有理由认为法治认同比法律信仰将更具有生长力,尤其是在当前学术界关于法律信仰的争论愈加难以调和与平息的背景下,对于破解当前我国依法治国征程中法治理论和法治实践研究的双重难题都具有非常重要的现实意义。

6. 关于边疆治理的法治认同问题

孙保全的《边疆治理视野中的法治认同问题》提出了:"边疆地区异质性的社会形态,是导致法治认同问题生成的根本性因素""边远、复杂、贫困、特殊是不同于内地的异质性社会形态的具体表现。"① 吕朝辉在《论边疆法治文化认同建设的障碍与路径——以云南边疆多民族地区为分析视角》一文中指出:法治文化认同建设必须历经外部输入(宣传和教化)—形式接受(不反对、不排斥)—实质认同(认可、尊重、拥护和支持)—内部自省(潜移默化地以法治文化引领、改造、优化、塑造自身的行为方式)。② 杨锦帆、杨宗科在《试论民族认同的法治化重构——"库尔德倡议"的意义及对我国的启示》一文中提出:将传统的心性文化纳入现代法治与民主的轨道以确立新时代民族认同的基础,把德性纳入制度的框架以保障民族认同的重构,并使德性成为民主的诉求,将有力地推动民族认同

---

① 孙保全:《边疆治理视野中的法治认同问题》,《中国民族报》2015 年 7 月 24 日第 6 版。
② 吕朝辉:《论边疆法治文化认同建设的障碍与路径——以云南边疆多民族地区为分析视角》,《云南行政学院学报》2015 年第 2 期。

第一章 绪论

的实现。①

边疆法治文化认同有其特殊的疆域色彩和民族风俗传统为底蕴,边疆法治文化认同必须直面使得社会和全体民众比较敏感的宗教问题,民族问题与宗教问题交织,单纯地依赖外在强制难以奏效,同样单纯地依靠教育感化收效亦是甚微。边疆法治文化认同要特别注意在边疆民族团结和宗教融合的背景下充分发挥法治文化认同的功效,注意发挥法治文化认同所拥有的心理同质、思想魅力和外在保障、行为规范的诸多优势与具体作用,使其获得最广泛的影响和最持久的实效。边疆法治认同的软环境建设非常必要,要充分发挥能积极促进边疆法治认同的各种有利因素之引导、鼓励、保障、规范、同化作用,诸如民主健康的政治环境、安定团结的民族向心力等正能量发挥,使边疆法治文化认同在一个润物细无声的由表及里、由外到内、由被动强制到自觉主动的大众化不断普及的过程中悄然实现。

7. 关于大学生法治认同的问题研究

从目前以"篇名"为检索项、以"大学生法治认同"为检索词,从中国知网上搜到的3篇论文看,对大学生法治认同问题研究已经涉及了:在某一具体领域,如"思想道德修养与法律基础"课程教学中的大学生法治认同观念的培养路径,例如培养规则意识、培养政治制度的认同意识、培养自主意识和权利意识等;从认同主客体之间的二维向度的双向规约探讨大学生法治认同的生发机制、影响因素到法治认同的构建;还有专门对新时期体育院校大学生进行的法治认同度调查和提升路径思考。从以上仅有的几篇对大学生法治认同的问题研究来看,大学生法治认同的价值意义重大,有待研究的空间范围很广阔,既需要从现实的角度进行大学生法治认同的现状和原因分析,也需要对推进大学生法治认同的逻辑进程和生

---

① 杨锦帆、杨宗科:《试论民族认同的法治化重构——"库尔德倡议"的意义及对我国的启示》,《贵州民族研究》2013年第3期。

成路径进行探讨，要坚持问题导向、注重理论提升，要从实践维度和理论维度进行详实的阐释解读和剖析研究。

通过以上关于法治认同理论研究的梳理发现，学者们关于法治认同的研究时间并不算长，虽然对法治认同的研究有一批成果问世，相关著作和论文陆续出现，但研究还只能算是较为薄弱，主要集中在法治认同的基本内涵、生成机制、社会根基三个大的方面。不同社会群体的法治认同生成肯定会有各自特殊的机制和特性，诸如边疆民族、城市社区、农村居民的法治认同，尤其是农村城镇化过程中不同群体的法治认同问题，青年群体特别是大学生群体的法治认同都需要专门、细致的系统研究。学界对于大学生法治认同的问题研究目前数量很少，从仅有的几篇关于大学生法治认同的问题研究来看，涉及了大学生法治认同实践的困境破解、新时期大学生法治认同度的调查、大学生法治认同观念的培养路径等有限的几个领域和方面。当然，大学生法治认同的问题研究需要从理论上立论，需要成熟而精深的理论指导和支撑，大学生法治认同问题也是在宏大法治社会背景下，需要多角度、多视域进行系统研究，比如从培养大学生法治思维的角度如何形成法治认同，从民主政治共识与法治建设进路的谐调角度如何看大学生法治认同的生成，从对大学生进行法治宣传教育的视角、从提升社会权威的立意如何看大学生法治认同的生成与互动等。但同时也需要从实证研究的角度入手深入系统研究，毕竟"认同"的定论与否需要实证调查，需要"认同主体"的首肯，而不能仅仅在电脑前、书本中苦思和寻找。

二 研究思路与研究方法

（一）研究思路

研究新时代大学生的法治认同，首先从新时代大学生法治认同的现状调查与理性反思入手，正如毛泽东主席早在1930年《反对本本主义》一文中提出的没有调查就没有发言权，直接对研究对象进行有针对性的实地调研是获取第一手真实资料的有效可靠途径。其次，带着问题寻找多视域研究分析，既有大学生法治认知状况、法治意识状况、法治情感状况的总结分析，又有大学生法治行为状况的阐释，还从存在法治理念误区、欠缺法治契约精神、有待提高法治思维和依法办事能力角度进行理性反思。〔新时代大学生法治认同要论基本思路如下图所示〕

```
                 ┌─────┬─────┬─────┐
                 │经济 │政治 │理性 │
                 │决定 │相关 │权衡 │
                 │性   │性   │性   │
                 └──┬──┴──┬──┴──┬──┘
                    └─────┼─────┘
                       ┌──┴──┐
                       │影响 │
                       │因素 │
                       └──┬──┘
  ┌──────────┐            │            ┌──────────┐
  │1.工具性法│            ▼            │1.情感动力│
  │治认同和价│      ╭──────────╮       └──────────┘
  │值性法治认│      │依法治国  │       ┌──────────┐
  │同        │◄─内容│法治建设  │路径──►│2.价值引领│
  ├──────────┤      │新时代大  │       └──────────┘
  │2.义务性守│      │学生法治  │       ┌──────────┐
  │法认同和权│      │认同要论  │       │3.制度实践│
  │利性用法认│      ╰──────────╯       └──────────┘
  │同        │            │
  └──────────┘            ▼
                       ┌──────┐
                       │现实价│
                       │值    │
                       └──┬───┘
                 ┌────────┼────────┐
            ┌────┴───┬────┴───┬────┴───┐
            │依法治国│法治运行│法治建设│
            │的政治共│的内在动│的精神底│
            │识      │力      │蕴      │
            └────────┴────────┴────────┘
```

然后把研究视野转回到依法治国法治建设的现实社会中来，首先检视探讨新时代大学生法治认同的现实价值与社会意义，从中也

15

对法治何以成为思想政治教育的重要元素、法治在大学生思想政治教育中的创新实现等关于法治认同与思想政治教育的相关基本理论命题进行思考梳理。在前面对法治认同研究综述和法治认同基本理论命题进行了认真梳理分析基础之上，研究大学生法治认同问题的主要内容与影响因素以及大学生法治认同的思维基础与路径分析应该是本文的一个重要核心内容，主要内容与影响因素围绕法治认同的政治属性与法律性质展开，即法治认同其实质是民主共识与法治进路二者的谐调展开，二者互为表里关系，民主是法治认同的共识性根本内容，大学生思想政治教育历来是一个思想教育领域的主阵地，"民主"这个大词再次发挥其威力。共识性的根本内容是大学生思想政治教育和大学生法治认同的灵魂，法治认同有助于推进大学生思想政治教育取得实效；法治是大学生法治认同生成的制度化重要进路，当然也是大学生思想政治教育的重要进路，法治是规则、是制度，民主、法治是共生关系，民主在法治的轨道上才能长久，这是由来已久、历久弥新的话题，在实现伟大复兴中国梦的征程中、在实施依法治国的法治建设征途上，将发挥着无可替代的重要作用。大学生法治认同问题本质上是一种思维模式的养成和心理主观的内在服从，因此在大学生中积极推进法治宣传教育在依法治国的时代背景下尤为重要，大学生要懂得法治思维，会用、善用法治方式，法治思维与法治方式有助于促进和巩固大学生法治认同的生成。同时大学生法治认同也能够有效打造政府与社会的法理型权威、非人格化道德权威等，建设法治社会的法理型权威反过来也能够有效增强新时代大学生法治认同的根基。全书的研究最后落脚点在于推进大学生法治认同的路径分析，前面的基础概念、理论分析是一种应然的理想化状态，推进新时代大学生法治认同的路径是一种实然的具体化建构，理想化分析从来都是纸上得来终觉浅的文字东西和思想理念，尽管没有理念的先导，实践无法付诸实施，但是理念终归要落实到制度实践上来。推进大学生法治认同的路径主要从以下四个方面展开：激发法治认同的情感动力；内化法治认同的价值引领；培育法治社会良好的公民意识；主动参与法治认同的制度实践。四个方面遵循从法治的情感认同作为基本源动力，到法治的价值引领作为内在动力，着力培养新时代大学生法治社会所需的良好法治意识和公民意识，再到法治建设中的行为实践这样一个从理念到实践逐步发展的进程，它们统一于正在全面推进和发展着的依法治国方略的实施和法治建设的社会实践。

（二）研究方法

方法是人们在实践活动中必须服从的他所接触的那些事物的内在的客观逻辑，在人们的认识或实践活动中方法问题至关重要。[1]我们带着问题去寻求相应的研究方法，这是坚持理论研究与实践运用相结合、历史考察与逻辑分析相统一的方法论原则，这样做有利于增强研究的针对性和科学性。大学生法治认同的理论与实践研究还要特别注重调查研究和数据分析，坚持实事求是的原则和精神，确保大学生法治认同的研究，既具有理论性，又具有实践性和可操作性，这就需要充分运用实证分析的研究方法。关于法律实证分析，其实是量化分析与定性分析在法学研究中的结合，正如白建军教授指出的那样：就是法律的经验研究方法，就是往返于法律的应然与实然之间的研究，就是典型和不典型法律现象的归纳过程。[2]

1. 实证调查分析方法

新时代大学生法治认同的问题研究是针对大学生这一特殊群体展开的一项关于法治认同的研究，需要通过实地走访、调查或者通过设计大学生法治认同调查问卷来进行实证研究。实证调查研究能够向人们展示关于研究主题的数据性支撑和佐证材料，比较易于得到民众的广泛认同感，具有直观性、可视性、生动性效果。实证调查研究或者实地访谈成为越来越多的研究者喜爱运用的研究方法，

---

[1] 卢建军：《法治认同生成的理论逻辑》，法律出版社2014年版，第21页。
[2] 白建军：《法律实证研究方法》，北京大学出版社2014年版，第14页。

当然在这一过程中要注意确保数据的真实性、访问的有效性、样本的代表性,只有这样才能确保实证调查分析结论的真实性和可靠性。为了解当前大学生法治认同的真实现状,笔者于2015年3月至6月在驻济部分高校中进行了一次访谈调查,调查范围涉及驻济11所高校,共访谈调查2000多人次,访谈调查内容涉及法律职业认同、对待实施法治的态度、法治与人治的关系理解、关于权大还是法大及权力关进制度的笼子的正确理解、校园暴力的法治问题、国家宪法日、法治宣传、法治运用等方面的法治热点命题。访谈调查过程对于深入思考和研究新时代大学生法治认同的问题起到了很好的促进作用,既掌握了第一手的资料,形成了一些非常有用的数据资料和典型案例材料,又开阔了视野、启发了思路,有了深刻的感性认识和直接体验。

2. 文献研究方法

关于法治的文献较多,相关著述非常丰富,学者们从各个层面和视角对法治进行了充分的全面的详尽研究。但是关于法治认同的论文著作等资料文献目前尚且不多,如前面的文献综述所言,随着依法治国方略的实施,尽管关于某一群体的法治认同文献资料还是较为缺乏,但从总体上研究法治认同这个主题的论文著作材料也逐渐多了起来,因此大学生法治认同的问题研究要在阅读法治文献和法治认同的相关资料基础上进行论证分析,充分了解有关法治认同的研究现状、研究历史、研究内容、研究趋势等,才能做到对大学生法治认同研究的整体把握和科学把握。梳理文献是一种传统的基础性学术研究方法,这种方法的运用使课题研究者们能够具备较为宽广、扎实的理论知识,能够站在前人的肩膀上,拥有更加宽广的学术研究视野,充分吸收该领域最主要、最权威的学术观点,作为进一步进行研究的给养和动力。当然,在大量进行文献梳理的基础上,可以充分借鉴先哲的经验,找到需要进一步研究的正确方向,甚至是直接沿着先贤们指示的前进方向和铺就的前进道路不断发掘和深入论证。

3. 交叉研究方法

大学生法治认同的问题研究属于跨学科研究，内容涵盖思想政治教育学、法学、政治学、社会学甚至心理学等学科，因为认同的实质是关涉心理学的基本问题研究，最初也是在心理学领域展开的认同研究。现在我们进行法治认同研究其实既涉及法律又涉及政治学还涉及大学生思想政治教育领域，因此这是一项跨学科综合性研究，需要在多学科视域基础上形成一个统一的有机整体。新时代大学生法治认同的问题研究做到既要有利于大学生思想政治教育的实效性、丰富性，又要有利于法理学理论的应用性、操作性。

三 研究创新点与不足之处

(一) 研究的创新点

本选题在充分学习和借鉴学术界已有的研究成果基础上，对新时代大学生法治认同的理论与实践问题进行了比较系统的研究，力求创新和有所突破之处主要体现在以下几方面。

1. 选题方面的创新

从知网查询来看，从笔者本人所能掌握的情况来看，仅有一篇博士论文运用主体间性理论分析法治认同生成的理论逻辑，没有研究成果全面系统地研究新时代大学生的法治认同问题。推进新时代大学生法治认同的理论与实践研究意义重大，对于大学生思想政治教育学科是一种与法治中国建设相呼应的创新和拓展，对于大学生健康成长是一种法治保障，对于法治建设是一种法治文化软实力的建构和精神价值基础与文化心理保证。因此，本论题的选择具有主题内容上的新颖性。

2. 研究视角的创新

本书研究大学生的法治认同问题是从新时代大学生的法治理论与法治实践相结合的角度，从马克思主义意识形态理论、马克思主义利益观、马克思主义人的本质理论等基础理论出发，从法治主体指向法治规范和法治价值,强调大学生法治认同是一种共识的结果,也是一种践行的主动过程,强调主体对法治的体悟与外化的历程。因此,本书研究从法治认同理论的视角,丰富了大学生思想政治教育的基本理论内容,属于研究视角的创新运用。

3. 理论观点内容方面的创新

书中涉及的观点是从法治认同的理论与实践角度而言,属于这个理论之前几乎没有论及过的研究领域,因而提出的观点是新的。例如,第一,关于法治认同的权威性、利益性、实践性三大基本特征的论述,以及关于新时代大学生的法治认同存在法治理念误区、欠缺法治契约精神、尚未养成法治思维的论述。第二,关于法治认同与思想政治教育创新的论述,在思想政治教育中要充分发挥法治规范的感召力和信服力,这正是法治究竟何以成为思想政治教育重要元素的底蕴和根源所在;在思想政治教育的实现中,生成精神信仰、重塑自我意识、淬炼自由个性是法治认同发挥其特定思想价值的重要维度。第三,关于法治思维与法治认同的论述,用法治思维中的丰富价值内蕴,践行社会主义核心价值观就有了底蕴和地气,也就能够为当前高校思想政治教育注入新鲜活力并有效提供价值引领;只有逐渐形成法治思维的模式,才有可能实现通过对法治的宣传教育,达致形式上的法治认同,形式层面的法治认同是一种基本的共识,法治将成为绝大部分社会成员的时尚话语体系,言必说法治成为一种时代的主题旋律和关键词;在此基础上进一步升华才能达到实质的法治认同,实质的法治认同是一种默契和自觉,必然内化为一种法治的固化理念和定式行为,社会成员视遵守法治为一种必然和常态。

(二) 研究不足之处

人们为什么遵守法律这个命题既是一个重大实践命题也是一个重大理论命题,新时代大学生法治认同问题研究是对人们为什么遵守法律这一重大命题的展开和局部研究,由于本人学识水平的有

第一章 绪论

限,研究能力的不足,尽管力求深入、全面地进行系统研究和思考,但认识和理解的深度和层次还远远不够,研究存在的不足之处有以下几点:

首先,从整体上讲,站在基本理论的宏大视角看,无论从理论深度还是实践向度上,都还很不够透彻、存在很大的不足,需要进一步探求新时代大学生法治认同问题的内在逻辑性,需要系统探究新时代大学生法治认同问题的基本发展阶段及其划分问题,这些都需要具备开展理论探索的极大勇气,需要一种宏大的理论视野,需要一种战略性思考。尽管在研究过程中也试图进行战略性宏观思考,但仍觉阐释非常浅薄。因此,在将来的法治实践中特别需要持续性专注、继续深化丰富完善对新时代大学生法治认同问题的基本研究。

其次,从具体方面讲,站在深入阐释的微观视角看,在对新时代大学生法治认同问题研究的过程中,尤其是推进新时代大学生法治认同的路径选择上,尽管着力归纳、高度概括为坚持五个维度和一个根本(五个维度即加强法治宣传教育、培养法治情感、内化价值引领、培育公民意识、养成法治思维;一个根本即参与制度实践),但这种归纳和探讨仍然显得缺乏力度,仅能看作一家之言和个人的思索探究,仅仅是一种学理性思考和学术性探究,尚不具有大众化的实践深度,更达不到应有的理论层次,尤其需要进一步从依法治国的法治实践中进行检验和提升。

最后,在对新时代大学生法治认同的历史考察上,由于专门研究大学生法治认同相关论著较少,也由于个人学识水平的有限,尽管力图归纳概括,但没有能够得出一个令人比较满意的历史阶段的划分,这也是感到比较缺憾的一个不足之处,在今后的研究中将进一步探讨,继续丰富深化对新时代大学生法治认同的历史考察,以期能使得本选题的研究更加完整、更加系统。

第二章 新时代大学生法治认同的基本理论

要对新时代大学生法治认同进行清晰的理论与实践研究，首先需要对法治认同的基本概念进行界定，阐述法治认同的基本特征、形成条件及其主要类型；在此基础上，对法治认同的相关概念进行辨析，为进一步明确研究对象和研究方向奠定研究的理论基础。

一 法治认同的理论概述

(一) 法治认同的基本含义

所谓认同，是指体认与模仿他人或团体的态度和行为，从而使其成为个人人格一部分的心理历程。[①] 认同理论原本属于心理学领域，后被学者们广泛引入政治学、社会学、哲学、民族学等学科领域，产生了一系列关于认同的研究成果，诸如组织认同、文化认同、身份认同、社会认同，等等，可以说是百花齐放，获得了社会与学界比较广泛的"认同"。在实践上，今天的法治国家、法治政府、法治社会三位一体的法治建设已经逐渐深入人心，越来越得到民众的广泛认同；在理论上，认同理论已经开始进入法治领域，成为研究法治文化的一个重要视角，为法治实践提供有益的理论概括

---

① 龚廷泰：《法治文化的认同：概念、意义、机理与路径》，《法制与社会发展》2014年第4期。

第二章 新时代大学生法治认同的基本理论

和理论指导。

法治认同是社会主体对法治规范及其价值的普遍认可和接受，是对顺应民众价值期待、满足民众需要的法律的尊重、信任和自愿服从。[①] 因此谈到法治认同的基本含义需要从宏观和微观的角度分别进行阐释，还需要从外在规范和内在价值的角度界定。从宏观视野上看，法治认同其实就是一种对国家发展战略的认可，是对依法治国战略的赞同和认可。因为有着几千年的华夏文明，根深蒂固的人治传统和公法文化，加上外国的月亮就是圆的心理崇拜倾向，使得西方法治文明的光环过分夸大，对法治认同的宏观改善确实不是一蹴而就的。而到了今天这个时代，法治自然更是一个现代国家的底色，是国家治理体系和治理能力现代化不可缺失和不可撼动的基石。[②] 要想从宏观上让广大民众树立法治是硬道理的理念，形成对法治的高度认同，既要有宏观视野，又要从微观个体着手。不仅仅是对于国家选择依法治国战略的赞同，包括会议文件和媒体宣传，更要让法治认同走进民众的生活，使国家政策和战略方针与民众的实际生活高度契合、相互一致起来。从微观个体化视野具体而言，主要是在法治实施和法治运行过程中，公民应该养成法治思维、培育法治意识，善于运用法治方式解决各类社会问题。公民因为具有良好的法治思维和法治意识才具备法治认同的微观基础，遇到社会问题首先想到运用法治方式解决，学会用法治的视角分析看待事情。认同具有理性特征，适应了现代社会人们对法律理性态度的要求。[③] 认同不是盲目的崇信，认同必然建立在个体思考分析的基础之上，缺乏法治思维是不可能形成法治认同的，法治本身是社会做出的理性选择，法治思维则是一种理性思维，是民众形成法治认同

[①] 卢建军：《法治认同生成的理论逻辑》，法律出版社2014年版，第25页。
[②] 刘哲昕：《法治才是硬道理——从法治思维到命运共同体》，法律出版社2015年版，第4页。
[③] 李春明、张玉梅：《当代中国的法治认同：意义、内容及形成机制》，《山东大学学报》（哲学社会科学版）2007年第5期。

的思想基础。

　　法治认同是对法治外在规范的遵守和服从。法治是法律规范和法治价值的有机统一，对法治的认同首先是对法律规范的认同。规范是社会有效运转不可或缺的制度机制，法律体系的特色在于它的广阔范围和调节其他交往的力量。[①] 民众对法治的规范认同首先建立在一种对法治规范的情感和信任基础之上，民众相信通过法治的规范运行会得到预期的利益保护，进而自觉规范个体行为，遵从法治规范和约束。这种规范认同会发生与个体原有规范意识的冲突与整合，民众个体成长生活的差异及其法律认知水平的不同会形成个体认知的差异，法治规范的认同正是建立在不断修正原有规范意识的基础上形成符合社会法治要求的规范认同，达致社会行为层面的维度。因此规范认同是一种行为层面的实施认同，表现为依法办事、依法行为，即便是对法治内在价值存在不同的理解，但仍然依法依规做出个体行为和社会行为。

　　法治认同是对法治内在价值的认可和接受。法治认同不仅仅是一种对法律规范的认同，更重要的是一种对法治内在价值的接受和内化。法治价值是法治的内在灵魂，是法治的一种精神引领和情感吸引，对法治价值不认可、不接受，法律规范只是剩下了冷冰冰的强制，是不可能得到根本的执行和实施的。从这种意义上看，即便是有了完备的法律制度体系，法治价值得不到有效认同的话，执法者和民众都不可能不折不扣地去执行和实施法治，会出现规范和价值的两张皮，说起来是一套，做起来是另一套，并不是发自内心的贯彻实施。这就是为什么即便是有完善的法律制度，未必有完善的法治建设。法治建设是一种系统工程，要清除影响法治价值认同的诸多不利因素，达成价值观念的和谐一致与高度认同。一旦说到法

---

① ［美］约翰·罗尔斯：《正义论》，何怀宏、何包钢、廖申白译，中国社会科学出版社 1988 年版，第 234 页。

律,好像给人的感觉就是公民应该恪守自己的职责和任务等。① 这种现象从本质上讲就是一种对法治价值的不认同,法绝不仅仅是义务和惩罚,法也绝不仅仅是一种冷冰冰的面孔,执行的严格也绝不是法的唯一面貌。从本质上来讲,法是善和公正的艺术,法的准则是:诚实生活、不害他人、各得其所。② 因此持有和认同这种法治价值观的理念,对待法治的态度便会焕然一新,法治建设将会大为改观,遇到的阻力自然大为减少,进程将会大大提速。有了法治价值的高度认同,才能将法治规范真正内化为一种理念,做到内化于心、外化于行,成为一种自觉。

综上,如果对法治认同的基本内涵做一个总结界定的话,法治认同是社会主体对法治国家、法治政府、法治社会三位一体的国家发展战略的接纳、认可和遵从,是对法治规范的遵守和服从,是对法治价值的接受和信奉,是一种将法治价值和法治规范融贯于法治实践行动的心理共识和自觉行为,构成法治中国建设的社会文化与心理基础。

(二)法治认同的主要特征

1. 法治认同的权威性特征

社会凝聚的心理基础仍然是重要的,尽管只是在统治的少数人当中才需要它。③ 法治认同实质就是一种社会凝聚的重要心理因素,伯特兰·罗素(Bertrand Russell)所讲的那种统治的少数人当中才需要,在今天看来,从法治认同的视域看,社会需要法治认同的这种重要凝聚向心力,因为它是构成法治社会的重要心理要素,同时当然是法治社会运行的文化心理基础,但却不再是少数人当中才需要。现在看来是一种普遍的需要、多数人的需要,不仅是统治的少

---

① 丛日云:《西方文明讲演录》,北京大学出版社2014年版,第195页。
② 同上书,第205页。
③ [英]伯特兰·罗素:《权威与个人》,储智勇译,商务印书馆2012年版,第27页。

数人需要法治，就是普通的多数民众都是需要法治的，这当然是由法治的特性所决定的。法治能够提供给大多数人所需要的除了下面所要论述到的利益保护外，非常重要的一点是——法治还能够提供一种权威性的影响力和号召力，这种权威性特征正是法治认同的重要来源和显著特性。

权威彰显的是精神上的号召和支配力量，正如徐国亮教授指出：对权威的服从是以心理与意识的认同为前提的。[1] 由此我们可以看出，权威和认同具有紧密的天然联系。权威是以某种认同为前提，而认同又会因权威而强化，从这种意义上讲法治认同显示出比较明显的权威性特征，之所以这样讲，法治认同是因为法治本身所形成的社会权威而带有普遍性，法治的权威当然会因为民众的普遍认同而强化了其权威性。讲到权威性特征，不能不提到合法性的概念。如何才能获得公众普遍而广泛的认同和遵从，合法性是一个根本前提，而合法性是产生权威的一个重要源泉。我们回顾立法的一般历程可以窥见一斑，但凡上升到国家层面的法律都是经过立法机关的认可和正式通过，从而赋予其一种令民众一体遵行的合法性和权威性效力；立法机关的认可和正式通过往往都是必须经过广泛的学理论证和面向社会民众的反复征询意见与建议，甚至是立法听证会。换句话讲，立法机关的认可和正式通过往往都是建立在学者们的深入研究和民众的广泛参与并提出建议之后的程序。正如美国学者富勒所言："法律的内在道德要求有规则，这些规则为公众所知以及它们在实践中得到那些负责司法的人士的遵循。"[2] 公众因知悉而广泛参与，借助这些为公众所广泛知晓的规则，听证会即是较为典型的一例，从而提高参与度和遵从度，最终达致提高权威性的目的，这正是现代法治国家立法的正当性与合法性基础。这样的立法程序恰恰是建立在稳步推进新时代民众法治认同的有效基础之上

---

[1] 徐国亮：《政府权威研究》，山东大学出版社2006年版，第12页。
[2] ［美］富勒：《法律的道德性》，郑戈译，商务印书馆2005年版，第182页。

的，合法性的来源在于其立法程序的参与性和正当性过程，权威性因其合法性而增强。

法治认同的权威性特征还在于，从本质上讲，法治属于一种在全社会居于统治地位的意识形态，对此，马克思指出：占统治地位的思想不过是占统治地位的物质关系在观念上的表现。[①] 在这里，马克思强调物质关系是决定性因素的同时，也突出强调了以观念形态表现出来的、居于统治地位的思想意识形态所具有的重要作用。徐国亮教授总结得出：具有社会整合意义的、能取得共识和形成意向的、占统治地位的意识形态也是维护或保持统治合法性的重要因素。[②] 一个社会占据主流意识形态的思想意识观念总是拥有相当广泛的民众基础，具有天然的统合影响力，比较易于达成共识，与其他非占据主流意识形态、不占据统治地位的思想意识形态相比，自然会形成并拥有无可比拟的权威影响力和认同优势。这种居于统治地位的思想意识形态因其符合时代主流特征的社会政治属性而具有较为旺盛的生机和活力，就其本源上来讲是一种政治性权威，更是一种法理型权威。说其是一种政治性权威，是因为这种居于统治地位的思想意识形态必然是符合掌握了国家政权的统治阶级意识形态需要，是一种国家政策上的选择与宣传教育使然，是一种符合人类社会历史发展规律的必然选择，当然是一种传统权威和现代权威的融合。说其是一种法理型权威，是因为这种居于统治地位的思想意识形态必然符合现代法治的基本属性，会更加注重法理论证与法理逻辑，更加注重法治推理的运用，也更加符合法治民主的历史发展趋势。法理型权威是一种更能获得广泛认同的权威就在于它本身拥有合乎法理逻辑的立论基础和正当程序基础，它更加注重说理性服从而非压制型服从，它历经正当程序的洗礼与积淀，有着更加广泛的民意参与和群众基础，为法理型权威的塑造打造了坚实的正当性

---

① 《马克思恩格斯选集》第1卷，人民出版社2012年版，第178页。
② 徐国亮：《政府权威研究》，山东大学出版社2006年版，第63页。

程序与实体基础。这种居于统治地位的思想意识形态因为其与时俱进的属性品格，使得其自身成为集中了传统政治权威与现代法理权威于一体的新型社会权威，新时代民众法治认同的权威性特征凸显其重要性，正逐渐成为法治建设运行的一种重要文化心理要素和基础环节。

作为认同客体的法治在整个社会具有普遍的最终权威性，法治本身就是一种理性的选择。众多的思想家、研究者对"法制"到"法治"的研究转变历程表明，这种探索沿着权威性的塑造经历了理性慎思，引导着社会民众的认同选择。民众普遍遵守良法已经形成为一种共识，是一种理性的体现。正如霍布斯所言：法律之所以成为法律，不在于其文字也就是不在于其每一部分的结构如何，而在于其是否符合立法者的意向。[①] 这里的立法者代表了整个国家和整个社会，这种理性是国家智慧的体现，是国家与社会的理性，具有国家权威性。法治认同因之而具有了国家理性色彩和国家权威性特征，法治认同的权威性特征因法治的主流意识形态特色更具说服力和影响力。

2. 法治认同的利益性特征

人们为之奋斗的一切，都同他们的利益相关。[②] 法治认同与其他一切社会活动一样，本质上都无法脱离这一人类活动的基本规律。民众期待法治能够给予确定性的利益保护，既是一种现实的需求，也是一种未来的期待，民众总是对法治充满了希望，特别是权益需要保护的时候，法治成了民众寄托的希望，这一切构成了法治认同的利益基础。如果民众能够从法治中得到现实充分的保护，则民众的法治认同度会得到极大提高。从这种根本意义上讲，法治认同的利益性特征突出强调了法治对社会公众利益的满足与保护的重

---

① [英]霍布斯：《利维坦》，黎思复、黎廷弼译，商务印书馆2014年版，第209页。
② 《马克思恩格斯全集》第1卷，人民出版社1995年版，第187页。

要性。它要求每一个社会成员、每一个社会群体的尊严和利益都应当得到有效维护,并且要根据社会发展变化所造成的公众新的权利和利益需求,不断增大保障范围和力度。[①] 法治成为国家和社会能够为民众提供利益保护的可信赖制度体系,这与法治本身的多元价值息息相关。法治本身意味着是一种良法之治,法治追求公平、公正,成为一种制度性规则体系,能够给民众以切实的利益保护和价值期待。一方面,法治可以为民众提供现实的合法利益保护和对非法利益的打击与处罚,对非法利益实施打击和处罚本身就是对社会民众合法利益的有力保护,一罚一护,方能彰显法治正义;另一方面,法治能够为民众提供一种预期的利益保护期待,民众根据这种利益的设计与安排机制可以预见到行为的未来后果并调整当前的行为,这种围绕利益预期保护而自觉调适社会行为的前提就是对法治的认同。法治认同从某种意义上讲就是对法治文化的精神认同,而法治文化的这种精神认同是建立在物质利益基础之上的,并且是以利益保护和满足为实际导向的,法治认同的价值是以现实的和未来的利益保护实现作为主要内容的,当然既包括物质的利益又包含精神的利益实现。仅仅是物质利益保护或者仅仅是精神利益保护都是不能实现认同的最大化问题的,历史唯物主义辩证法从来都是注重物质利益与精神利益的有机统一。

然而,无论是物质利益还是精神利益,现代社会总是越来越精细化和专业化,呈现在人们面前的物质利益与精神利益总是多元的,各种利益彼此之间又总是存在不能完全相互协调一致的情形,甚至各种利益彼此之间是相互冲突的。我们不能不去思考和探讨,存在各种纷繁利益冲突的状况下,法治认同又是如何形成的呢?这显然为有效形成法治认同带来了障碍和困境。我们能否对各种冲突的利益提供较为周全的保护呢?在利益冲突面前,我们依据什么标

---

① 李春明、王金祥:《以"法治认同"替代"法律信仰"——兼对"法律不能信仰"论题的补充性研究》,《山东大学学报》(哲学社会科学版)2008年第6期。

准来确定利益保护的优先顺序呢？或者说对上述利益重要性的先后位序排列的依据又是什么呢？[①] 法理学与法哲学上有一种共识性的准则，生命利益至上，生命利益高于一切财产利益，相比之下那种为保护集体财产而牺牲个人生命却备受褒奖的时代已经一去不复返了。这其中就是一种重要利益之间的排序关系，而且是最重要利益之间的最基本排序关系。生命利益之间没有大小可以比较，但是除了生命利益之外的其他利益之间却是可以而且必须比较大小的，因此财产权益之间是有大小比较的，这其实就是一种立法上的先后排序。刑事法律的排除犯罪事由之一是紧急避险，紧急避险的构成就存在一个利益大小的比较问题，刑事法律要求紧急避险的成立一定是保护一个较大的合法权益，而损害了一个较小的合法权益，这是排除紧急避险行为成立犯罪的法定事由。尽管紧急避险行为本身也对社会权益造成相当的危害，但紧急避险行为毕竟保护了一个较大的合法权益，整体上是对社会有利的行为，所以刑事法律对这种行为是持鼓励态度的。因此对不同利益依据一定的评价标准进行比较衡量，依靠国家立法这一权威形式对相互对立的利益进行排序调整，做出先后次序上的安排。[②] 从这种对利益的调整和比较排序出发，进而达成比较上的共识，由此可以看出，上述对利益之间的共识性比较衡量是形成法治认同的前提基础和逻辑起点。

如果法治能够体现尊重服务人的需要和利益，从人的需要出发，以人为目的，以人为终极关怀，那作为社会中的人自然愿意遵守它、服从它，进而产生法治认同。[③] 法治认同的这种过程是以对社会主体利益的维护和满足为基础建构起来的，法治认同本质上讲就是一种主体的心理意识，主体对法治的心理体验，尤其是对利益

---

① 龚廷泰：《法治文化的认同：概念、意义、机理与路径》，《法制与社会发展》2014 年第 4 期。
② 同上。
③ 李春明、张玉梅：《当代中国的法治认同：意义、内容及形成机制》，《山东大学学报》（哲学社会科学版）2007 年第 5 期。

满足和保护与否的心理体验直接决定着法治的认同与否，这种利益性特征尤为明显，体现为法律上的权利和义务。因此那种一谈到法治就是尽义务、负责任的心理意识是不利于法治认同的形成的，这是一种传统法治文化心理的不利影响，在今天法治中国建设的伟大征程中，研究法治认同的基本理论和实践问题，尤其要注意尽可能消除那种传统的义务、责任甚至是不利益的法治心理意识。只有注意到这一点，才能突出法治认同的利益性特征，才能真正抓住法治认同的关键性要素，这种对人的终极性关怀就能建立在坚实的利益大厦基础之上，才能真正让人们产生对今日之法治的内在认同、自愿认同和持久认同。

3. 法治认同的实践性特征

法治认同是主体的一种心理体验，是一种精神意识范畴，是一种主体性认同。但是马克思主义唯物辩证法基本原理告诉我们，主客观是一对矛盾统一体，实践是理论的根基和土壤，"理论的对立本身的解决，只有通过实践方式，只有借助于人的实践力量，才是可能的；因此，这种对立的解决绝对不只是认识的任务，而是现实生活的任务，而哲学未能解决这个任务，正是因为哲学把这仅仅看作理论的任务"[1]。我们研究法治认同必须从法治实践中不断探索和总结分析，法治认同来源于法治实践，又会回到法治实践中去，进而巩固和产生新的法治认同。法治认同与法治实践是相伴而生的，我们决不能把法治实践撇开去探讨研究所谓的法治认同，那将是一种空洞而苍白的探讨。从这种意义上讲，法治认同必须关注主体的法治实践，或曰法治认同具有很强的法治实践性特征。

实践的态度则意味着"生成性—参与性"，[2] 我们要从主体性方面去理解这种参与性实践的基本过程。这种主观性的理解实质是从

---

[1] 《马克思恩格斯文集》第1卷，人民出版社2009年版，第192页。
[2] 何中华：《重读马克思——一种哲学观的当代诠释》，山东人民出版社2009年版，第206页。

实践理性开始的，即由一种理性指导下的参与实践开始。在这种所谓实践理性中，法治认同的发生是以主体对于法治的感性把握和理性认知为基础的，人们对于法治及其在社会中的作用没有一点程度的了解就无从谈起对法治的承认与接受，这种了解通常是主体在日常社会生活中通过观察或亲自参与法律实践活动获得的。[①] 如果说实践理性是一种精神基础，是法治认同走向实践行动的先导，法治制度也即是一种良法善治则是这种实践性的物质基础，而法治实践丰富和发展这种实践理性，并进一步完善法治制度，是一种现实的支撑和保障。实践理性在具体的法治实践中得到提升，法治认同在法治实践中得到践行和强化。因此说，实践是必须的，不可或缺的；要使实践成为一种自觉，必须在我们的具体实践中遵循和践行实践理性，以实践理性指导我们的具体实践。[②] 这种实践理性的指导和践行，使得法治的具体实践得到丰富和提升，进而形成一种认同的自觉，达致理性的实践。从实践理性到具体实践最后到达理性实践，恰是法治认同的一种实践性深化、践行和不断丰富提升的过程。

法治认同的实践性特征还体现在主体全面性[③]，因为法治认同的实践性不仅仅是普通民众的认同和实践。法治认同强调对于良法的遵守和服从，这种良法本身就意味着认同主体的全面性，尤其是当权者自身对良法的服从和践行。正如在纪念我国现行宪法公布实施三十周年大会上，习近平在讲话中指出："一些公职人员滥用职权、失职渎职、执法犯法甚至徇私枉法严重损害国家法制权威；公民包括一些领导干部的宪法意识还有待进一步提高。"[④] 因此，新时代中国法治实施的状况并不尽如人意，在不同程度上存在一种疲

---

① 卢建军：《法治认同生成的理论逻辑》，法律出版社2014年版，第130页。
② J. Dewey, *The Quest for Certainty: A Study of the Relation of Knowledge and Action*, New York: Minton, Balch, 1929, p. 234.
③ 李春明、王金祥：《以"法治认同"替代"法律信仰"——兼对"法律不能信仰"论题的补充性研究》，《山东大学学报》（哲学社会科学版）2008年第6期。
④ 《习近平谈治国理政》，外文出版社2014年版，第137页。

软现象,①而造成这种不尽如人意现象的根本原因就在于公权力主体对中国法治文化的认同度不高,甚至是不认同、虚伪的认同。强调法治认同的实践性特征实际上就是要首先强调公职人员的法治认同,他们的法治认同直接决定着法治的实施状况,并对普通民众的法治认同有着直接的影响。因为普通民众的法治认同来源于现实法治的实施状况,来源于公职人员的遵法履职行为的深刻影响,呈现出一种直接的正相关性。如果公职人员在台上口头公开大讲特讲法治严明、遵纪守法,而在背后私下里实际行为上却是另一套法治标准,肆意妄为,全无半点法纪意识,一个接一个沦为危害人民的老虎、苍蝇,这样的法治实施和法治认同带来的只能是负向影响,只能是对法治建设的阻碍和削弱。因此,法治认同的实践性特征强调在法治建设的实践中,全体公民一体遵行,没有法外特权,法治认同必须也只能在法治的理性实践中得到正向强化。党的十八大以来坚持党要管党、从严治党的反腐实践和依法治国、依宪治国的法治中国建设的理性实践已经充分证明了这一观点,更充分说明了法治认同的实践性特征。

法治认同的实践性特征告诉我们,法治认同将遵循历史唯物主义、辩证唯物主义的基本原理,从法治文化心理和法治精神、法治思维走向法治实践理性,并最终在具体的法治实践中,达到法治建设的理性实践层面。在此基础上,法治认同将遵循否定之否定的基本发展规律,不断呈现出螺旋式上升和进步趋势。因此,我们绝对不能把法治认同的研究仅仅当作理论的任务去完成,法治认同只能也必须在法治建设的理性实践中得到升华和提高,法治认同统一于法治建设的理性实践中去,才能具有旺盛的生机和活力。

---

① 龚廷泰:《法治文化的认同:概念、意义、机理与路径》,《法制与社会发展》2014年第4期。

(三) 法治认同的形成条件

法治认同的形成条件是指影响和作用于法治认同过程的多种因素和关系的总和。法治认同的形成是现实多种社会因素相互作用的结果，不是单一的直线过程，概括讲，法治认同的形成条件主要包括制度性条件、物质性条件、主体性条件、心理文化条件等，并且是多种因素相互作用的有机结果。

1. 良法是制度性条件，是法治认同的前提条件

法治认同的制度性前提是有法可依，要建立完善的社会主义法治体系，这是法治认同的物质基础和制度载体。正是由于全党和全国人民对建立健全法制的高度共识，[①] 改革开放以来，中国的立法进入一个飞速发展时期，创造了一个崭新的具有中国特色的社会主义法律体系。新时代社会主义法治体系的基本形成成为法治认同的物质性前提条件，当然这只是一种制度性条件，并不能必然带来广泛一致的法治认同。

法治应包含两重意义：已成立的法律获得普遍的服从，而大家所服从的法律又应该本身是制定得良好的法律。[②] 早在两千多年前，亚里士多德上述关于法治的至理名言就已经强调了良法的重要性，也只有是良法，才能得到广泛的普遍遵守；恶法因其缺乏正义性，失去了让人们普遍遵守的正当性基础。良法可以培育人们对于法治的理性认识，从而避免在依法治国的进程中产生对法治的过高或者过低的评价认识。人们常说好的制度不但可以防止好人变坏，更可以使坏人变好，而坏的制度可以使好人变坏，坏人更坏，这种提法凸显了制度的重要性和能动反作用。制度与环境条件的恶劣与否虽然只是外在的条件，从哲学认识论角度讲不起决定性作用，但却构

[①] 龚廷泰:《法治文化的认同：概念、意义、机理与路径》,《法制与社会发展》2014 年第 4 期。

[②] ［古希腊］亚里士多德:《政治学》,吴寿彭译,商务印书馆 1983 年版,第 199 页。

成了重要的物质性前提。

法治认同特别重视"制定得良好"的法律,内含着"良法"动态性的发展要求,指出了当代中国法治发展的着力点。[①] 新时代中国法治建设需要良法规范各类社会事务,要求良法不断拓展管辖服务范围,尤其是公权力使用范围,良法要对公权力进行有效约束。尊重公民的宪法性权利、有效制约公权力的行使正是新时代中国良法发展的着力点,具体到当前法治建设,从严治党、反腐倡廉的法治实践正是建构新时代法治认同的根本前提。因此,着力完善当前从严治党的党纪法规,强调党纪严于国法,构建党内法规的理论与实践体系,正逐步成为新时代中国法治建设的新发力点和关键点,从而铸就新时代法治认同的前提条件和根本基础。

2. 正当利益保护的实现是法治认同的关键条件

法治能否对主体的行为提供利益引导、能否给主体带来一定的效益,具有满足主体的某种利益和需要的现实物质性,直接影响着人们对法治的认同与否。[②] 法治的最大实务魅力就在于法能够为人们提供实际的利益保护,而且这种利益保护是一种可期待和可预测的实际结果。法治宣传是推进法治认同的重要途径,法治宣传可以让民众更多地知悉法治、学习法治,相对比于法治宣传,法治维权的实战能够给民众以实实在在的利益保护,这种利益保护的实际收获才是法治认同的最关键性条件。反过来讲,如果法治不能提供有效的利益保护,屡屡让需要法治保护、迫切寻求法治保护的民众一再失望的话,制定得再完美的法治体系也只能是一种纸上谈兵,反而成为不能得到认同的负能量。因此,能够为民众提供利益保护,法治有了这种品质,法治认同的关键点也就成为一种现实。法与法治是以国家强制力为实施的后盾的,但绝不能以此作为主要的甚至

[①] 李春明、张玉梅:《当代中国的法治认同:意义、内容及形成机制》,《山东大学学报》(哲学社会科学版)2007年第5期。

[②] 同上。

是唯一的依赖力量,现代法治社会更应当注重人们的自愿遵守和服从,这就要求建立在人们的普遍认同基础之上,利益保护成为法治认同的关键要素。正如波斯纳所言:服从法律更多的是一个利益刺激的问题,而不是敬重和尊重的问题。①

社会治理正处于不断变革与转型时期,面临着新情况、新问题,比较突出的是人们普遍更关注自己个体的生活,同时传统社会共识少了、共识难度增加,② 这对于建构法治认同是一种全新的挑战,不能只看作不利的一面,也必须辩证地看到极为有利的一面。社会共识少了,权威受到挑战,认同难度增加;人们更关心自己的生活表明个体权益愈加受到重视,恰是社会转型时期人们法治意识的觉醒,法治认同面临新的机遇,权益成为构建全社会普遍法治认同的一个至关重要的发力点。因此,法治认同所需要的利益保护还应当具备下面几个基本特性:首先是公平性。公平是法治追求的永恒价值,只有公平才能具有普遍性。满足少数人的利益需求是不具有普遍性的,对大多数人来讲是不公平的,因此,从哲学角度讲,公平性与普遍性是相得益彰的,公平性奠定普遍认同的坚实基础。其次是正当性。法与法治所保护的利益必须是正当性的利益,正当性才能具有合理性,只有正当性才能是凝聚普遍共识和认同的合理性基础。最后是大众性。大众利益应该是良法善治需要特别加以保护的利益,要让每一个社会成员都能感受到法治的阳光,任何一个社会成员都能对事关切身的利益寻求法律的平等保护。建立在公平性、正当性、大众性利益保护的基础之上,新时代法治建设的着力点才能具有坚实的群众基础,法治认同的普遍形成才能找准关键点。

---

① [美]理查德·A. 波斯纳:《法理学》,苏力译,中国政法大学出版社 1994 年版,第 297 页。
② "社会共识少了、共识难度增加"这一观点是聆听华东师范大学文军教授所作的专家报告《新改革时期的社会治理转型与社会工作介入》受启发而来。

3. 培育法治的精神文化是法治认同的本质条件

只有法治制度的认同还不是真正的法治认同,因为这还是只停留在制度层面。没有对法治的精神文化的认同,再好的制度也不会得到有效和全面的实施,再严密的法治制度也会因为缺乏法治的精神文化而得不到认真执行。相反,法治的精神文化和价值认同是法治建设的一种灵魂,即使法治制度有许多不尽如人意的地方,也会逐渐走向完善和成熟。从法治价值的特性和内在排序的角度来看,精神文化价值显然是更加内隐性的,处于相对更高的位阶。毕竟,法治建设的精神文化是属于信仰层面的,能够有效实现制度文化的工具性价值。精神文化是法治文化的核心,[1] 法治认同就是要发挥法治精神文化的灵魂统帅,用法治信仰和法治精神这种内在的精神文化来凝聚社会共识。精神文化是一种比物质文化和制度文化更为灵魂式的内在思想要素,人可以没有一定的物质,但不可以没有精神文化,同样,法治更应该注重法治的精神文化认同,在哲学的基本意义上讲,法治的精神文化可以决定和支配法治的制度文化,反过来,却不适用。人们对待法治制度及其案例适用的重大意见分歧往往是由于各自价值观的重大差异造成的,也就是不同的公平正义观念。[2] 价值观也好、公平正义观念也好,其实反映的都是一种法治的时代精神文化。理念相通、价值相同、文化相近、精神一致,这是法治发展的内在核心要素,同时更是法治认同的思想基础和本质条件。

法治的精神文化实质是一种法治的理念、法治的思维和法治的意识形态,是对法治的基本理解和基本看法。现在仍然有相当一部分人存在对法治的这样或那样的看法与偏见,甚至不认可法治,认为现代法治中国仍然脱离不了人治传统,其实质是缺乏法治的

---

[1] 龚廷泰:《法治文化的认同:概念、意义、机理与路径》,《法制与社会发展》2014年第4期。

[2] 孙春伟:《法律意识形态论》,法律出版社2015年版,第190页。

精神文化的一种极端表现，没有养成法治思维，缺乏法治理念，欠缺法治精神，甚至根本不会认可法治的权威。针对这样一个庞大的社会群体，要想使法治中国建设取得实效，务必要从建构法治认同开始，没有对法治的高度认同，法治建设的进程会屡受挫折。法治认同的建构又必须以法治的精神文化的培育为核心和根基，没有崇尚法治的基本理念和基本精神，没有彻底的法治思维和法治方式，法治的公平正义将成为空中楼阁，法治的精神文化将成为一句空话。因此，打造共同的法治公平正义观念、培育一种主流的法治意识形态和法治精神文化对于推进新时代法治认同具有本质意义。

4. 守法主体的普遍性是法治认同的重要条件

传统的法治阶级属性表明：法是掌握在统治阶级手中的阶级统治工具，守法从来是被统治阶级的事情，即使是关涉统治阶级那也是以危及阶级统治为必要条件的。这种传统阶级属性的守法观念造就了法治特权现象的蔓延和滋生，同时也极大地腐蚀着法治建设的公平性。新时代法治中国建设的顺利推进需要培育全社会的法治认同，而法治认同的形成与新时代法治建设的公平性息息相关，公平性是法治建设的根基，公平性决定着法治认同的真正形成。很难想象，没有公平性的法治会形成广泛的法治认同，可以说公平性是法治认同形成和法治建设成功与否的关键所在。而公平性首先强调守法主体的普遍性和平等性，守法主体的普遍性必然成为法治认同的重要条件。换言之，没有守法主体的普遍性和平等性，法治认同是难以达成的。

谈到守法主体的普遍性和平等性，不能不令人想到当今法治中国的法治实施状况。习近平同志曾经指出："一些公职人员滥用职权、失职渎职、执法犯法甚至徇私枉法严重损害国家法制权威；公民包括一些领导干部的宪法意识还有待进一步提高。"[①] 尽管法治

[①] 《习近平谈治国理政》，外文出版社2014年版，第137页。

建设有了明显的进步，但是破坏法治的严重事件还时有发生，①尤其是公职人员违法犯罪严重损害了法治建设，因此在某种意义上讲，公职人员的守法和认同成为守法主体普遍性的首要问题。所以，从主体的角度讲，法治认同首先不是对民众的要求而是对当权者的要求。②当权者、公职人员的守法和认同能够对社会民众产生很好的示范效应，从这种意义上讲，当权者、公职人员的守法和认同更具现实意义和重要性，缺少了当权者和公职人员的守法和认同，守法主体绝对不能算是普遍的守法主体，法治的权威根本不可能建立起来，宪法至上、法律至上就会成为一句美丽的空话。法治权威也好、法律至上也好、宪法至上也好，在法治中国建设的进程中自始至终都会贯穿着权利对于权力的制约和限制，没有运用法治对公权力的羁束，法律的一体遵行是不可能实现的。

因此，守法主体的普遍性，尤其是当权者和公权力主体的守法与认同比普通民众的守法与认同更具重要性，对于全体社会成员的法治认同更有影响力和决定性。

二　新时代大学生法治认同的理论基础及相关概念辨析

（一）新时代大学生法治认同的理论基础

1. 马克思主义意识形态理论

马克思主义意识形态理论首先深刻揭示了意识形态的阶级属性，对此，马克思、恩格斯曾经指出：占统治地位的思想不过是占统治地位的物质关系在观念上的表现，不过是以思想的形式表现出来的占统治地位的物质关系；因而，这就是那些使某一个阶级成为

---

① 龚廷泰：《法治文化的认同：概念、意义、机理与路径》，《法制与社会发展》2014年第4期。
② 李春明、张玉梅：《当代中国的法治认同：意义、内容及形成机制》，《山东大学学报》（哲学社会科学版）2007年第5期。

统治阶级的关系在观念上的表现,因而这也就是这个阶级的统治的思想。① 上述基本理论不仅告诉我们占据主流形态的思想的政治属性,而且就思想形式与物质内容的根本关系作了深刻阐释。马克思主义意识形态理论还进一步深刻阐释了意识形态的社会实践属性,马克思曾经指出:"思想的历史,岂不是证明,精神生产是随着物质生产的改造改造的吗?""人们的观念、观点和概念,一句话,人们的意识,随着人们的生活条件,人们的社会关系、人们的社会存在的改变而改变,这难道需要经过深思才能了解吗?"②

意识形态历来具有突出的阶级属性,一定阶级的人们必然要运用一定的意识形态理论来论证其阶级和社会集团的利益在整体上是正当的和合法的,只有这样才能得到该阶级成员的广泛的认同和支持。③ 马克思主义意识形态理论对于我们研究大学生法治认同问题具有很好的启发意义。

第一,大学生法治认同实质就是对法治意识形态的政治属性的认同,这是一种占据主流形态的思想、观点和意识。法治认同体现了大学生的共同价值观,反映了他们的基本社会立场和观点态度,具有一定的政治倾向性,是新时代法治中国建设的历史与现实的反映,是对法治国家、法治政府、法治社会三位一体的治国战略的体认、遵从与践行。我们要充分运用法治认同,发挥其对社会主体行为的指引、统领和教育作用,运用法治认同的意识形态属性感染、征服社会成员,发挥其在统一社会意识、促进新时代法治建设、贯彻实施依法治国的战略、维护人们法治利益方面所具有的重要指导意义和引领作用。

第二,大学生法治认同既是一种心理文化范畴,更脱离不开社会实践属性。大学生法治认同将随着法治实践的改变而改变,正是

---

① 《马克思恩格斯文集》第1卷,人民出版社2009年版,第551页。
② 《马克思恩格斯文集》第2卷,人民出版社2009年版,第51页。
③ 王永贵等:《经济全球化与社会主义建设研究意识形态》,人民出版社2005年版,第20页。

法治行为与法治社会实践的直接反映。因此，我们研究法治认同决不能为研究而研究，一定不能忽视法治认同的社会实践属性，我们要注意充分发挥法治认同在法治社会实践中的整合与凝聚功能、教育和规范功能，这样的研究视野与研究方式才能产生社会现实的效益，否则就是一种空洞的研究。反过来看，法治实践是法治认同的行为外化，是对法治认同的升华和践行，法治认同与法治实践呈现一种相得益彰的辩证关系。

2. 马克思主义利益观

马克思主义利益观认为"人们奋斗所争取的一切，都同他们的利益有关"[①]。马克思主义利益观还揭示了追求利益是人类社会一切活动的根本原因，"每一既定社会的经济关系首先表现为利益"[②]。马克思主义告诉我们，人的思想总是受特定历史阶段社会中的物质利益所决定的，"人们头脑中发生的这一思想过程，归根结底是由人们的物质生活条件决定的"[③]。马克思、恩格斯全面研究了人类社会历史进程，并进而深刻揭示了人类社会历史发展的基本规律，实践告诉我们，社会发展和人民群众的社会历史活动是随着社会所创造出来的物质利益引导而不断发展变化的，掌握了物质利益就能够引导调动更多的群众参与到社会历史活动中来。

马克思主义利益观所揭示的深刻社会基本原理为我们研究法治认同基本理论与实践问题提供了很好的理论依据和重要启发。

第一，对大学生法治认同问题的研究要确定物质利益原则。利益是认同的基础，抓住了这一点就是抓住了法治认同问题的关键之处。那种脱离物质实践的空洞法治宣教，甚至是法治恫吓是毫无意义的，不但不能产生法治认同，反而引向事情的反方向，是于事无补的。因此，我们要抓好经济工作，要充分发挥法治对于经济工作

---

① 《马克思恩格斯全集》第 1 卷，人民出版社 1956 年版，第 82 页。
② 《马克思恩格斯文集》第 3 卷，人民出版社 2009 年版，第 320 页。
③ 《马克思恩格斯选集》第 4 卷，人民出版社 2012 年版，第 261 页。

的保驾护航作用,要按照事物的一般规律、按照效益原则,赋予法治以实际的物质效益,让大学生切实感受法治所产生的实实在在的物质利益,法治认同的形成是自然而然、事半功倍的事情。

第二,我们在重视物质利益的同时,也不能忽视法治认同所特有的思想理念的重要作用。要注意把握物质利益在法治认同中的适度与平衡的问题,这一问题实质是经济工作与思想工作正确关系在法治领域的实现。我们不能唯物质利益是图,这是一种彻底的经济利益绝对论,会削弱思想认同和思想工作的重要作用;我们也不能唯思想认同是图,绝对排斥物质利益的基础作用,这是一种彻底的思想文化绝对论,会夸大思想工作和精神动力的作用。两者都是极端论调,正确的做法是在充分肯定物质利益的基础作用的同时,又要注重思想建设,充分结合社会主义核心价值观,运用法治认同的精神能动作用,抵制各种腐朽思想的侵蚀,保证社会主义法治中国建设的顺利进行。

3. 马克思主义人的本质理论

人的本质理论是马克思主义的基本理论问题,马克思指出:"人的本质不是单个人所固有的抽象物,在其现实性上,它是一切社会关系的总和。"[1] "这同他们的生产是一致的——既和他们生产什么一致,又和他们怎样生产一致。因而,个人是什么样的,这取决于他们进行生产的物质条件。"[2] 我们理解马克思主义关于人的本质理论要注意从多个角度进行诠释,既要从现实性上又要从全面性上,还要注意从主体性上深入解读,这些对于今天我们研究大学生法治认同问题具有积极意义。

第一,要在现实性上深入把握大学生法治认同的理论与实践基本问题。研究一切问题都要从现实出发,同样研究大学生法治认同的问题也要从现实的社会发展、法治建设出发,同当前法治中国建

---

[1]《马克思恩格斯文集》第 1 卷,人民出版社 2009 年版,第 501 页。
[2] 同上书,第 520 页。

设的实际状况入手,绝不能脱离当前法治建设的实际,盲目夸大西方法治或者贬低中国的传统法治理论,要充分而现实地重视法治认同形成过程中的实际社会关系状况。

第二,要在全面性上研究新时代大学生法治认同问题。大学生法治认同问题研究是一个多学科领域综合研究的问题,从马克思主义人的本质理论出发,全面性和整体性视角要求我们,研究大学生法治认同问题要放在全面的复杂的社会关系之中去研究,诸如政治的、经济的、文化的、哲学的、法学的、社会学的、心理学的多个视角。社会关系绝不是理论中的单一化,社会关系从来就是复杂而全局性的,需要多维度多层解读。

第三,要在主体性上研究新时代大学生法治认同问题。新时代大学生法治认同自身是不会被动生成的,法治认同的生成取决于个人所进行社会物质生产及其生产活动的条件。换言之,社会的物质生产及其生存状况同大学生法治认同的生成有着直接的联系,处在不同的物质生产条件之下的不同的人,对于法治的感受是不一样的。研究大学生法治认同的基本问题,要坚持人的主体性视域,尊重人的主体地位,做到以人为本,调动人的主观能动性,提升大学生法治参与的积极性,毕竟法治认同是以主体参与为根本标志和最终目的。

(二) 法治认同与相关概念辨析

要深入研究大学生法治认同的基本问题,还必须对与法治认同相关的几个基本概念进行全面分析界定,以分清法治认同与法治教育、法治信仰、法治意识等相关概念之间的异同之处,便于在理论概念上厘清区别与联系,做到思路清晰,论证阐释透彻。

1. 法治认同与法治教育

法治教育是指通过对公民有目的、有计划、有组织地进行"依法治国"方略的宣传和教育,培养和发展公民法治意识及其用法治意识指导自己行为的一种活动。① 相比较于传统的法制教育而言，法治教育侧重于一种动态的教育，不仅仅局限于法律制度的教育，更加注重贯彻依法治国方略的实施教育，更加注重法治价值、法治原则、法治精神的教育，期望将法治内化为公民自身内在的价值追求。

法治教育可以让人们全面认识法治，逐渐培养对于法治的理性态度。因此从这个角度讲，法治教育与法治认同有着密切的联系，法治认同本身包含着对法治的理性，是一种对法治的赞同、体认，对法治价值的承认、接受和尊奉。法与法治并不是全能，与其他一切事物一样都是存在很大局限性的，法治需要教育，才能让人们正确认识法治；法治教育的结果可以是法治认同，也可能是不认同，或者是一种被压服的遵守而不是信奉。法治教育可以成为法治认同的基础阶段，但二者还是有着较大的差异，法治教育可以产生法治认同，但是反过来讲，法治认同并不一定必须经过法治教育。法治教育更多地强调施教者向受教者的宣教、传授，是一种受动过程、被培养的过程；而法治认同更多强调的是个体或者群体对法治规范及法治价值的体悟、认可和信任、遵从，是从主体指向法治规范和法治价值，是一种共识的结果，也是一种践行的主动过程，强调主体的体悟与外化的历程。

简单讲，不能把法治认同等同于法治教育。两者的内涵存在较大差别，法治认同远比法治教育的内涵丰富，法治认同包含两个方面：一是对法治规范的外在认同；二是对法治价值的内在认同。法治教育是一种法治建设的方法手段，而法治认同是文化心理根基，构成法治运行的内在精神动力。

2. 法治认同与法律意识、法治意识

到目前为止，法治意识这一概念的使用远不如法律意识这一概念使用的频次多，但是自从党的十八届四中全会以后，法治意识逐

---

① 石雁：《法治教育中的思想政治教育渗透》，《思想教育研究》2013年第2期。

第二章　新时代大学生法治认同的基本理论

渐进入人们的视野,成为使用频次较高的基本概念。中央党校夏丹波博士将法治意识界定为:公民在特定的社会历史条件下,通过参与法治实践、接受法治教育等方式,基于对法治的功能、原则、价值等知识的正确认知,而逐步形成的理解、认同、信任、支持并捍卫法治的内心立场、观念和信念。[①] 当然法治意识还有其他学者的一些不同界定,但基本上是在原来法律意识基础上进行的界定,最大的变化就是对于法治价值、功能等的认知,具有了明显的不同于法律意识的价值取向。但是无论是法律意识还是法治意识,它们的共同之处就在于都会归结为一种心理、观念和思想、信念,只不过有了具体内容的丰富和升级。

相对比而言,在价值取向上,法治认同和法治意识具有相近性,都体现了诸如:对主体价值的尊重和人文关怀、对权利的维护等法治价值;再者,法治认同和法治意识在范畴上都体现为一种文化心理属性。但是法治认同和法治意识二者之间的区别也是比较明显的,法治认同比法治意识的内涵更为丰富,体现为:法治认同既是一种结果,也是一种过程,它所表达的是公众对法治的一种赞许性态度和确认性行为,[②] 因此法治认同是一种心理范畴,但又不和法治意识一样仅仅局限于一种心理观念,它还是一种行为过程。与法治意识相比,法治认同表达的是一种动态感更强的关于法治过程的基本概念和重要范畴。

3. 法治认同与法律信仰、法治信仰

迄今为止,学界关于法律信仰的提法比法治认同的提法更为普遍,这当然与"法律必须被信仰,否则它将形同虚设"[③] 这句耳熟

[①] 夏丹波:《公民法治意识之生成》,博士学位论文,中共中央党校,2015年,第25页。

[②] 李春明:《市民社会视角下当代中国法治文化认同》,《山东大学学报》(哲学社会科学版) 2009 年第 6 期。

[③] [美]哈罗德·J. 伯尔曼:《法律与宗教》,梁治平译,商务印书馆2012年版,第7页。

能详的话语有关。当然，学界也出现了很多对法律信仰进行批判的声音，法律能否信仰的观点之间分歧很大。赞同法律信仰的学者认为，法律信仰是法律知识、法律理想、法律情感、法律意志和法律评价等因素相互作用的形成，体现了社会主体对法律的高度认同，代表着社会主体自身由法治精神到行为模式的内在系统，[①] 是一种较高的意识境界。相对于法律信仰的提法，还有一些学者提出"法治信仰"一词，认为"法治信仰是指主体对法治极度信服和尊重并以之为行为准则。正如陈煜律师指出的那样：法治信仰不仅仅是主体对法律的主动认同，而且崇尚法律，以法律为生活准则，以实现法治为理想"[②]。

从上面的概念可以看出，法律信仰也好、法治信仰也好，两者之间如果有区别的话就是法治信仰突出了法治价值，正如反对提法律信仰的学者指出的那样，并非所有的法律规则都可以信仰，法有良法与恶法之分，恶法就不能信仰。法律信仰与法治信仰的共同之处都是在强调对法律的高度认同，所谓信仰实质是达到了像宗教一样的虔诚的膜拜。

我们再来看法治认同与法律信仰、法治信仰的异同之处，可以肯定的是，能够达到法律信仰、法治信仰程度的必然能够称得上对法律、对法治的认同了，而且是一种全身心的认同；其实，认同也好，信仰也好，都是一种赞同、遵从和服从、信守。但它们之间的最大区别就是程度的不同，信仰是高度认同，一般的认同是远远无法达到顶礼膜拜一般的信仰的。因此，我们可以说，广义的法治认同包括法律信仰和法治信仰，毕竟信仰必然是建立在认同的基础之上，信仰也是一种认同，而且是一种带有强烈感情属性的高度认同。狭义的法治认同只是法律信仰和法治信仰的初级阶段，是对法治的信任、认可、赞同和遵从，是一种理性的服从与遵守，还远没

---

① 刘旺洪：《法律意识论》，法律出版社 2001 年版，第 72 页。
② 陈煜：《试论法治信仰》，《延安大学学报》（社会科学版）2001 年第 3 期。

有达到那种对于法治的宗教般的神圣感情,并不是一种崇拜的感情,当然狭义上的认同进一步发展就必然成为信仰。

综上,法治认同是一种比较理性和理想的提法,我们认为这种提法是从狭义上来讲的,法治认同的提法与法律信仰和法治信仰的提法并不矛盾,比较符合现阶段法治发展的实际状况,在当前我们还不能用法治认同涵括法律信仰和法治信仰。毕竟,新时代中国的法治建设进程中存在着一定程度上的伪认同,言必说法治、行却是人治的现象还不在少数,这与社会主体对法治文化的认同度不高有关。[1] 但是我们应该看到,现阶段的法治认同可以为未来法治信仰奠定良好基础,高度的法治认同是法律信仰和法治信仰的必由之路。

三 新时代大学生法治认同的主要类型

在法治类型学的研究中所贯彻的基本思维方式即为马克思主义的实践论的思维方式,这种思维方式不仅具有理论的合理性,更具有现实的合理性。[2] 大学生法治认同的类型研究正是贯彻马克思主义的实践论思维方式进行的,是在考察了社会法治实践的基础上提出的,对于努力贯彻依法治国、实施法治建设、培养法治思维、运用法治方式、指导法治实践大有裨益。在形成中国法治民族特色的进程中,逐渐形成了价值性法治认同与工具性法治认同、消极性法治认同与积极性法治认同、个体性法治认同与群体性法治认同的重大区分,所有这些对于我们深入研究新时代大学生的法治认同问题具有重要的启发意义。

从社会主体对法治的功能认知的角度,可以把法治认同分为工

---

[1] 龚廷泰:《法治文化的认同:概念、意义、机理与路径》,《法制与社会发展》2014年第4期。

[2] 武建敏、董佰壹:《法治类型研究》,人民出版社2011年版,第30页。

具性法治认同和价值性法治认同。①

（一）工具性法治认同和价值性法治认同

这种划分方法其实是法哲学上目的性价值和手段性工具划分的展开和演变。法律实用主义倡导一种语境主义和工具主义进路的法律理论，既将法律视为历史的衍生物，又将法律视为实现社会福利的工具。② 工具性不外乎是表明一种有用性的划分，是浅层次的认识类别。目的性价值其实表明的是一种法治客体对法治主体所担负的社会意义所在，而且大大提升了法治客体的社会地位，体现了对法治价值的一种尊重和认可。

1. 工具性法治认同

从手段性工具角度看，法律具有工具性作用，能够满足一定的实用性目的，公众在对法律良好的价值判断的基础上，对这种工具性作用予以认可和接受，此谓公众工具性法治认同。③ 大学生对法治认同的初级认识就是出于这类工具性认同，往往是出于对法律和法治的直观感受性认同。好多大学法学院在迎新生时都会写上极其能够抓住眼球的宣传用语，比如"欢迎你，未来的大法官！""欢迎你，未来的大检察官！"或者是"欢迎你，未来的大律师！"还有"未来的正义守护神！"之类，学生们事实上是一种职业工具主义法治认同，学了法学将来就是比较直接地从事法律实务中的某一类职业，怀抱着未来的法官（检察官、律师）之梦开始了法律之旅。法具有很强的实用性，法可以解决纠纷维护民众合法权益，社会各行各业都需要法律专家、法律顾问，人人希望能成为现实的法

---

① 李春明、张玉梅：《当代中国的法治认同：意义、内容及形成机制》，《山东大学学报》（哲学社会科学版）2007年第5期。
② 苗金春：《法律实用主义的进路及其贡献——司法能动主义的理论渊源》，《学术界》2008年第4期。
③ 李春明、张玉梅：《当代中国的法治认同：意义、内容及形成机制》，《山东大学学报》（哲学社会科学版）2007年第5期。

律专家，不少家长让自己的孩子选择法律学专业时甚至希望孩子以此为职业、成为谋生的手段，当然是期望值较高，不是简单的温饱谋生，而是改变人生命运、获得较高生活质量的期盼。曾经某地方日报连载了一部反映民众对法和法律的态度转变的报告文学，某位妈妈因为自己的女儿读了四年大学法学本科，毕业之际又考上了法学专业研究生，毕竟研究生在普通家庭还是颇具光环的，当时处于20世纪90年代前期，也即1990年前后，那个时候的法学研究生还真是非常稀有的，法学硕士研究生招生点也比较少，在当时的确算是非常高的法学学历了。这位妈妈就非常自豪地在单位炫耀自己的女儿考上法学研究生了，学法律专业，大家觉得在社会上太有用处了，但是就有好事者问她女儿是学什么法的研究生，那位妈妈有些不好意思地说是学宪法的硕士研究生。好事者又继续追问，人家学民法的处理民事案例，学刑法的处理刑事犯罪，那你女儿学宪法能够处理什么案子啊？结果还真把那位妈妈问得有些张口结舌，不知道该如何回答。非常典型地反映了民众对法律的一种功利主义看法，也即一种工具性的法治认同。当然这里讲的工具性法治认同是从普通民众角度来阐述的，那么从国家与社会层面的工具性法治认同又是什么特征呢？

在传统中，法律的价值更多地体现在有用性上，是一种统治"工具"，人们多是从形而下的角度去理解阐释，大都从规则和制度层面入手，把法律简单化地解释成一种上层建筑，而且是一种以国家暴力机器为后盾的强制力，即统治阶级为统治整个社会而制造出来的行为规范。[①] 法律的有用性、工具性成为最主要特性，尤其强调法律这种制度规则的合理性仅在于"有利于统治"，是一种自上而下的强制，并没有自下而上地考察民众对法律制度本身是否认可。这种阶级意志论的工具主义正在成为或者即将成为历史形态的

---

① 王春风：《从法律工具主义论法律信仰的缺失》，《法制与社会》2011年第28期。

工具性法治认同，代之而起的是一种社会治理形态的工具性认同。与此相匹配的是国家管理正在从传统的阶段迈步进入由社会作为国家与个人之间的过渡阶段并且实行自我管理的善治阶段。国家属性有所弱化，管理的社会属性逐渐增强，必然使之失去阶级色彩。[①] 在新的过渡阶段或者社会管理阶段，工具性法治认同将失去其原有的阶级属性，成为社会共同治理的规则与制度，不存在对统治阶级服务和有利的问题，而是对全体社会成员共同有利，为了社会成员绝大部分人的共同利益或公共秩序的需要，不论其是属于掌握政权的统治阶级还是不掌握国家政权的被统治阶级成员，例如空气环境质量方面的法律制度就具有了超脱阶级性的一面，交通公共安全秩序例如航空飞行安全等都属于这一类的法律制度，在这方面社会成员出于公共社会治理的需要而对其有用性产生法治认同，就是区别于前两类传统法律类型的工具性法治认同。

2. 价值性法治认同

一些人用来指称某种与"工具价值"或"手段价值"相区别、相对应的价值类型时，习惯使用"内在价值"（自然界或物种、环境）"自身的价值"，或"人本身的价值""主体价值"等提法。[②] 所谓价值性法治认同，是指法或法治因自身能满足社会公众对法治的需求所具有的某些内在属性，诸如公平、正义、人权、自由、程序合理等，公众因上述善法或良法的属性而对法治产生的认同。如果说工具性法治认同是一种物质层面的认同，价值性法治认同相对来说就是一种精神层面的法治认同，是对法治的内在属性所生成的赞同、认可并发自内心的由衷的服从心理。如对于生产有毒有害食品罪的严厉惩罚的法律规定，对于醉驾入刑、危险驾驶等行为的法律规制，公众因目睹或亲身感受到了有毒有害食品的严重危害，醉驾行为、危险驾驶行为给社会成员和家庭成员所带来的沉重打击，

[①] 蒋德海：《社会治理回归社会路径研究》，知识产权出版社 2015 年版，第 93 页。
[②] 李德顺：《价值论》，中国人民大学出版社 2013 年版，第 86 页。

等等，因而对这类法律或对这类危害行为进行法治规制所产生的价值性认可、赞同，从而产生内心的正义之感的体验，我们可以把这种情感体验归为价值性法治认同。相比较而言，工具性法治认同是一种外显的初级法治认同，价值性法治认同可以看作一种内在的较高层级的法治认同。

价值性法治认同与公众的知识水平和感受心理能力密切相关，一般而言，公众的知识水平越高或者法律素养越深，价值性法治认同越强烈。一个只能勉强维持温饱状态的社会成员，他关注的视阈范围一般只限于眼前的与温饱相关的事宜，他的关注度也一般会限于与个人或者小家庭范围相关的。价值性法治认同关注更多的是与社会层面相关联，是那些有能力关注、有头脑关注社会公益事业或者公益诉讼的成员和群体才有可能产生这类法治认同。当下大学都是相对比较开明的高校，培养出来的大学生多数都热爱公益事业、朝气蓬勃，经常热心关爱弱势群体，积极参与社会志愿服务等，加上现在大学对法律课或者法治宣传教育都是比较注重的，因此多数大学生是比较容易形成价值性法治认同的，而且一般都会从最初入校时的工具性法治认同转化提高为价值性法治认同。

另外综合性大学举办的学术讲座比较密集，很多综合性或者专业性大学的学术氛围还是非常浓厚的，良好的学术氛围对大学生的法治教育和熏陶是非常重要的，特别是一些名校的学者专家和教授，他们的学术视野开阔，学术兴趣广泛，学术有很强前沿性、高端性。在这样的大学里，在这样的学术氛围中，受到名教授名学者们的前沿学术熏陶，简直就是诗意般的存在，能与大师对话，心灵和境界的提升净化自不必说，这种高大上的学术和学业教育孕育出的肯定是高尚的精神追求，肯定是自身心灵对法治的价值性认同。笔者在北京两所名校连续听取多场名家学术报告，还有来自权威国家机关的专家报告，其中感受到的心灵震撼和高度认同绝不是一般的宣传教育所能匹敌，因此来自名家名教授的高端学术报告对于培育价值性法治认同是非常有必要的，也是大有裨益的。

（二）个体性法治认同和群体性法治认同

大学生正是处于人生成长发展的关键历练时期，往往需要群体的认可，如果不能够附随小群体的观念，往往会被疏远，甚至被边缘化。同时，大学生学习是一个以个体努力为主的活动进程，更多的时候是个体徜徉于书籍的知识海洋，独自探求科学的真理。因此，这种划分的标准和依据在于法治认同的主体不同，同时也受其法治认同主体归属环境的外在影响。

集体权利与个人权利并不能等同于总体与部分在量上的关系，也就是说集体权利不完全由个人权利叠加而成，它们之间是性质上的差异而非量上的不同。[①] 同理，我们可以认为群体性法治认同与个体性法治认同之间并非总分关系，群体性法治认同绝不是个体性法治认同的叠加总和，它们之间是法治认同性质上的差异而不是数量关系上的区别。群体性法治认同并非总是优越于个体性法治认同，个体性法治认同也绝不可能完全独立于群体性法治认同，二者既需要运用辩证统一的观点又需要采取相对独立性的思维，来正确全面地看待分析它们之间的异同点和各自的生成发展。

1. 个体性法治认同

大学生的精神风貌深受社会环境的影响，新时代大学生总体上表现出阳光、健康、积极进取的良好状态和精神面貌，他们思维活跃，极其容易接受新鲜事物，对网络的认同度较高。因此不少大学生在现实生活中和网络虚拟世界中的参与度是大为不同的，他们思维敏锐，兴趣广泛，但同时明辨是非的能力相比而言较差，毕竟还是缺乏社会阅历的未出茅庐的青头小伙子、小女生，当然鉴于青春期性别特征，男生做出超越底线事情的概率一般高于女生，迷恋网络的男生一般也多于女生，但不完全、不绝对是这样。在现实生活世界中容易追星，尤其是在网络的虚拟世界中，更是非常容易追

[①] 林雪梅：《马克思的权利思想》，人民出版社2014年版，第211页。

风、追捧意见领袖的观点。因此大学生的法治认同,尤其是个体性法治认同极其容易受现实生活中意见领袖的观点影响,甚至是虚拟世界中网络大V的观点影响,毕竟现代世界是一个人人都在心甘情愿地做手机低头族,人人手机都可以随时随地上网接收信息的时代。信息的传递太迅速了,传播辐射面太广泛了,新媒体、自媒体的传播和影响威力令人瞠目结舌。稍不留心,某个个体就可能被网络围观,甚或一夜成名。由是观之,大学生的个体性法治认同决不能孤立来看待,尽管很多时候,大学生需要慎独、静思,方能学有所获,毕竟学习过程是一个相对独立的进程。当然少部分大学生可能本身就是意见领袖,比较具有号召力,甚至是网络虚拟世界的网络大V,这部分大学生的个体性法治认同更是不能轻视,他们的法治认同极有可能影响一批人,完全能够起到表率的作用。

民主法治社会同样需要权威,意见领袖或者网络大V的个体性法治认同就成为一定范围内的"权威"性个体法治认同①,因此个体性法治认同又可以细分为权威性个体法治认同与非权威性法治认同,同等情况下,权威性个体法治认同要比非权威性法治认同的影响波及面宽广宽泛得多。鉴于权威性个体法治认同的影响力,更进一步讲,权威性个体法治认同完全有可能转化成为某一范围内的群体性法治认同。

2. 群体性法治认同

大学时期,大学生还是经常会"人以群分"的,彼此之间会逐渐形成一些群体、团体,这是人的社会属性、人与人的交往需要使

---

① "网络大V"一词最初的出处应该是褒义的,即使今天仍然有不少正面声音呼吁不要将网络大V污名化,坚持要为网络大V正本清源,进行正名。经历了新媒体时代的打击网络谣言的一系列事件,网络大V成了网络大谣,一时成为非常敏感的词汇,到如今应当是一个彻头彻尾的贬义词,尽管或许有很多人不会认同这种观点,绝不肯认为网络大V已经变成了一个完全的贬义词。不容否认的是,在普通民众的词汇里,一提起网络大V就和那些造谣营利者联系起来了,那些家伙为了金钱利益不惜炒作炮制、制造热点、打造提升自己的网络知名度,不择手段做不良网络舆论的幕后黑手和幕后推手。因此这里的权威性个体法治认同打上了一个引号,意为回应网络大V的贬义。

然。群体或许没有什么正式组织章程、是自发形成的；团体就是一种相对正式的组织，内部是有层级的、有分支架构的，当然这两种性质的人群所形成的群体性法治认同也是具有不同属性的。群体中的人会形成多数人的法治认同观点，往往是凭借每个人的个人魅力和思想性、说服力而影响他人；团体中的人也有可能形成多数人较为一致的法治认同观点，但在团体中会变得复杂起来，因为内部层级关系，上级人士的观点有可能因为级别关系而压制了下级人士的认同观点，更为强势团体的内部，也极有可能是少数人的认同观点俨然成为整个团体的认同观点。

新媒体时代网络传播手段的便捷迅速，群体性法治认同观点会持续发酵，遥相呼应的群体性认同观点甚至会左右社会民众的视听真相，因此现代社会特别注重权威、及时、客观发布，以正视听。

人类社会的发展和进步是一个人的主体地位逐步得到凸显和人的主体性逐步得到张扬的过程。[①] 在群体性法治认同的生成过程中，群体或团体内部人的主体地位越得以张扬，代表群体或团体成员的法治认同主流观点越容易形成，而且越符合社会实际情形。这正是民主所形成的共识性内容，架构起法治认同生成的逻辑进程。哈贝马斯倡导的以语言为基础的交流和对话，主张以"主体间性结构"或"主体—主体"结构取代"主体—客体"结构，[②] 意在张扬人的主体属性，充分尊重人的个性和表达，形成畅通、民主的交流机制，便于群体或团体成员之间充分酝酿，使符合现实民情和实际法情的法治认同得以生成，并得到传播与张扬。主流性群体法治认同的生成，能够有效引领社会舆情，使广大民众能够正确认识社会突发事件，防止偏听偏信，防止一些别有用心的网络大V误导民众，造谣中伤，从而扰乱正常社会秩序。这正是法治社会所必需的理性体现，对于今天我们实施依法治国具有重要的现实意义。

---

① 卢建军：《法治认同生成的理论逻辑》，法律出版社2014年版，第182页。
② 同上书，第185页。

(三) 消极性法治认同和积极性法治认同

从法治实践来看，我们的守法观经历了从以服从为中心的消极守法观到以维权为中心的有限积极守法观的变迁，并已经有了朝以护法为中心的全新积极守法观进化的趋势。[①] 依据胡国梁博士的守法观的划分，我们不妨将法治认同分为消极性法治认同和积极性法治认同，而积极性法治认同又可以分为维权性有限积极法治认同和护法性积极法治认同。

1. 消极性法治认同

一般而言，谈到消极性法治认同，主要是指服从法律，不论内心是否存有对法律的抵触，最起码不去实施破坏法律和法治的行为。名其曰消极服从，甚至是带有一种被国家暴力机器压制、震慑之后的屈从和隐忍，当然也可能是比较平和的遵规守纪，根本谈不上抵触不抵触，只是觉得应该服从法律和法治。消极性法治认同是一种公民义务的履行，或许绝大部分公民就是处于这种层面和心理去服从法律、认同法治。

消极性法治认同实际上是一种客体本位的法治认同，民众没有把自己作为法治建设的主体，似乎法治距离这部分民众甚为遥远，有着事不关己高高挂起的味道，至于建设什么样的法治那是国家和社会的事情，这是一种初级形式的法治认同。同时，消极性法治认同还是一种义务为本位的法治认同，持有这种认同观点的民众沿袭着传统的法治文化，把守法作为公民的基本义务，限于完成一个公民应尽的基本道德和法律义务而已。中国社会在改革开放后发展迅猛，经济取得了长足的进步，人们在物质财富得到极大满足的同时，应该说文化精神财富也得了最大限度的丰富。但是一个不容置疑的事实是：人们似乎并不真正满足于这些，不少人表现为道德沦

[①] 胡国梁：《积极守法：一个被忽视的法治维度》，《中南大学学报》（社会科学版）2015 年第 1 期。

丧、无法无天、肆无忌惮，违法犯罪也一度呈现新的激增，贪污腐败现象比较严重，为世人痛恨，物质世界和精神世界远不成正向比例。这事实上是消极性法治认同对法治底线的突破，消极性法治认同者存有一种侥幸心理，违法可以获取额外的非法利益，体现的是传统人治社会对权力的追逐和对法律法治的蔑视与抵触。因为守法是一种义务，义务通常都是没有幸福可言的事情，既然有权力可以抵消法律，为何不去追逐令人向往的可以支配、左右别人的权力呢？因此，消极性守法观是将法律作为一种单纯的义务和命令来看待。[①] 命令总是能体现出发出命令者和被要求服从命令者之间的对抗，对抗的结局自然是能逃脱就会尽可能逃脱，只要能逃脱严厉的惩罚就不会认真遵守法律，甚至不惜以"甘愿""自愿"受罚的方式去获取巨额经济利益，因此，自然没有人会永远安心于被动服从。

其实，很多大学生也是对法治持有这种心态的，他们天然就觉得管理者与被管理者之间具有不可调和的对抗性，自己是法治客体，是法治受众，缺乏一种主动参与性。原因在于我们针对大学生的传统法治宣传教育中，始终在强调守法，强调做守法有纪律的公民，存在着忽视权利主体的倾向性。大学邀请司法机关的专业人员来学校给大学生作法治报告，多数是在宣传刑法和犯罪案例，教育大学生不要以身试法，完全忽略了宪法、民法等其他法律的宣传介绍。这样做的直接表现形态是：2014年我们国家首次设立国家宪法日之后，就是在高等教育的殿堂中的大学生对宪法是什么也多数是一头雾水，更不要提宪法的价值和意义，宪法与普通民众的实质性关系是什么，等等。

总之，消极性法治认同缺乏主体性价值认同，是一种最低限度的守法性认同，是以义务为本位的被动性法治认同，在实施依法治

---

① 胡国梁：《积极守法：一个被忽视的法治维度》，《中南大学学报》（社会科学版）2015年第1期。

国、建设法治社会、实现中华民族伟大复兴的今天，仅有消极性法治认同显然远不能适应法治中国建设发展的实践要求。

2. 积极性法治认同

所谓积极性法治认同是从公民的主体性角度来讲的，公民对法治持有一种主动参与意识，以维护公民权利为中心，通过运用法治方式、参与法治实践，达到对法治的高度认可并内化为一种内心信念，从而驱动人们积极遵守法律和依法办事，并实践于指导个人行为和社会行为的实施之中。从上述积极性法治认同的内涵描述中，我们可以认识到，积极性法治认同是一种权利中心、主体本位的较高层级法治认同，已经摆脱了义务性、客体性特色，以积极维权为内在动机推动其主动参与当前法治实践的特性成为这类法治认同的主要特质。

在现实社会生活中有三类情形当属积极性法治认同无疑，一类是在20世纪90年代左右，人们刚开始认识到法治的积极性特质的时候，有一部分民众开始从畏讼、远讼思维中解脱出来，不再对法治仅仅是感到威严可怕；相反，尝试要运用法治来维护公民个人权利、获取利益，开始对法治有种信任、依赖和好感的时候，出现了公民为1元钱而诉讼的现象，当然这种1元钱的诉讼也遭到了批判，1元钱的诉讼实在是对司法资源的极大浪费和滥用。与此同时，不少的诉讼当中开始出现漫天要价，甚至是天价赔偿，原告起诉到人民法院确实是有明确的法律依据，确实是受到了侵害或者被告确实存在违法现象，但起诉索赔的数额确实高得吓人，根本不相匹配，当然索赔数额极高也是与当时的法律规定不够明确有关。从根本不愿意诉讼打官司，到为了1元钱而不惜起诉到法院，再到动辄起诉天价索赔，这一系列的诉讼实践表明，人们的法治认同理念确实发生了巨大变化，由原来单纯的敬畏法治、被动守法到主动维权、积极参与法治实践，已经是一个相当大的社会进步。

另一类案例是王海现象。王海是一个曾经被民众和舆论公认的打假英雄，确实所到之处令不少商家胆战心惊，也确实给不少商家上了一场生动的法治教育课，让不少商家因此吃了苦头，用实际行动让商家知道遵纪守法的重要性和必要性。不过王海现象确实存在不少争议，有不少法学家甚至蔑称王海为社会痞子，还没学会法律、先学会钻法律的空子，受其影响，司法界开始逆转，后续的一些打假案例出现了不同判决，认定王海不是为消费目的购买，不是《消费者权益保护法》所适用的消费者对象范围，因此不能适用《消费者权益保护法》的惩罚性赔偿规定来索赔。这是导致王海现象消失的一个直接原因，王海们打假索赔获取巨额利益在社会上渐渐没有了立足之地。排除其中的一些争议和私心不论，单就运用法治维护公民权益的一面，我们足以认定社会民众的法治心理获得了长足进步，民众已经能够积极参与到法治实践中来，公民的主体地位也得到了很好培育和提升。

同时期出现的第三类现象是发生在象牙塔中的司法案例。高校大学生因为学位授予争议将母校告上法庭，这里有博士学位授予也有学士学位授予的真实案例，成为这类案件的肇始。后来逐渐延伸到侵权、违纪开除、不予录取、教育管理等各个方面的法治实践，还有四川大学的3位学生，因为就餐时被"多收"了2元钱，与饭店对簿公堂，提起了我国第一例以宪法所保护的平等权被侵犯为由的诉讼。[①] 从博士学位、学士学位，到开除违纪处分，再小到2元钱，象牙塔中的司法案例越来越多样化，大学生似乎开始从传统的道德意识中苏醒过来，法治认同越来越高涨，参与法治建设的主动性大为增强。大学也因此备受瞩目，开始注重学校章程制度的法治建设，开始聘请法律顾问，建立法律事务中心、法制办等相应机构。大学生的法治意识和法治认同出现转型，以维权为中心的积极性法治认同已经得到实践，大学生也已经不再把自己仅仅当作守法主体、法治客体，"权利""法治"已经成为时代的热词，受到大学生的追捧。

---

① 殷啸虎：《法治的品格》，上海社会科学院出版社2015年版，第353页。

第二章　新时代大学生法治认同的基本理论

前面讲的是以维权为中心的有限积极法治认同，值得注意的是一种以护法为中心的新型积极法治认同被人们忽视，护法性积极法治认同为法治建设的展开拓宽了法治视野和理论进路。一位署名是"猎人"的民间义务反扒人士在博客中这样写道："我认为，参加'广州义务反扒'的行动，协助公安机关去举报和指正犯罪嫌疑人，是为社会多做贡献，是行使宪法赋予我们的公民权。"[1] 像"猎人"这样的民间义务反扒人士有很多，他们完全是利用工作的业余时间义务从事着反扒斗争，有的坚持 20 多年如一日，完全不被民众知悉，直到有一天"义务反扒反被打"才使其被人知晓——2012 年 3 月 18 日上海女孩"莫莉"地铁反扒遭遇扒窃者殴打一事，让此前并不被人们了解的上海民间反扒志愿者队伍逐渐浮出水面。[2] 他们是默默付出，不但有经济、精力的付出，很多情况下人身安全都受到严重威胁，有时还很可能面临司法指控，但是这些公民的积极护法之心应该得到法律的肯定，类似的还有社区义务巡逻、广场义务维持秩序等护法行为，还有一种比较极端的护法：《兰州晨报》在 2009 年曾经报道："7 月 9 日晚，兰州一老人手拿砖块站在斑马线上，只要有车辆闯红灯经过，便用砖块砸向违章车辆。"[3] 他们以自己的身体力行作为矫正违法行为的主体，积极参与到法治实践中来，他们曾经以权利为中心维护过自己的合法权益，但现在他们已经走到了以护法为中心的积极法治认同新阶段，他们在维护社会和其他公民的合法权利，他们的护法在法治社会建设进程中发挥着积极作用。

与积极性法治认同的内涵相比较，有学者提出了一个新概念

---

[1] 猎人的博客《"义务反扒"——随想》[EB/OL].[2015-08-24]. http://blog.sina.com.cn/s/blog_4bd9c526010006xj.html。

[2] "义务反扒反被打"据新华社上海 2012 年 3 月 18 日专电记者罗争光、姚坤泽，来源：新华每日电讯.[EB/OL].[2015-08-24]. http://roll.sohu.com/20120319/n338147549.shtml。

[3] 李晓亮：《老汉砸车发泄斑马线之怒》[EB/OL].[2015-08-24]. http://news.ifeng.com/opinion/society/200907/0713_6439_1245944.shtml。

"消极法治"——传统宪政理论的发展与实践,[①] 有人这样阐释消极法治的意义:"消极法治"在某种意义上可以被理解为走"自然演化式"的法治发展道路,其主张法治的发展是一个历史的渐进过程,其间需要不同主体和多方力量的共同参与,垄断公权力的国家作为法治建设的主体只构成其动力来源的一个组成部分。[②] 消极法治其实站在公民个体角度来讲是一种积极性法治认同,基本特征是弱化公权力的强势影响,增强公民的权利意识和参与主动性。"消极法治"尤其强调在此过程中公权力只能以消极的方式出场,其主要功能在于为其他建设力量的发挥营造和维持一个有利的外部环境,但公权力自身并不发挥凌驾于其他主体之上的主导作用。[③] 这样看来,我们的法治建设进程中如果能够注意运用消极法治方式与积极法治方式的有机结合,消解国家积极推行法治建设的公权力过度影响,积极调动全体公民参与法治中国建设的主动性,有效增加推行依法治国的动力来源,在公共领域进一步拓展延伸,多维度增强公民权利和法治意识,平衡公权力与私权利的运用,将会对公民积极性法治认同的生成起到极大的促进作用。

小　结

新时代大学生法治认同问题研究从基本的法治认同理论入手,界定法治认同的基本含义,揭示法治认同的三大基本特征,并阐述了新时代大学生法治认同生成的制度性条件、物质性条件、主体性条件、心理文化条件等,同时也深刻检视了马克思主义意识形态理论、马克思主义利益观、马克思主义人的本质理论等相关理论基础。在此基础上,科学界定新时代大学生法治认同的主要类型,为

---

① 殷啸虎、朱应平:《论消极法治和积极法治的互动与平衡》,《法学评论》2003年第1期。
② 魏治勋:《"消极法治"的理念与实践路径》,《东方法学》2014年第4期。
③ 同上。

深入研究这一重大的基本命题奠定了坚实的理论基础。根基扎实，才能枝繁叶茂、结出硕果，循着新时代大学生法治认同问题研究的理论基础，站在前人的研究高度之上，坚持问题导向，强化问题意识，才能充分借鉴学习前人的研究成果，由此才能不断开辟新时代大学生法治认同问题研究的广度和深度，因此理论基础的梳理和研究，越是阐述得透彻和深邃，越是能够自由进行后续内容的研究，就越是能够对后续的理论研究和实践研究具有很强的指示性和导向性，就越是能够达到理想的研究层面。所谓基础理论从来都是宽广的、厚重的，有基础才能有高度。

第三章　新时代大学生法治认同的价值

新时代大学生的法治认同问题是伴随着依法治国方略的实施而逐渐受到学界的重视的，同时伴随着法治国家、法治政府、法治社会三位一体建设的深入开展，大学生法治认同实践也备受高校思想政治教育的重视，成为当今法治中国建设一个重要的有机组成部分。在大学生思想政治教育中，法治认同是一个非常具有现实价值和实务意义的时代课题，法治认同是一种内在的文化心理认可，能够更好地实现思想政治教育的目标，为法治社会建设奠定更加坚实的思想理念基础和情感行为基础。同时，伴随着国家宪法日的设立和法治建设进程的推进，伴随着人们对宪法价值的认识深化，宪法在社会中的最高权威将逐步实现，宪法在社会生活中的作用将逐步发挥出来。宪法不仅是一种具有鲜明政治性质的国家章程和国家大法，更是一种保护人民基本权利的根本大法；宪法不仅是公共权力的根基，更是公民私权利的来源。因此，新时代大学生的法治认同不仅具有推进法治建设的重要现实价值，更具有实现以人为本的宪法理念、维护宪法至上、落实依宪治国的重要宪法意蕴。

一　新时代大学生法治认同的法治价值

法治是一种理性选择，是一种现代社会、现代国家和现代政府的标签和底色。法治既属于法学理论更属于政治学理论,中国的法治建设进程与西方式的民主化是不同的。未来几十年里,围绕依法治国、法治建设这个中心开展各项工作,尤其是大学生思想政治教育工作从法治建设视角展开成为一个时代话题,大学生思想政治教育的航标就是《中共中央关于全面推进依法治国若干重大问题的决定》,这是依法治国的宣言,更是大学生思想政治教育的纲领。

（一）法治建设的精神底蕴

沈壮海教授指出：思想政治教育以特定文化成果的传递、传播、践行等为基本载体,[①] 是逐渐彰显人的社会属性和政治属性的基本历程,在这个过程中,文化认同与其他方面的认同相比,其重要性显著增强。[②] 文化认同地位的强化和提升是新时代社会政治经济的发展进步与现代化升级促成的,是国家和民族提升实力、提升国际国内形象的内在需求。法治建设与法治教育是大学生思想政治教育中的一项重要内容,是用法治文化育人的重要机制,是适应法治中国建设的现实和未来需求的重要一环。法治认同是文化认同的一个具体实现,法治认同因文化认同的重要而日益凸显出来。

今日,法律秩序成为了一种最重要、最有效的社会控制形式。[③] 法律与道德从来不可能截然区别开来,二者从混沌到分离再到法律覆盖道德领域的近代发展历程,也凸显了法律与法治成为新时代社会治理有效手段的重要性。法治成为一种普遍的选择,思想政治教育中针对大学生的法治宣传教育和法治认同教育

---

① 沈壮海：《文化软实力及其价值之轴》，中华书局2013年版，第208页。
② [美]塞缪尔·亨廷顿：《文明的冲突与世界秩序的重建》，周琪、刘绯、张立平等译，新华出版社2010年版，第108页。
③ [美]罗斯科·庞德：《法律与道德》，陈林林译，商务印书馆2015年版，第23页。

也提上重要日程。法治化办学已经取得重大进展，在依法治国的宏大法治背景下，高校法治建设正在步入黄金发展时期，大学生不能将自己置于法治社会建设和发展的历史洪流之外，大学生的法治认同就越发成为一种文化建设的精神底蕴，因为诸如大学生的思想教育等道德领域也是不能孤立于法治建设之外。大学生的今日法治认同是对依法治国方略的一种价值认同、一种伦理认同、一种情感认同，还是一种政治认同，不但决定了大学生自身的健康茁壮成长，在某种程度上还决定着法治建设进程的方向与速度及其成败问题，毕竟法治建设也是靠人来实施，正如法律古语所云"徒法不足以自行"。人是法治中国建设的首要力量，人的思想更是有无穷力量，法治认同正是这样一种有着无穷力量的文化精神和思想根基。不要说对法治无知者、不予以认同者对法治建设的阻力和破坏，就是对法治认同度不够高，有着一知半解就想钻法律和法治的空子，或者打着法治旗号实施人治做法都是对法治极其不认同的实质表现，都会构成对法治建设的极大破坏。

文化具有的内在价值观能引导民众。[①] 法治文化所具有的内在价值观如公正、平等、正义、民主、自由，等等，这些概念能够比较朴素地武装大学生那颗充满求知欲的头脑，使他们坚信法治、坚信民主，当然就能使他们充满阳光、充满正能量。法治认同使大学生产生对法律和法治的信赖与服从，这是发自内心的服从认可，能自觉引导他们的行为，引导他们规划未来、设计人生，做一个对他人对社会有益的人。同理，因为有了高度法治认同这样的文化精神底蕴，我们的法治中国建设也才会有了现实和未来的、强大而坚实的后备人才力量支持，也才能使法治中国建设的软实力得到迅速提升。

[①] ［美］塞缪尔·亨廷顿、劳伦斯·哈里森：《文化的重要作用——价值观如何影响人类进步》，程克雄译，新华出版社 2010 年版，第 47 页。

（二）法治运行的内在动力

态度、价值观和信念，有时笼统地被称为"文化",[①] 在人类社会的发展过程中起着非常重要的助推作用。这种作用相比于外在强制力而言是一种内在精神动力，精神动力也绝不是可有可无的，在某种程度或者意义上讲甚至就是一种起决定作用的力量。毫不夸张地讲，精神就是最坚强的推动力量。精神动力也是法治正常运行的社会心理基础，而它正是来自人们对法治的认同态度。[②]

多少年来，大学生都被视为文化和知识的象征，是我们的社会精英，是天之骄子，是我们整个社会发展和建设的栋梁之材，尽管近几年伴随着高等教育的大规模扩张和高校招生生源的急剧增加，大学生素质再也不像以前那么整齐划一，甚至大学生群体出现了很多令人扼腕痛惜的事件。但是，大学生还是受教育最多的一个群体，是最有可能成为社会精英的人士，无论如何，都将成为或者已经成为我们这个社会的主导者、引领者、建设者、掌管者。因此，很多人都会把大学生这些年轻一代作为观察中国未来发展的坐标，西方国家也极力试图用自由化拉拢腐蚀我们的年轻一代。正是这种原因，在依法治国方略实施的今天，在建设法治中国的新时代进程中，身处象牙塔和社会顶层蓝图之中的大学生，他们足以影响我们今天的法治建设进程，他们的法治认同可以全面而深刻地反映整个社会的法治认同状况，也足以引领整个社会法治认同的风向标。大学生的精神、信念、认同也就成为我们研究的重点对象，因为他们最富于活力、最富于创造性，他们可以将活力激发、创造出巨大的社会推动力和实实在在的社会生产力。反之，大学生的消极破坏力也是极其令人震惊的。而且，没有法治认同这种内在精神动力的影

[①] [美] 塞缪尔·亨廷顿、劳伦斯·哈里森：《文化的重要作用——价值观如何影响人类进步》，新华出版社2010年版，第60页。

[②] 卢建军：《法治认同生成的理论逻辑》，法律出版社2014年版，第6页。

响而形成的守法，不可能形成普遍的守法状态，特别是仅靠某种强制力量的外在约束，即使是一时出现了对法律的遵守，那也绝不是我们所需要的法治，或者不是现代法治的常态表达。①

青春就是活力、青春就是能量、青春就是创造力、青春就是爆发力。如果我们不能好好挖掘和利用这种能量，就必然使之成为社会发展的羁绊和阻力。这种动力或阻力是内在的，也可以随时转化为现实的、外在的。法治认同恰恰就可以起到疏导、引导、规制、规范的作用，使大学生的这种内在力量成为我们国家法治建设、法治运行的内在不竭动力。法治认同可以使大学生对依法治国产生强烈的信赖、归属感，从而吸引他们积极投身法治中国的建设活动中来，成为推动法治运行的强大内在动力。这种内在动力是发自内心的一种主动性、一种积极性，符合了事物发展的方向和一般性规律，必然成为法治运行的一种可持续性的内在动力。

新时代大学生的法治认同是法治中国运行的社会动力源泉，培育大学生的法治精神和法治认同，是提升当今文化软实力的重要途径。如何培养法治中国建设的生力军？把大学生培养成为什么样的法治人才？这是一个极其现实的法治问题，是新时代大学生思想政治教育必须直面解决的一个紧迫问题。事实上，正如王利明教授所指出的：伯尔曼所提出的"法律必须被信仰"，并不是强调对具体法条的信仰，而主要强调公民要养成法治社会和遵守法治所必需的法律意识，②也就是培养公民对法治的一种内在认同和接受。法治认同可以被看作法律认同的升级版，如果一定要做理论研究上的细致区分的话，也可以把法律认同作为法治认同的其中一个层面，正如甘肃警察职业学院教授卢建军博士所著《法治认同生成的理论逻辑》一书中指出的：法治认同包括对法治外在表现——法律的认同

---

① 卢建军：《法治认同生成的理论逻辑》，法律出版社2014年版，第8页。
② 王利明：《迈向法治——从法律体系到法治体系》，中国人民大学出版社2015年版，第192页。

和对法治精神（或价值）的认同。法治认同正是建立在公民对法律的尊重，对法治的赞同、认可与追求的基础之上，正是一种内在的法治思维和法治意识的体现。之所以说法治认同是一种精神动力，就是因为法治认同是属于精神意识层面的范畴，精神意识在社会实践中的能动性从来是不能忽视的，同样的道理，法治认同在法治建设中的能动性也是绝不能轻易忽视的。民众只有认同法治，才能接受与服从法治；民众只有高度认同法治，才能心悦诚服地遵守、服从法治；民众只有高度地认同法治，法治中国的社会建构才能充分调动起全体民众的最大积极性。大学本身就是一个小社会，法治中国运行的重要社会动力源泉之一就是大学生的法治认同。大学也是整个社会的晴雨表之一，大学生深受社会的风气影响，大学生法治认同的培育和生成也是法治社会建设的重要内容之一。大学生的法治认同成为推动法治中国建设和运行的主要社会动力源泉，最直接的途径就是大学生参与法治实践向社会传播正能量，身体力行维护新时代中国法治社会的健康运行和不断完善成熟。大学生是最富有创造力、最具有能动性和最蕴含热情的群体，大学生的法治意识和法治认同最直接的体现就是我国社会文化软实力的标志性水准之一，同时，大学生源源不断地被输送到社会这个广阔的大舞台中去，充实到社会各行各业当中去成为建设法治社会的生力军，新时代大学生的法治认同成为整个社会持续性的发展动力。

　　大学生受到学校和社会的教育、熏陶，同时，大学生也会以自身的涵养与能力影响着社会，二者是交互影响的，更重要的是，大学生是最易于接受新理念和代表社会发展趋势的新事物，也是最渴望法治保障促其在社会中创业发展的群体。从根本上讲，法治认同属于内在心理意识，体现的是人们如何处理社会关系和怎样实施社会行为的个体态度。[①] 大学生信法、认同法治既有来自外在的强制力，也有来自一种文化心理，而且后者这种文化心理态度比前者更

---

① 卢建军：《法治认同生成的理论逻辑》，法律出版社2014年版，第7页。

具有持久效力和内在保障力。因此,大学生的法治认同是法治中国建设的重要内在社会动力源泉,缺少了大学生的法治认同,法治中国建设的运行将会动力不足,以至于会呈现后继乏人的不利局面。

(三) 依法治国的政治共识

要实现中华民族的伟大复兴,必须努力建设适应时代要求、符合中华民族文化优良传统、能够满足广大人民群众积极健康的精神文化需求、体现大国风范的中国特色社会主义文化,使中国文化走在世界的前列。[①] 中国特色社会主义的依法治国需要这样的中国文化做为支撑,这是一种立足国情的自信、一种放眼世界的情怀、一种大国风范的共识。在今天的法治中国建设进程中,法治认同的法治文化成为主流文化,宪法至上和法治成为共识。一些党政干部培训班上,愿意学习宪法和法治知识的呼声高了起来,大家开始普遍关注起法治知识的学习和运用,自觉把增强法治素养作为考核培训的重要内容指标,政府机关与事业单位已经全面推行法律顾问制度,工作与生活逐渐与法治接轨,法治的重要性在社会中全面凸显出来。只有走法治道路、行法治建设,贯彻实施依法治国的伟大战略,才能顺应历史发展的洪流、才能实现国家的长治久安。这是新一届政府达成的政治共识,才有了中国历史上党的专门会议就依法治国做出重大抉择,这是开了历史的先河之作;这是13亿中国人民达成的共识,才有了确立首个国家宪法日的集体英明决策,让全体国民享受宪法、宪政的阳光雨露。大学生一直以来就是最积极响应党的号召的优秀群体,依法治国的这个政治共识很快得到了大学生的广泛响应,他们广泛宣传宪法知识和国家宪法日,走进社区、居委、城镇和乡村宣传依法治国、提供法律服务,法治建设成为思想政治教育的最具时代魅力、最为鲜活的教科书。大学生思想政治

---

① 郑永廷、罗姗:《中国精神生活发展与规律研究》,中山大学出版社2012年版,第263页。

教育因此拥有了新时代的法治烙印，有了正确的政治方向，有了意识形态领域的最坚实的政治根基。在实施依法治国方略、进行法治建设征程中大学生思想政治教育适时调整教育的具体方向和育人重点，人文专业尤其应该以培养具有法治思维、能运用法治方式、适应依法治国方略的青年政治人才作为己任，培养出的合格建设人才要成为懂经济、会管理、涵括人文素养和法治能力的应用型实务人才，以此向依法治国的共识性治国方略交上合格答卷。

大学生法治认同以依法治国的政治共识为根本统领，因此我们的大学生思想政治教育才具有了坚实的政治方向；同时，大学生法治认同将能够使依法治国的政治共识有了更为坚定的追随者、执行者、贯彻者和实践者，能够将依法治国这一共识性治国方略付诸法治中国和法治社会建设的具体实践运行中去，成为大学生思想政治教育的最重要的践行内容。

关于依法治国的政治共识性内容，清华大学法学院王振民教授在《宪法政治：开万世太平之路——中国共产党如何走出历史周期率》一文中指出：一个国家的民主可以有瑕疵，但不能有"法治赤字"。[①] 王振民教授的观点表明：当前法治更重要，它们比民主更具根本性意义，实际上阐明了依法治国的极其重要性，民主是政权稳固的重要条件、必要条件，但不是充分条件，民主只有与法治相结合才能发挥出最大作用。法治是今日中国所做出的历史性不二选择，依法治国恰恰体现了中国共产党人站在历史的高度上做出的最正确的抉择。我们需要民主，但我们更需要法治。我们可以纵览世界，尤其是泰国式民主已经给我们上了"生动"的政治教育课，所谓泰国式民主换来的只能是：政权执掌者的频繁更迭，不是今天你组织支持者上街示威，就是明天我组织支持者上街游行。这样的民

---

① 王振民：《宪法政治：开万世太平之路——中国共产党如何走出历史周期率》，转引自俞可平《国家底线：公平正义与依法治国》，中央编译出版社 2015 年版，第 40 页。

主换来的是你争我夺、不择手段、不达目的不罢休的混乱局面。再将目光转向新加坡,虽然与泰国同为南洋诸国,但是新加坡的法治更为闻名,新加坡的鞭刑素有即使美国总统说情都不管用的严酷,令人听之都感到不寒而栗,或许我们可以说正是因为新加坡的法治更为严格、确定、发达,甚或是严酷,新加坡才有"文明国家""发达国家"的美誉,还有"亚洲四小龙"的桂冠,即使不是单单因为法治的原因,但可以肯定的是法治肯定是新加坡政治清明、政局稳定的重要原因,法治发挥了功不可没的重要作用。当前对于我们正在进行的社会主义建设而言,法治更具有紧迫性、重要性、根本性。站在这样一个理论逻辑的起点上,我们完全能够得出:新时代大学生的法治认同将具有时代主题背景下更为深刻的政治含义,更能凸显依法治国的政治共识。

总之,在依法治国的宏大历史背景下,政治家、法学家、教育家们和全体民众一起,已经达成了一种历史的共识,宪法和法治是社会中的重要共识和有力支柱。大学生是全社会法治认同的重要主体,同理,新时代大学生的法治认同是新时代社会法治建设的重要精神底蕴,是新时代中国社会文化软实力建设的重要保障,是当前法治运行的内在稳定持续动力,更是对依法治国政治共识的高度践行;大学生的法治认同对于大学生思想政治教育的重要性已经凸显出来,并将承担起凝聚共识、塑造权威、引领方向的历史重任,发挥出无与伦比的重要思想价值。

二 新时代大学生法治认同的思想教育价值

党的十八届四中全会已经将依法治国提高到了一种新的战略高度,今日中国,法治正在成为国家治理理念、社会共同信仰。[①]

[①] 《中国共产党第十八届中央委员会第四次全体会议文件汇编》,人民出版社2014年版,第121页。

中国的立宪先贤们也早就认识到了国权稳固与法治昌明之间的次第关系。① "改革"与"法治"成为新时代社会两大关键词，推进法治中国建设构成了当今中国最鲜明的主题之一。② 现在很多阶层似乎很热爱法治，"法治"成了人前人后经常使用的修辞话语。③ 换言之，法治认同在思想政治教育领域拥有着前所未有的话语权和话语体系。

（一）法治何以成为思想政治教育的重要元素

法治究竟何以成为思想政治教育的重要元素？要回答这一理论反思，需要从法治的特性和本质上进行梳理，法治具有价值的感召力、制度的说服力、思维的公信力。④

1. 法治首先是一种规范，这种规范性的规定是具有感召力和信服力的

法治的感召力主要源于法治理念所包含的价值具有亲和力，公正、民主、平等、自由、和谐等形成巨大的价值感召力，为社会全体公民所推崇和践行；只有贯彻法治才能形成具有公信力和说服力的制度，当这些具有感召力的价值上升为法治理念时便会形成具有相当亲和力的制度和规范。从规范的特质角度讲，法是刚中带柔的，这也正是法治究竟何以成为思想政治教育的重要构成元素的根本所在。思想政治教育仅仅依靠空洞的说教肯定是没有效果的，思想政治教育先贤们对增强思想政治教育的实效性进行了不懈的长久努力，这里面既有实务工作者的努力践行，更有理论工作者们的刻

---

① 郑戈：《澄清关于法治的某些思想误区》，《理论视野》2014年第11期。
② 陈金钊：《"法治改革观"及其意义——十八大以来法治思维的重大变化》，《法学评论》2014年第6期。
③ 陈金钊：《"法治方式"对中国的冲撞及其反思》，《东方法学》2014年第2期。
④ 关于"法治具有价值的感召力、制度的说服力、思维的公信力"——此观点是受中国政法大学博士生导师王卫国教授所作的《运用法治思维和法治方式深化改革、推动发展》报告的启发而来，王卫国教授提出要依靠四个力（价值的感召力、制度的说服力、执政的亲和力、法治的公信力）来推行依法治国。

苦研究。总体上讲，思想政治教育结合相关学科和专业，诸如心理学、教育学、政治学、行政学、法学、马克思主义基本理论等进行了广泛的研究探索，但在和法治的结合上，尽管法治教育本身就是一种进行思想政治教育的有效方式，但在两者的结合上，尚有很大的空间有待进一步深入研究论证。法治的规范性就是这样一种情形，而且通常也是一个被大部分人所片面理解的内容，人们通常会说法的规范性带有国家强制性，这是与道德等其他规范性的重要区别。笔者个人认为，今天我们审视法治的规范性，不仅仅把眼光落在国家强制性的规范特性上，更要把眼光投在这种规范性的感召力和信服力上。法治的规范性因其蕴含的内在价值魅力而具有了极大的感召力，人们对公平正义是永远向往之，并不惜牺牲一切而为之努力的；法治的规范性还会因为其规范性程序的公开、透明和阳光而令人信服，信服永远是具有无穷大的力量的，也是思想政治教育的追求目标。我们在思想政治教育中要充分发挥法治规范的感召力和信服力，这正是法治究竟何以成为思想政治教育重要元素的底蕴和根源所在。

2. 法治本质上是一种理念，为民众共同追寻并带有普遍意义的基本理念

能够上升为国家意志层面的法治，是一种共识性的理念，为社会绝大多数公民所认可的理念，这种理念必然体现了对社会绝大多数公民的体贴和关怀，否则是不可能被接受的。只不过，人们往往是看到了被惩罚、被剥夺的强制性一面，而对于被保护、被关怀的体恤温暖性一面有所忽略，即便是沐浴在法治阳光之中也会放大其中的冷酷严肃的一面。人权观念是法治理念的重要形式，对基本人权的关怀使得法治更具人性光辉；人权大旗的展开，为法治打通了前进的道路，使法治在人类社会中更具广阔用武之地。法治不仅仅是一种惩罚和制裁，法治的保障功能更具有现实意义。醉驾入刑、校车超速超载入刑、私藏恐怖主义禁书入刑，等等，刑法修正与时俱进，是对现实社会的回应，是对严重侵害社会和公民个人利益的

制裁与惩罚,更是对现实迫切需要保护的民众利益的切实保护。我们应当全面而辩证地看待这些修正,一方面这些入刑的日常行为是带有极大的社会危害性的,必须予以严厉制裁;另一方面制裁这些入刑的日常行为,正是为了保护广大民众的利益,而且这些利益事关民众的日常生活安宁和公共安全需要。无论是危险驾驶罪制裁的诸种犯罪行为,还是打击和遏制恐怖主义的诸种行为,都是在打击极端主义行为的实施,目的还是保护最广大的普通民众,或者说法治的最大受益者还是广大民众,从这种意义上讲,法治这种普遍性保护和人权关怀的理念是一种共识性的基本理念,成为法治的价值追求目标。

3. 法治在本质上是一种思维方式,是均衡理念下的预期思维方式

大学生遵从法律是发自内心的思维定式使然——如果能达到这种状态,法治国家、法治政府、法治社会一体建设的基础便是坚实而厚重的,因为大学生如果具备法治思维,便会视遵守法律为当然,遇事就不会去寻求诸如潜规则之类的非法律方式。如果新时代大学生养成了法治思维方式,他们对待法律的看法和态度自然大不相同,同法律之间的距离感、陌生感、畏惧感、隔阂感将烟消云散,封建时代畏讼、远讼、以讼为耻的心态和文化底蕴将不再左右大学生的头脑;公民本身就是法治社会才可能存在的称呼,新时代大学生作为新时代的公民,拥有法治思维方式,对法律的感受才能发生变化,即使法律本身并没有变化,大学生将视法律为亲近,感受到的将不再是刻薄严酷,而是如沐春风、滋润心田,法治的春天才真正能够出现。在法治思维条件下,新时代大学生对于法治是一种信赖和依靠的心理,而且这种信赖是预期性的,大学生因为信赖法治,才可能根据法治的规定去调整个人的预期行为使之符合法治,新时代大学生也因此具有了安全感和稳定感。

4. 法治本质上更是一种信仰，是一种内化为理念、外化于行为的信仰

现代文明国家的发展历程表明，法是一种理性判断做出的选择，中国法治化的道路虽历经波折但却早已向往之，非一日之促成，法治是必经之路，经过正反两个方面的实践教训证明，改革开放的成果没有法治的保障无以长久，民众对法治的期盼和向往逐渐铸就了对法的信赖。国家宪法日的设立、新时代大学生宣传学习宪法的热情对于法治信仰起着非常好的积极促进作用，宪法真正走进寻常百姓生活之中，法治信仰将从信仰宪法开始（事实上，宪法宣誓制度已经实施，大学生已经认识到和已经做到了拿起宪法的武器维护个人正当合法权益即进行宪法诉讼），新时代大学生对于法律的好感和信仰已经成为现实。

法治是思想政治教育过程中的一个重要元素，只有将法治—人本身—思想政治教育联系起来加以反思与考察，才能真正觉知法治的思想价值；否则，很容易庸俗化地将法治看作一种并非人人都能有所感悟的文化样式。

缘之上述法的发展状况和本质特性，大学生应当加深对法治的认识，能动地将法治思维运用于思想政治教育的过程，法治思维在思想政治教育中的运用（作为一名大学思想政治理论课和法学课教师，自然更应关注法治思维在高校思想政治教育中的运用）成为一个时代课题，需要一种跨学科视野下的综融性研究和前瞻性研究。

（二）法治认同实现思想政治教育的主要维度

法治以其特有的价值形态带给人一种真、善、美的思想境界。能否运用好法治思维，充分意识到并发挥好法治的思想教育价值，是我们深入开展与发掘法治思想价值不可回避的问题。在思想政治教育的实现中，法治认同有其发挥特定思想价值的维度。

1. 生成精神信仰

"相信法律是公正的"几乎成了很多人的口头禅，不论是受到

法律宣判还是受到权益侵害者,抑或是受到不公正对待和处罚并一直在期盼昭雪者,他们的心中法律成了希望之神,成为一种寄托,人们普遍在对法治和法律怀有某种期冀。法治是新时代文化软实力之关键性要素,精神世界的强大有赖于法治思维形成的支柱力量。法治以其丰富的文化意蕴充实拓展着人的精神世界空间。法治思维作为一个命题,实质是要树立法律的权威,尊重法律、服从法律,①最终要信奉法治,把法治作为崇高的信仰,只有这样才能用法治凝聚共识和人心。法治以其价值包容性引领社会思潮的发展,给人一种价值信仰的魅力。由此而不难理解:法治的精神意蕴在于信仰,一种宗教般虔诚而真挚的对法的信仰。② 大学生没有法治思维的形成、遇事不找法,形成对法的信仰将是一种空中楼阁、无本之木、无源之水。

法治思维的形成是以大学生对法治的信仰为前提和基础,培育大学生的法治思维,同时孕育生成大学生对法治的精神认同。大学生普遍基于对法治怀有某种期盼、信任和希望,基于个人的努力行动达成个人奋斗目标,这种努力进取是建立在对规则、制度的熟知和信赖利益基础之上形成的,内隐着对法治的精神信仰的种子和幼芽。究其原因,大学生是普遍渴望法治的,渴望从法治之中获得公平收益的。从社会层面看,民众也是最愿意养成法治思维、按照法治规律办事的,这也正是法治获得民众认可的内因所在,况且民众除了希望通过法治获得权利保护之外,还希望通过法治达成对权力的制约。推行法治是政治家的选择,同时对公众来说也是最佳选择。③ 无论是通过法治获得权利保护,还是希望通过法治达成对权力的制约,都是新时代大学生对法治抱有精神信仰的坚实土壤。

信仰是人生的最重要动力源泉,唯有精神信仰才是人生不竭动

---

① 陈金钊:《"法治思维和法治方式"的意蕴》,《法学论坛》2013年第5期。
② 姚建宗:《信仰:法治的精神意蕴》,《吉林大学社会科学学报》1997年第2期。
③ 陈金钊:《"法治思维和法治方式"的意蕴》,《法学论坛》2013年第5期。

力之源。法治认同是法治精神信仰的前提基础，没有法治认同是不可能谈到法治精神信仰的，生成法治精神信仰必然是一种对待法治的高度认同。因此，培育大学生对法治的认同是进行大学生思想政治教育的重要进路之一。法治认同本身就是一种内在心理和思想意识，属于精神世界的范畴；大学生思想政治教育也是一种精神世界的教育活动，二者具有同质性、交叉性、包容性，培育大学生法治认同本身也是进行大学生思想政治教育的一种具体形式，而且是新常态下大学生思想政治教育创新的一种有效形式。大学生的法治认同以法治特有的价值魅力造就对法治的精神信仰，实现了法治认同的效果增量，强化了大学生思想政治教育的实效性和持久性，是对大学生思想政治教育法治维度的创新实现。

2. 重塑自我意识

第一，法治在情感上对人的生命自我意识的重塑。法治认同对公民自我意识的重塑是从情感体验开始的，法治带给人的是对法治的敬畏之情，是一种触及灵魂深处的敬畏和神圣情感体验，包含着对生命的敬重。法治保护公民人权和私权利的享有，维护公民尊严，使普通公民在社会生活中充分感受到法治的保障和呵护；对于违反法治的行为，公民感受到法治的严厉和惩罚，道德上受到良心的谴责和舆论的压力，情感上产生对法治的畏惧和担忧。法治在矫正和引导人的情感和生命自我意识体验，从正、反两个方面增强大学生个体对法治的情感经验，正是在情感上，张扬法治的惩恶扬善功能，法治才得以发挥着重塑人的生命自我意识的重要作用。

事实上，如果象牙塔中的大学生能够深刻地从法治教育中感受这种生命自我意识的重塑和情感体验的升华，大学生思想政治教育的进程将是极为顺畅的，大学生也是极其乐意接受这种富有内涵的思想政治教育的。当然也就不会产生那种极为肤浅的、违背规则、破坏法治的负面行为，甚至是为了一时爱情失意受挫竟然自杀身亡，抛弃父母、抛弃亲人、抛弃自我生命，丝毫没有什么珍爱自我生命的意识，很多大学生的一些无知和缺乏底线约束行为就是这样形成的，因为他们缺乏这类自我生命意识的法治情感激荡。没有这种丰富的法治情感体验和认识，叛逆行为和出格行为的情感体验和无良自我意识占据了上风，并且使这群象牙塔中的青年学生视其为当然，这恰恰是与法治认同的情感和生命自我意识截然相反的，是两种彼此对立的存在，并且极大地阻碍着大学生思想政治教育的有序推进和次第展开。

深刻的法治教育带给人的是一种强烈的内心震撼，使深受金钱物质异化的灵魂得以苏醒，回归自我意识的本位。每受一次触及灵魂的法治教育，内心体验上更加丰富，感情上就得到一次升华，生命自我意识的感受更加深刻，同时获得全面提升。高尚与卑微、公平与私欲，以及善恶情感是法治认同的重要成效，对应的两种自我生命意识看似相距遥远，实则近在咫尺。正像法治无处不在，涉及社会生活的方方面面一样，但就是相当一部分人总觉得法治可有可无，离自己相去甚远，"我就不犯法犯罪，法治与我何干""我又不打官司、不惹是生非，法治与我绝缘"——这种自我意识还是有相当普遍的存在的。事实上，法治与每个人息息相关，与每个人的生活、工作和情感都是紧密相连的，法治可以使人们在两种截然相反、差距巨大的情感意识之间进行激荡，从而使人们产生一种全新的生命自我意识的情感历程，从而实现法治从情感方面对人的生命自我意识进行重塑和锻造，丰富情感体验，提升自我境界。

第二，法治在思维上对人的生命自我意识的重塑。法治本身内蕴着一种思维方式，法治可以规范和张扬人的思维。法治具有保守性的品格，体现在法治可以规范人的思维，使个性化的思维遵循着法治的基本原则和红线路径，现实众多的个体思维因为法治规范便具有了诸多的共同之处和可预测性。法治同时具有创新性和创造性的品格，体现在法治可以张扬个体思维，使大学生的思维更具创新性，因为法治总要面对丰富多彩的现实生活，这就需要充分发挥大学生个体的主动性和积极性，打破千篇一律，突破追求唯一思维，充分张扬主观能动性，强调创造性，使概括、抽象性的法治规范与生动、多样化的社会生活实现融会贯通,锻造提升法治个体的实务能力。

法治是守成思维,同时是创新思维。法治因此在思维方式上得以实现对大学生个人的生命自我意识重塑,实现着法治对人的提升和重塑功能,实现着法治的思想教育价值。

3. 淬砺自由个性

法治在价值追求上是宽容的,允许在法律范围内追逐各自利益和不同价值,但对于犯罪行为绝不允许宽容。① 个体的人总是生来形成各自的多种自由个性,伴随着时间和年龄的增长,纯粹的自由个性将逐渐失去原有的棱角和秉性。如同时光之刃一样锐利,法治是以一种显性规范来作用于人的个体生活、以一种强制力量来作用于人的自由个性;如同烈火金刚一样淬炼、锻造着大学生的自由个性,直至适应现实的社会和法治要求。那些富于法治经验、饱经社会阅历的个体,其自由个性更加符合社会法治的要求和标准,这样积淀形成的人文素养、品格特性正是法治淬砺大学生自由个性的成果,体现着全社会对法治规则的遵守和敬重,集中展现出法治在淬砺大学生自由个性方面的思想教育功能和价值。

(三)新时代大学生法治认同思想教育价值的创新实现

在现实的思想政治教育中,法治认同具有其他任何文化样式所没有的特殊思想价值,在协调推进习近平总书记"四个全面"战略布局的今天,在法治认同视域下,运用法治思维创新思想政治教育的实现方式,需要认真研究通过创新什么样的思想政治教育方式来实现法治认同的价值。

1. 用法治激发主体生命意识的思想政治教育方式

法治的核心要素是尊重和保障人权,维护社会主体的合法权益。法治框架下,社会主体的正当行为是受法治保障和鼓励的,法

---

① 陈金钊:《"法治思维和法治方式"的意蕴》,《法学论坛》2013 年第 5 期。

治维护正义之举，是治国之良器，法治愈健全，社会主体感受传递正能量的意识愈强烈，法治塑造着良好的社会风气和人文环境。一方面法治的惩罚性功能使人感受到生命和自由的可贵，往往体现为追悔莫及、格外期盼，也更加珍惜自由和生命的宝贵，从反面激励社会公民的主体生命意识；另一方面法治的保障功能使人感受到法治的阳光雨露，真切地体会到法治的权威和公信保障，体现为向善、追求正义、富有爱心，从而不断激起人们积极向上的主体生命意识。现实生活中，法治能有效激发思想政治教育对象的主体生命意识，调动其内在的活力和动力，营造和谐共赢的法治局面，增强思想政治教育的感召力、亲和力、规律性、实效性，从内在本质上讲，法治激发主体生命意识从而有效实现思想政治教育，法治是创新思想政治教育的一种符合法治社会建设、行之有效的实现方式。

2. 用法治满足生命需要的思想政治教育方式

法治具有保障和维护功能，任何一个公民包括在校大学生不可能生活在无序和杂乱之中。作为个体的大学生在当前社会常态下，要追求一种和谐共处，彻底抛弃传统思想教育的零和思维，个体需要互利、生命需要共存，运用法治思维实现创新思想政治教育方式，要满足生命需要，尤其是当前个体权利意识逐步浓厚起来的今天，要注意保护所有个体生命的法治需要，不能厚此薄彼，要讲究程序、注重制度，坚持按照制度规则办事。生命的需求是各不相同、彼此存在很大差异的诉求，法治的多元价值诸如公正、平等、民主、自由等都能充分满足大学生个体的不同价值导向诉求，追求一种无害于各方的状态和利益格局，从而满足生命的法治需求。

3. 用法治提升人性境界的思想政治教育方式

加强公民道德建设，弘扬中华优秀传统文化，增强法治的道德底蕴，强化规则意识，倡导契约精神，弘扬公序良俗。[①] 这是《中

---

① 《中国共产党第十八届中央委员会第四次全体会议文件汇编》，人民出版社 2014 年版，第 50 页。

共中央关于全面推进依法治国若干重大问题的决定》中关于建设社会主义法治文化与公民道德建设的权威表述。在进行思想政治教育时，要运用法治提升新时代大学生的人性境界，塑造人文素养与职业素养相融合的生命精神，用法治净化大学生的灵魂、陶冶他们的情操、健全他们的品格，让他们实现人前与独处的统一，内在生命意识与外在行为习惯的一致，把法治作为人生信仰，把法治思维作为基本的社会思维，不断实现身心和谐统一发展。传统的思想政治教育不论在内涵还是形式方面对人性都形成了强烈的束缚和羁绊，即使是教育者本身几乎也是在教条宣教、知行分离、双重标准，更遑论受教育者的满是质疑和排斥，因此，在全面推进依法治国的今天，变革思想政治教育的传统模式，建立以人为本、社会主义核心价值观引领的思想政治教育新模式，充分借力法治的执行力和公信力，切实发挥法治在思想政治教育中提升大学生人性境界的重要作用势在必行。

4. 用法治实现全面发展的思想政治教育方式

思想政治教育的最终理想目标是实现人的全面发展，但空洞的教育过程往往苍白无力。笔者是从事法学与思想政治教育教学和研究的教师，平时注意培养大学生的法治思维，提倡运用法治思想教育大学生，融思想教育于法治教育之中，运用法治思想增强思想政治教育的针对性和全面性，力求促进大学生的全面发展，即不仅是学习成绩的优异、个人才能的增长，更重要的是个人修养和品德的提升。公正是法治的生命线。[①] 一个追求公正的人，必定是心怀坦荡之人，法治使人心怀公正、追求道德修养；法治同时是一种智慧，法治可以培育大学生的情商，情商使大学生善于处理复杂而棘手的社会问题。无论是道德修养的加强、情商的培育还是思想教育的全面实现，法治始终是一种规范和促进，法治与德治相得益彰便

---

① 《中国共产党第十八届中央委员会第四次全体会议文件汇编》，人民出版社2014年版，第41页。

是一种例证，法治可以以规范警示、以制度约束、以价值引领，融情于法、融理于法，促进大学生的道德修养的提高，努力争取相对完善的发展，实现思想政治教育的终极理想目标——人的全面发展和充分发展。

小　结

法治为社会和社会主体确定了一种规则，法治认同推崇法治至上，法治认同体现为公民对规则的尊重和敬畏，遵守规则就是守法，守法是法治的最低要求。谈到规则，可以区分为广义和狭义，广义的规则包含一切法律制度、准则、规程、方式、程序、风俗、习惯等在内，当然可以区分为明规则、潜规则。潜规则自然让人想起不道德、违法、犯罪的事情很多都是通过潜规则达到目的，潜规则之强大，以至于合法合理的事情也可能被潜规则了，不向潜规则低头就可能行不通。就其本质来讲，潜规则不是规则，潜规则往往是心知肚明、心照不宣的，是不道德和违法的甚至构成犯罪的。我们所讲的规则是狭义的，不是泛指的，狭义的规则应当首先是不违反法律规定和法治精神的，其次，狭义的规则应当是合乎道德的，是光明的、公开的。遇到事情首先想到的是这种性质的明规则，而不是潜规则，这样的社会才是法治社会，这样的公民才是具有法治思维的公民。对规则的尊重和敬畏还意味着公民不盲目崇拜个人力量，不迷信个人权威，个人永远是服从于法治规则的，不论是主张公民权利还是控告违法犯罪，法治思维总是体现为依据权限、服从规则、遵照程序来处理，公民不必担心有什么规则外因素的影响。在规则和制度的规范之下，公民、社会、国家都各得其安，大到国家领导人选举这样的政治事件、小到坐电梯这样的生活事情，大家都充分地尊重和敬畏规则，不逾越雷池，这正是法治社会的理想状态。讲到规则和制度，历史上从来就不乏规则和制度，对规则的尊重和敬畏是一种思维方式和心理信念，是主观性的东西，所以讲到法治，我们自然可以得出一个基本结论，法治本质上是一种理念、一种思维、一种认同、一种信仰、一种精神。法治认同比规则本身更为隐性、更为重要，规则只是法治的物质基础和物质前提；法治认同才是建立在规则基础之上的法治的精神要件和思想内涵，精神要件和思想内涵是法治的灵魂。缺少了法治的灵魂，法治只留下物质的躯壳，将不再是真正的法治。

当前跨学科视野下研究大学生思想政治教育，按照沈壮海教授"坚持张扬学术思维、注重科际整合"观点的启示，需要实现新的范式转换，我们可以从大学生法治认同视角、按照法治思维的原则和精神来创新思想政治教育工作，已经开始有学者进行不断的研究和思考，但是，迄今为止学界还没有非常系统深入的关于法治认同和法治思维在思想政治教育中的价值与运用研究，毕竟这是一个符合依法治国基本方略的发展方向和研究领域，具有鲜明的时代特色。尤其值得注意的是，每当有社会重大事件发生时，法治便屡屡刺激着包括大学生在内的全体社会公民的敏感神经，大学生思想政治教育就会面临着来自现实的挑战，因此立足法治认同视域、运用法治思维推进思想政治教育创新，全面研究法治认同和法治思维在大学生思想政治教育中的价值与运用是一个值得探究的学术研究领域，这将是一个创新实践的有效运用，有必要从理论的角度，对新时代大学生法治认同的法治价值、思想教育价值及思想教育价值的创新实现等问题进行系统探讨和梳理总结、凝练提升。

第四章　新时代大学生法治认同的现状

新时代大学生法治认同的研究是一个理论分析与实践践行二者兼具的研究课题，需要在理性认知和实务经验基础上做出某种判断选择。法治认同是对法治的一种赞许、接受和遵从，是对法治的从认知到情感再到行为的一种实现。大学生法治认同更高一种层次就是对法治价值的内化于心到外化于行，很显然，正处于青春期的大学生，他们的价值观和世界观极其容易受到多方面的影响，既会受到家庭环境的重要影响，也会受到社会外界环境的影响而发生变化，大学生的法治认同也是如此。当大学生实现了法治认同的第一个层次，也即是前述法治的认知到情感的实现之后，第二个层次的法治认同才会有可能出现，那就是不但接受法治规则的约束，而且将法治的内在价值理念融会贯通于个人的思想价值理念，最后都将付诸和融入法治实践当中去，把法治的尊崇转化为个体行动自觉过程。[①] 综合上述法治认同的理论分析，我们进行大学生法治认同研究，务必要从实证的现状调研为出发点，要对大学生法治认同的现状做一个基础性、实务性充分的调查研究，站在实证发现和量化数据的基础上，才能科学立论，进而得出比较符合大学生社会生活实际状况的研究结论。

---

① 卢建军：《法治认同生成的理论逻辑》，法律出版社2014年版，第34页。

一 新时代大学生法治认同的现状调查

关于大学生法治认同的现状需要从法治认知、法治意识、法治情感和法治行为几个维度分别展开阐释,这样才能比较具体细致地掌握当前大学生对于法治的认同度,为有效开展法治教育、培养好即将成为法治建设主力军的人才队伍、推动当前法治建设奠定良好基础。

对新时代大学生法治认同的现状进行调查研究,要注意实证分析方法的充分运用。实证分析得到了越来越广泛的认可和运用,这是因为,实践不断为人们的认识提供和积累新资料、新经验;而且,社会生活的发展还不断促进人们思维能力的发展、促进法学理论研究的进展。[1] 实证分析是一种以经验与理性为基础的科学分析方法,其结论性展示是建立在量化数据基础之上的,并且能够给人以直观、生动、丰富的数据资料呈现,易于令人信服。当然,在法律中采取应然与实然的区分,这是法律实证分析方法得以独立存在和实践运用的基本前提。[2] 大学生法治认同亦是如此,在社会重大转型时期,在新改革、新常态下,践行依法治国的高度自觉正是建立在高度的法治认同基础之上的。只有充分借鉴与运用多学科的实证研究分析,才能真正区分法治认同的应然与实然状态之间的差距,从而发现法治建设中的问题所在,并进而提出科学的有针对性的应对策略,提升大学生法治认同度,增强实施法治的自觉性,强化转型期社会的法治权威,提高大学生思想政治教育的有效性,最终为法治建设提供良好的文化心理与精神动力。

此次调查问卷是专门针对大学生开展的法治认同问题的调查研究,由于一共设计了19个选择题,包含11个单选项题目、8个不

---

[1] 刘瑞复:《法学方法与法学方法论》,法律出版社2013年版,第246页。
[2] 白建军:《法律实证研究方法》,北京大学出版社2014年版,第7页。

定选项题目，均为选择性题目，即使完整看一遍题目也需要10分钟到15分钟，如果认真做完也得需要15分钟到20分钟，甚至是20分钟以上，因此采取请部分高校专业课或公共课老师、班主任、辅导员，例如讲授"思想道德修养与法律基础"课，尤其是专门讲授其中法律基础课的老师，代为组织学生在课堂上统一作答问卷，才能取得相对较为真实可靠的效果。事实证明，这样做的效果还是不错的，基本上达到了预期目的。本次调查随机选取普通本科院校2所、高职类院校1所，共发放调查问卷506份，收回506份，有效问卷494份，有效率达97%以上。此次调查中非法学专业学生有328名，法律专业学生166名，基本上非法学专业学生占到66.4%左右，法律专业学生占到33.6%左右。

（一）新时代大学生的法治认知状况

复旦大学陈洁博士所作的一项法治调研显示，96.8%的学生在进入大学以前已经开始学法律知识，其中，41.3%的学生在初中以前就接触到了法律知识。[①] 结合笔者本次所进行的调研，两项调研都能显示出新时代大学生的法治认知状况是有共同之处的，也就是总体感觉大学生的法治认知较为明晰，理性化增强，但是也很明确的是：大学生法治具体知识较为缺乏，导致尽管总体认知较为理性，具体知识观点尚待修正。

1. 关于法律职业的认知

如果有机会选择法律职业，你最可能选择：

职业	频数	百分比（%）	累计百分比（%）
法官	68	13.8	13.8
检察官	168	34.0	47.8

---

① 陈洁：《我国大学生法治教育研究》，博士学位论文，复旦大学，2012年，第122页。

续表

职业	频数	百分比（%）	累计百分比（%）
律师	190	38.5	86.2
法学教师	30	6.1	92.3
法学研究人员	14	2.8	95.1
公证员	14	2.8	98.0
基层法律服务工作者	10	2.0	100.0
合计	494	100.0	

大学生对法律职业的认同度较高，这里面既有传统因素也有现代法治因素的考量。经济因素是一种现代思维，占据主要地位；检察官角色其实是一种传统因素的考量，仍然雄踞前茅，但是在与现代经济因素的较量中，稍逊风骚，比选择律师作为法律职业的低了近4.5个百分点。法的实务性价值不容置疑，接近50%的大学生是认可法治解决社会纠纷的，能够做到让大学生学以致用是非常重要的，实务价值成为首选的要件。传统的法官、检察官的优越社会地位，现在看来不是最重要的选项。比较耐人寻味的是：当检察官和法官作一个比较的话，检察官的魅力值比法官的魅力值高出近9个百分点，法律监督职权的魅力占据上风，也许这里是更多非法学专业大学生的选择占了多数所致，其实代表着一种传统思维模式。绝大多数非法学专业的学生只是从检察官行使法律监督职权角度出发，认为检察官高于、优越于法官，其实更多是从能够监督别人、凌驾于别人之上的人治思维视角来看待法律问题的。就这个问题专门对一些非法学专业学生进行了随机访谈和交流，从他们的回答中也验证了这个结果，高高在上、可以制约他人、能够掌控他人是这种非法治思维的典型性表现。从骨子里看，传统的掌控他人、制约他人、支配他人从而可以高高在上的人治思维仍然有着巨大的影响力和控制力，这是我们真正培养大学生的法治认同、搞好法治建设软性环境的缺失，是一种潜在的思维桎梏。

2. 关于对"人治"与"法治"内涵关系的认知

关于法治与人治的关系与内涵的认知与理解上,几乎是倾向于一边倒地选择了"人治具有一定的合理性,可以与法治结合,法治为主,人治为辅",达到了调查总人数的91.1%之多。对人治和法治内涵的理解还存在一定的误区,没有全面准确认识到人治与法治的本质区别。

认知	频数	百分比(%)	累计百分比(%)
人治基本不具有合理性,且与法治水火不容,应该坚持法治,彻底摈弃人治	16	3.2	3.2
人治具有一定的合理性,可以与法治结合,法治为主,人治为辅	450	91.1	94.3
人治具有一定的合理性,但是作为一种治国模式,它不可能与法治结合	18	3.6	98.0
人治比法治更适合中国的国情,只需要吸收法治的有益成分作为补充	10	2.0	100.0
合计	494	100.0	

在对实施法治的态度上,与此非常类似,占总人数88%之多的大学生选择了"相信,法治是趋势,法治会越来越好,尽管现在还存在很多问题",可以看出总体上在思想态度方面是相信法治、认同法治的,但在一些具体知识方面存在不正确的观点,显示出大学生对于法治具体知识缺乏进一步的学习和掌握。

态度	频数	百分比(%)	累计百分比(%)
相信,法治是趋势,法治会越来越好,尽管现在还存在很多问题	435	88.1	88.1
质疑,现在依然还是人治,只是提法不同而已	52	10.5	98.6
排斥,不可能取代人治传统	2	0.4	99.0

续表

态度	频数	百分比（%）	累计百分比（%）
无所谓，没关注	5	1.0	100.0
合计	494	100.0	

大学生较多地受根深蒂固的人治思想影响，仍然认为离不开人治方式，也许是措辞引导了学生的判断，但起码代表了社会相当多的人们的一种看法和思考，应当指出的是人治与充分发挥人的积极作用是不能等同的，即使是选择法治当然不等于就否定人的积极作用，但是法治与人治确实是两种不同的治国理政方式，人治更带有消极否定色彩，是带有不同时代色彩的提法，我们可以充分发挥人的积极作用，但是主张人治为辅的治国模式显然是不正确的。另外对于"党大还是法大""权大还是法大"的命题看法还是较为欣慰的，选择"做到党的领导和依法治国有机的统一，坚持国家事务中'宪法至上'、党内事务中'党章至上'"这一选项的占到了60%之多，说明新时代大学生对习近平总书记关于这一问题的论述是比较认同的。

看法	频数	百分比（%）	累计百分比（%）
必须坚持党的领导，即使再强调依法治国，我们至多可以有法制，但不会有法治	14	2.8	2.8
做到党的领导和依法治国有机的统一，坚持国家事务中"宪法至上"、党内事务中"党章至上"	301	60.9	63.8
法律至上，党也必须在宪法和法律范围内活动	157	31.8	95.5
其实还是党大，法律是在党的领导下制定出来的	22	4.5	100.0
合计	494	100.0	

另外，法学专业大学生认同度相对比非法学专业大学生认同度高几个百分点，应该是与法学专业大学生本人平时对法与法治的学习、了解与运用密切相关，正确评价一个事物首先是建立在对该事物有一定程度的知悉和研究的基础上才能形成。

专业	频数	百分比（%）	累计百分比（%）
非法学	353	71.5	71.5
法学	141	28.5	100.0
合计	494	100.0	

（二）新时代大学生的法治意识状况

1. 关于具体行为规则意识方面

意识	频数	百分比（%）	累计百分比（%）
首先还是会想方设法找熟人、打招呼	52	10.5	10.5
查询规章制度，按程序依法去办理	115	23.3	33.8
法治只是说说而已，只要送礼、请客就有可能	15	3.0	36.8
基本上还得遵照法治规章去办理，但同时也不可能完全脱离人情因素	312	63.2	100.0
合计	494	100.0	

在笔者的调研中，当大学生在被问道："到政府机关、事业单位办事，现在实施依法治国的社会环境下你通常最可能选择下面哪种方式？"选择"查询规章制度，按程序依法去办理"选项的达到23.3%，选择"基本上还得遵照法治规章去办理，但同时也不可能完全脱离人情因素"这一选项的高达63.2%。复旦大学陈洁博士的调研结果显示，所有的规则都曾被不同程度地破坏，65.9%的学生闯过红灯，82.7%的学生用过迅雷等软件下载电影、音乐，53.7%的学生主动购买过盗版书籍或者水货……这些事情看似是生活中司空见惯的小事，但大学生在不知不觉中，已经触犯了道路交通安全法、知识产权保护条例等法律规定。[1] 调研说明了：当前大

---

[1] 陈洁：《我国大学生法治教育研究》，博士学位论文，复旦大学，2012年，第126页。

学生具有一定的行为规则意识，但在具体行为实施中并不完全遵守具体的行为规则。

2. 关于社会法治意识方面

笔者所进行的调查数据显示：大学生趋于理性化的思维，不论是从自身就业还是去政府机关办事的角度和体会，表现出对社会、对政府、对国家采取了更加理性的态度，对待社会事件更加认同合法方式，按照程序依法办事、严格按照法律严惩处理的选项明显多了起来，同时具有法治社会的更多包容心理。我们还应该看到，在社会整体认同方面得到极大提高的同时，个体心理上仍然认为人情因素不可能完全脱离，显示出人治和人情世故的传统影响巨大。但事实是，人情因素和法治因素的二元对立是主流方面，法治因素越充分、越发达，人情因素越稀薄，法治因素在某种程度上是人情因素的消解力量。当然，人情因素在公法领域和私法领域中的界分是大为不同的，也要注重因时制宜、因事制宜，在法治领域就是自由裁量权的问题。

社会矛盾	响应 频数	响应 百分比（%）	个案百分比（%）
贫富差距	452	32.6	91.5
劳资矛盾	143	10.3	28.9
征地拆迁	58	4.2	11.7
官民矛盾	137	9.9	27.7
信访	22	1.6	4.5
腐败	299	21.5	60.5
利益集团	135	9.7	27.3
信仰缺失	137	9.9	27.7
其他	5	0.3	1.0
总计	1388	100.0	281.0

在对于当前中国最主要社会矛盾的认识方面，从调查来看，90%以上的大学生选择了贫富差距，有60.5%的大学生选择了腐败，也可以由此管窥新时代大学生对于社会的认同问题，经济发展和贫富状况成为了社会认同的晴雨表，社会腐败选项在贫富差距选项面前反倒成为了弱势选项，差距在近1/3的比例，也许这是由他们的自身切实体会所致，社会对于贫富差距的感受更深刻、更直接。换个视角看待这个问题，其实是社会保障和公共救济对处于社会底层的普通民众更具有现实意义，更能培育他们的社会认同感，法治化保障和法治化公平是法治社会建设的重中之重。

（三）新时代大学生的法治情感状况

在调研中，当问到："怎样看待在大学生中进行法治宣传教育？"有77.9%的学生选择"多学习法律知识有好处，可以多开设法律类公选课"，表现出愿意亲近法治和对法治的信任感。在对2014年我国首次设立"国家宪法日"询问看法时，71.6%的大学生认为设立"国家宪法日"是制度上的一大进步，必将对法治中国建设产生重要影响和积极推动力，显示出对于宪法与法治的亲近感、敬畏感；仅有不到6%的大学生选择了不知道宪法有什么作用，宪法日也没什么用。

法治宣传	响应 频数	响应 百分比（%）	个案百分比（%）
非常有必要，适应依法治国的需要	373	45.5	75.5
尽管是好事，但是由于精力有限，学好专业课就可以	34	4.2	6.9
多学习法律知识有好处，可以多开设法律类公选课	385	47.0	77.9
法律也是需要人去实施的，还是相信"人"，法治宣传没有什么用处	27	3.3	5.5
总计	819	100.0	165.8

当被问道：在当前法治环境下，从大学生就业机会角度看，你认为下面哪种观点更符合你个人的情况？只有不到3%的大学生选择了：靠个人实力就足以有很好的就业机会，足以显示出当前大学生在愿意亲近与信任法治的同时，仍然怀有对于当前法治环境的自信心不足的情感。调查显示大学生是一群积极适应社会发展的活跃群体，对于像法律这样具有极强实务价值的社会有用知识表现出极为渴求，不满足于只学习专业知识；与以往相比，偏激、无用观点明显偏少，愿意学习掌握法律有用知识；对于党中央提出的法治思维和法治方式的提法，表现出较高的认同，是对新一届政府的信任和认同；对于国家宪法日表现出并没有因为目前宪法所存在的一些缺陷和不足而予以否定，相反，对宪法寄予了厚望，希望宪法权威的树立能够切实保护公民权益。

就业	频数	百分比（%）	累计百分比（%）
整体上较为公平，国家提供了尽可能多的平等竞争就业机会	160	32.4	32.4
仍然是靠父母社会关系才能有好的就业机会	29	5.9	38.3
既要有个人奋斗努力，也要有关系才行得通	291	58.9	97.2
靠个人实力就足以有很好的就业机会	14	2.8	100.0
合计	494	100.0	

当然，调查问卷统计结果还显示，无论是法学还是非法学专业，大学生普遍表现为对法治的认同与质疑并存，对法治充满信心、希望和认同的大学生还是占了大部分比例。

(四) 新时代大学生的法治行为状况

复旦大学思想政治教育专业陈洁博士所作的校园生活法治行为调查中，有77.2%的学生表示自己班级的班干部是公开选举产生，但在选出班委后，即使班委不称职，32.2%的学生会不予理会，

5.9%的学生则不配合班委的工作。① 笔者所进行的调研中,当问到:到政府机关、事业单位办事,现在实施依法治国的社会环境下你通常最可能选择下面哪种方式?选择首先还是会想方设法找熟人、打招呼,这一选项占到了10.5%,同时认为也不可能完全脱离人情因素的占到了63.2%之多,选择法治只是说说而已,只要送礼、请客就有可能的还有3.0%。不管是校园生活的法治行为,还是社会生活的法治行为,我们可以看出,总体上,大学生的法治行为存在着法治自觉不足、实际行动缺失的特点。

从调研中,我们尽管可以看出:调查表明大学生已经初步具备法治精神的良好熏陶,表现为法治的理性色彩,但是同时我们也能够总结出:新时代大学生在运用合法方式维护正当权益方面有待提高。具体表现为:因为腐败太令人痛恨,而选择坚决支持网络反腐斗士的激进观点,大约占受调查人数的30.4%;认为网络反腐与侵权界限模糊,极其容易侵犯他人隐私,需要严格限制使用的,大约占到受调查人数的44.7%。这一比例反映了当前相当一部分大学生初步具备良好的法治意识和法治文化基础。

网络反腐	响应		个案百分比(%)
	频数	百分比(%)	
腐败太令人痛恨,坚决支持网络反腐斗士	150	18.2	30.4
网络反腐与侵权界限模糊,极其容易侵犯他人隐私,需要严格限制使用	221	26.8	44.7
要充分合理合法利用网络渠道反腐,正确引导、加强自律、不断完善网络反腐	447	54.2	90.5
无所谓,只是可以经常看到新故事	6	0.8	1.2
总计	824	100.0	166.8

---

① 陈洁:《我国大学生法治教育研究》,博士学位论文,复旦大学,2012年,第131页。

当问道：当你本人或者你的家人、亲朋好友的合法利益受到侵害甚至长期受到侵害得不到解决时，选择感到忍无可忍时，以牙还牙的占到10.8%；选择寻求法律帮助，运用法治方式理性解决的占到了受调查人数的87%。

维权	响应 频数	响应 百分比（%）	个案百分比（%）
退一步海阔天空，该容忍的得容忍	17	2.3	3.5
寻求法律帮助，运用法治方式理性解决	428	57.4	87.0
感到忍无可忍时，以牙还牙，不否认会试图采取暴力乃至极端手段，快刀斩乱麻痛痛快快解决	53	7.1	10.8
现在已经是法治社会了，相信这种情况比较罕见，即使是真的出现了，也应该能得到合理解决	248	33.2	50.4
总计	746	100.0	151.6

上述调研在一定意义上说明：法治趋于文明，法治能够给人们以好的预期，法治获得了越来越多的信赖，但不容置疑的是，新时代大学生同时在如何选择合法方式保护正当权益方面，需要进一步加强实践锻炼，毕竟从理论到实践是有不小的差距，不能只凭一厢情愿式的想象，必须亲自下水才能学会游泳的技能。例如，大学生完全可以在力所能及的范围内，在校园生活中积极参与校园法治建设，努力实践法治精神和法治价值，毕竟，校园生活就是新时代法治建设的重要组成部分。

二 新时代大学生法治认同的现状与问题分析

（一）信服和接受较高

新时代大学生对法治的接受度较高，主观意愿上希望进一步学习、掌握法律知识，运用法治思维处理社会问题。不论是法学专业课还是法律公共课上，甚至是有关法治教育培训辅导课上，学生对

"在未来几十年里，法治是硬道理"的观点普遍能够比较信服和接受，愿意倾听对法治的宏观分析和微观阐述，尤其是对一些当下的时政热点案例，非常愿意接受法治的分析和法治的解决。大学生正处于一种上升时期，普遍思维比较活跃，易于接受符合时代主题和代表时代发展的事物，正像敏于接受任何新鲜事物一样，大学生对法治这个并不算非常新鲜的事物却异乎寻常地乐于接受，这当然与法治的价值有着密切的联系，因为包括大学生在内的全体社会公民普遍希望法治能够为个人、为社会和国家带来福祉，在这一点上，法治完全可以起到凝聚改革共识、凝聚社会共识、凝聚社会人心的重大作用。法治自身所具有的公正、公平价值也是普遍能够使新时代大学生接受的一个重要原因，因为公正、公平历来是最能凝聚人心、最能易于接受的价值因素。

新时代大学生对法治的认同度随着依法治国方略的深入人心逐渐在提高，随着法治建设进程的深入，也必将得到进一步的极大提升。新时代大学生身处依法治国逐渐深入人心的时代之中，更能深切地体会到社会与时代的感召力，他们更愿意充当依法治国方略的积极践行者和担当者，他们有着更加敏锐的政治意识和法治意识，他们已经充分体悟到法治中国建设的新时代政治意蕴与时代价值。他们具有较好的法治素养基础，自身已经认识到大学生群体承载社会的未来是依法治国的主体，而非依法治国的客体，投入依法治国法治实践的积极性也是相对较高的。

（二）认知与行动相悖

当前大学生对法治总体认知较为理性，但法治的某些知识观点尚待修正，存在认知与行动的相悖性，具体表现为当前大学生法治素养具备一定的基础，普遍对法治有着较好的认同心理，对待法治表现出了较好的理性态度，但是大学生的实际行动与他们的认知并不必然一致，二者存在较大差异。新时代大学生既需要法治，在涉及处理具体社会事宜时又沿袭传统行政思维去解决处理，在处理当下具体的社会问题时，又很快采取了与法治思维明显背道而驰的做法和思路。这也充分说明大学生深受时代与社会的影响，他们的言行处处透露着社会的熏陶与影响，他们能否健康成长深深植根于整个社会的健康与否，值得深思。因为竞选班干部，不惜采取一些完全属于社会化的方式，拉选票、跑"官"跑关系请客送礼诸如种种。班干部也是干部，这种称呼非常有意思，当然是一种历史和社会的烙印，班干部的存在使得学生之间事实上存在着不平等，形成一种等级关系，完全是社会化的熏陶，甚至为了谋取班干部职位，拉帮结派，采取社会上种种不正当手段和方式进行竞争，更严重者为达目的不择手段。曾经有一位兄弟高校的学生为了竞选班长，托关系托到了他的师哥，而他的这位师哥正是笔者曾经带了三年的比较优秀的学生，原因是他们听说笔者与这位班长竞选人的辅导员是好朋友关系。笔者对这两位学生进行了适当引导，为他们分析了为什么有可能竞选班长失利的原因，从一名局外人视域为他们评析自我与他我的差距，为他们找到了提升自我的努力方向。在某种意义上讲，新时代大学生的认同法治在战略思考上是完全能够接受的，是坚定地认同的；但同时，在当下处理微观社会问题时，立即转换为传统非法治的行政思维或者官本位思路，并沿袭了根深蒂固的传统做法，对法治当下的社会效果还是从行动上表现了与思想认知的相悖性。因此，为社会培养身心健康的高等教育人才，需要站在整个社会的高度和制度化的视角，去认识大学生法治认同的重要意义，从法治理念上、从制度化建设方面进一步加强对大学生的宣传教育和引导，从保护大学生切身利益的实际案例中强化提高新时代大学生的法治认同度。

（三）质疑与认同并存

上述调研分析表明：新时代大学生对法治的认同特点是质疑与认同同时存在，而且是矛盾地存在于统一体中。一方面，大学生对新时代法治的认识还是比较具有理性的，不是法律、法治万能论，更不是法律、法治无用论,而是希望法治更加完善。既不会动辄为1元钱而去打官司,更不是在合法权益受到侵犯时采取违法方式或者无动于衷、束手无策、消极回避的态度。当然,不否认会试图采取极端手段并明确表露出这类意愿的大学生占了一定比例,约为1/10,如果法治较为完善,法律渠道畅通将能够极大地避免这类现象发生。新时代大学生法治认同深受社会发展的重大影响,尤其是当前深受依法治国基本方略的重大影响,这是目前法治建设极为有利的一面。另一方面,仔细推敲来看,涉及更为具体专业性法治知识的时候,尽管对法治信赖度和预期值较高,仍然会受到一些传统人治因素的深刻影响,仍然会有一些不正确的认识和观点,有着人治的现实思维和文化基因;或者表现为希望享受法治的雨露滋润,但却仍然保有人治的内核,具体而言就是对能够监督、掌控他人、凌驾于他人之上的权力还是表现出异常高的迷恋和希冀,例如,认为人民检察院、检察官行使法律监督权是一种高高在上、可以任意支配别人的特权。这种思维当然不是真正的法治思维和法治认同,是站在人治的平台,从人治的视域,去追寻法治的事业,这样做的结果只能是一种对法治的异化,严重者会南辕北辙、适得其反,这些当然是我们建设法治社会、培育法治认同需要首先认真对待的一个极其重要的前提性问题。

三 新时代大学生法治认同问题的原因分析

随着人类社会的发展和进步,随着社会文明程度的不断提高,人不仅要过一种有规则的生活,更要过一种符合正义要求的规则生活,于是法治便出现了。[1] 法治是人类社会及其全体公民的一种理性选择,这种选择正反映了民众对法治价值的历史性认识过程。人们对于法治价值和意义的认识,像认识其他任何一种事物一样,从

---

[1] 卢建军:《法治认同生成的理论逻辑》,法律出版社2014年版,第83页。

来都不是一成不变的，也从来不会是一帆风顺的或者是直线式上升的。正如当今中国法治建设的每一次进步，都会付出比较大的代价一样，法治建设的每一次历史进步都需要付出比较大的代价，之所以是这种状态，从根本上来讲，法治的每一次进步都是对社会历史传统的一次绝对性的胜利，需要冲破社会发展历史中的重重阻碍才能把社会历史向前推进。法治的进步是社会进步中的诸种因素之一，法治进步也同样深受社会诸种不利因素的羁绊和束缚。由是观之，新时代大学生的法治认同也绝不是一蹴而就的，都有一个不断推动发展和曲折前进的历史性过程。大学生思想状况的波动是整个社会思想状态的集中反映，也是整个社会思想状况最为灵敏的体现。因此，大学生的法治认同状况，恰是整个社会民众法治认同状况的集中体现和反映，或者换句话讲，大学生的法治认同状况，是绝不可能脱离整个社会民众的法治认同状况这一大的历史舞台的。同理，反思新时代大学生的法治认同，必须以整个社会发展历史过程中的法治历史和法治类型为基准，才能做到对新时代大学生的法治认同进行科学考察和准确界定。

（一）存在法治理念误区

法治的基本概念和制度规范只是实施法治的一个物质基础前提，但却不是实现法治状态的必要条件。因为最关键的还是公民要有主体的法治意识，即无论官员还是普通民众，都真诚地遵守、尊敬法律。[①] 这样看来法治意识或者说民众对法治的看法在某种意义上还是具有决定性的，毕竟意识先行，没有意识也就不可能产生有意识的行为。实际生活中人们的法治意识是如何的呢？法是刻薄严酷的吗？每当提到法、法律和法学，给人的印象和感觉就是法的威严、神圣，法不容情，法是呆板和教条的，学法律的人也是抠字眼、咬文嚼字的，不知道融会贯通，多半是不够灵活，更有甚者，

---

① 於兴中：《法治东西》，法律出版社2015年版，第2页。

法律是不近人情的，法律是冷冰冰的，法是刻薄严酷的，法不通人情怎么能和思想政治教育相联系呢？大学生思想政治教育最基本的就是讲究人性关怀，法是威严的，法能做到人性关怀吗？两者似乎是水火不兼容，起码是刚柔两重天。法是刚性的，大学生思想政治教育是做人的工作，是柔性的。要想厘清上述关于法的刻板、冷漠之印象、认识和理解，尤其是要破解关于法的刻薄严酷性，需要从法的特性和本质上进行梳理。

法的特质是一种规范、一种理念、一种思维方式，更是一种认同和信仰。法律从本质上讲，首先是一种规范，这种规范性的规定是具有谦抑性的，在刑法规范里面最为突出（刑法规范要让位于道德规范和其他非刑事法律规范去处理解决，只有在道德规范和其他非刑事法律规范无法解决时才能由刑法规范来解决，刑事法律不首先、不主动介入公民社会生活领域之中）。普通法律规范同样具有这种品性，公民对于社会生活中的各种私法关系的处理具有选择性，公民的选择性决定了法律规范可以让位于道德规范、风俗传统、习惯思维等，从规范的特质角度讲，法是刚中带柔、先柔后刚的。其次，法本质上是一种理念，能够上升为国家意志层面的法，是一种共识性的理念，为社会绝大多数公民所认可的理念，这种理念必然体现了对社会绝大多数公民的体贴和关怀，否则是不可能被接受的。只不过，人们往往是看到了被惩罚、被剥夺的强制性一面，而对于被保护、被关怀的体恤温暖性一面有所忽略，即便是沐浴在法治阳光之中也会放大其中的冷酷严肃的一面。再次，法在本质上是一种思维方式，公民遵从法律是发自内心的思维定式使然，如果能达到这种状态，法治社会、法治政府、法治国家一体建设的基础便是坚实而厚重的，因为公民如果具备法治思维，便会视遵守法律为当然，遇事就不会去寻求诸如潜规则之类的非法律方式。如果全体公民养成了法治思维方式，公民对待法律的看法和态度自然大不相同，同法律之间的距离感、陌生感、畏惧感、隔阂感将烟消云散，封建时代畏讼、远讼、以讼为耻的心态和文化底蕴将不再左右人们的头脑;公民本身就是法治社会才可能存在的称呼,拥有法治思维方式,对法律的感受才能发生变化,即使法律本身并没有变化,公民将视法律为亲近,感受到的将不再是刻薄严酷,而是如沐春风、滋润心田,法治的春天才真正能够出现。最后,法本质上更是一种信仰。中国的立宪先贤们也早就认识到了国权稳固与法治昌明之间的次第关系。① 现代文明国家的发展历程表明,法是一种理性判断做出的选择,中国法治化的道路虽历经波折但却早已向往之,非一日之促成,法治是必经之路,经过正反两个方面的实践教训证明,改革开放的成果没有法治的保障无以长久,公民对法治的期盼和向往逐渐铸就了对法的信赖,虽然比起对法的信仰还有很大距离,但是党的十八届四中全会已经将依法治国提高到了一种新的战略高度,执政党阶层已经看到了法治的必要性、紧迫性和必然性,可以说执政者们已经看到了树立法治信仰的重要性,当然这种信仰是建立在历史很长一段时间沉痛教训基础之上的。国家宪法日的设立、全民宣传学习宪法的热情对于法治信仰起着非常好的积极促进作用,法治信仰将从信仰宪法开始(事实上,宪法宣誓制度已经实施,公民已经认识到和已经做到了拿起宪法的武器维护个人正当合法权益即进行宪法诉讼),公民对于法律的好感和信仰已经成为现实。

  缘之上述法的发展状况和本质特性,大学生应当改变对法的认识、走出关于法治理念的误区,能动地将法治思维和法治方式运用于新时代社会思想政治教育的过程,让法治回归善良和公正的艺术境界,推进新时代大学生的法治认同(作为一名大学思想政治理论课和法学课教师,更应关注新时代大学生法治认同问题研究)自然成为一个时代课题,需要一种跨学科视野下的综融性研究。

---

① 郑戈:《澄清关于法治的某些思想误区》,《理论视野》2014年第11期。

(二) 欠缺法治契约精神

中国的法治最浓重的底蕴就是传统公法文化，法一向是严厉的，民一向是受到法律制裁的对象，在这样一种法治背景传统下，中国传统的法治认同是与特定的刑法官威传统息息相关的。

中国古代官府大堂之上，三班衙役齐呼"威武"之声，官员大臣出行鸣锣开道，无不显示出中国传统的官威文化。刑即是法，法就是刑，刑法助官威，官威假刑法，形成中国特有的官威刑法文化。早在战国时代《韩非子·定法》篇中："法者，宪令着于官府，刑罚必于民心，赏存乎慎法，而罚加乎奸令者也。此臣之所师也。"[1] 古语鲜明地表达了官府掌握着法律与法令，一种居高临下的态势油然而生，要让人们确信刑罚的威严，法律之严肃甚至是严酷要让老百姓铭记于心，起到应有的震慑作用。奖赏给奉法慎行者，刑罚镇压违抗律令者，这些都是子民臣服、归顺的榜样。官威与刑法互相照应，百姓成为震慑的直接目标。臣下哪有不臣服之理，"属下""下官"无不是这种官威刑法文化的生动写照；"子民""父母官"更是这种官威刑法的精髓所在。《韩非子·定法》篇中还写道："君无术则弊于上，臣无法则乱于下，此不可一无，皆帝王之具也。"[2] 皇帝人君要掌握驭人之道、掌控臣民的生杀大权，这种道术是皇帝君临天下、称王称帝的重要工具；法律则是掌握在皇帝人君手中镇压臣民奸令者的刑罚工具，是加在百姓下臣头上的紧箍咒。道术和刑罚都只能归帝王专属，成为君临天下、驾驭臣民的御用手段。

中华法系的传统官威刑法文化决定了中国特有的法治"认同"理念，帝君和官家是高度认同法治的，皇帝更是刑法和刑罚的化身，帝君和官家可以用法镇民、拘民、杀民，下民和臣子却根本无

---

[1] （战国）韩非：《韩非子》，北方文艺出版社2014年版，第353页。
[2] 同上。

力抗衡，况且大臣官员都是集行政、司法于一身的，皇帝人君更是绝对集"党政军"大权、"人大立法"和"法检司法"于一身的，都可以有绝对忠实的、可以任意支配的军事强制力量来调遣、使用的。臣民、百姓只能是手无寸铁、任人宰割的羔羊，对刑法、刑罚只能望而却步、避而远之，畏讼之心自然不足为怪了。古代有"讼棍"之说揭示着人们对于诉讼的厌恶和贬损，大有一种恨及袈裟、恶其余胥的晕轮心理，昭示着人们对法治非但不认同、不认可，还十分憎恶、畏惧之心。直到今天仍然余孽未尽，老百姓仍然互用"官司缠身"一语来表明一种对诉讼的贬低，代表着一种不吉和霉运。

　　当然，在我们今天的中国特色社会主义社会，尤其是依法治国伟大方略的实施，法治已经取得了长足的发展和进步，尽管有中华传统官威刑法的余孽，但早已今非昔比，今日之法治已经成为现代民主国家的底色和象征，法治已经成为社会和国家的一种理性选择和时代需求，成为整个社会的一种最重要规则。规则是不需要神、圣贤、征服者和国家意志的存在，人类是可以自发地形成规则的。[①] 人类之间达成一致而形成的规则实际上就是契约，契约因此而成立生效。既然"法治"是我们当前所能设想的一种较优的治理社会的方式，[②] 我们非常有必要系统研究法治的本源，学习借鉴其他国家法治建设的过程中所形成的基本经验得失。值得特别关注的是，西方社会有着一种悠久的法治认同历史，逐渐形成了不同于东方特色的法治认同，如果说东方法治认同是一种外在强制威力使然，使人们不得不屈从于法和法治的强大，培养出的是一种威严和服从，那么西方法治认同更多的是一种自由主义色彩为主色调的认同，是由自发到自觉的法治认同过程，反映了私法文化和契约精神的发达与

[①] 张恒山：《当代中国的法治观念》，《理论视野》2014年第11期。
[②] 郑戈：《法律与现代人的命运：马克斯·韦伯法律思想研究导论》，法律出版社2006年版，第43页。

丰满。

提到西方社会的契约思想，不能不提到18世纪的法国大革命的思想先驱让-雅克·卢梭的政治哲学名著《社会契约论》一书，卢梭认为：社会契约所要解决的是"创建一种能以全部共同的力量来维护和保障每个结合者的人身和财产的结合形式，使每一个在这种结合形式下与全体相联合的人所服从的只不过是他本人，而且同以往一样的自由"[1]。卢梭是在探讨人民民主主权理论，他的这部《社会契约论》也被叫作政治权利的原理，卢梭认为人们因为社会契约得到的是社会自由（与卢梭所称的天然的自由相对而言），一种遵循社会道德的自由，正是这种自由才真正使人们成为他自己的主人。我们今天看来，在当时卢梭把契约置于何等重要的地步，主权来自人民达成的社会契约而让渡，主权当然是不可分割的，因为契约，人们是公民而不是臣民，这是一种何等进步的思想。契约在西方文明的发展历史上有着浓重的一笔，无论多么渲染都不为过，契约属于西方。人们因为契约而展现出的对于法治的高度认同就是一种自然而然的事情了。19世纪英国著名的法律史学家亨利·詹姆斯·萨姆那·梅因在经典著作《古代法》中提出"所有进步社会的运动，到此处为止，是一个从'身份到契约'的运动"[2]。梅因还指出："把封建制度和原始民族纯粹惯例加以区分的主要东西是'契约'在它们中间所占的范围。"[3] 可以说在西方社会文明发展史上，启蒙思想家、哲学家、法学家们对契约的研究和阐述已经达到了一种炉火纯青的地步，卢梭、梅因因此而名留青史。当然，我们必须得承认的是，在西方社会文明发展中契约的决定性作用，仍然是由人类社会历史发展这个"时势"所造就的契约这个"英雄"，这是不以人的意志为转移的。

---

[1] ［法］卢梭：《社会契约论》，李平沤译，商务印书馆2011年版，第18、19页。
[2] ［英］梅因：《古代法》，沈景一译，商务印书馆1959年版，第112页。
[3] 同上书，第234页。

法治契约精神是新时代中国法治建设的基本要义之一，只有契约才能维护彼此的相处和社会的发展，因为我忠实地遵守约定就是为了别人也能对我忠实地履约。法治契约精神视遵守契约和规则为理所当然，我遵守契约和你遵守契约一样，大家完全都是为了自己生存，因为如果我不遵守契约，对方也不会遵守契约，如果对方不遵守契约，我方也将是最终的受害方和不利益方。用马克思那一针见血的话来形容，就是"我给，为了你给"。这就是最朴素的契约传统。① 我遵守约定是为了让你对我也遵守约定，不是大家没有发现规则的漏洞，实在是大家不以钻规则的漏洞为"聪明"，不以利用规则的漏洞为小事。培养规则意识，这恰恰是契约精神的精髓所在，是新时代法治社会的根本要求。反思新时代大学生的法治认同，主观上认同法治的同时还保有更多的传统人治和行政思维色彩，骨子里缺乏严格的规则意识，行动上自然不愿意遵守契约，契约精神是短板，需要给大学生补补契约精神的课。新时代法治建设显然需要培养大学生的规则意识、权利意识，要求彼此之间遵约守契、尊重信赖，要让这种契约精神成为大学生的一种法治自觉和文化底蕴，要培养新时代大学生的良好契约精神，从而打造符合新时代法治建设所需要的法治认同。

(三) 尚未养成法治思维

改革开放之后，中国法治探索引进了一系列西方的价值理念，诸如民主、权利、自由的近现代西方法治精神被中国法学界和法律界所吸纳，于是开始了民主型法治的求索之路。② 由于国家本位理念长期存在的传统影响，尽管法与法治有着较大的形式与实质进步，但是在相当长的一段时期内，法与政治的根深蒂固的影响被放

---

① 刘哲昕：《文明与法治——寻找一条通往未来的路》，法律出版社2014年版，第23页。
② 武建敏、董佰壹：《法治类型研究》，人民出版社2011年版，第175页。

大了、强化了,甚至是扭曲发展着,法与法治完全被政治同化了,我们可以把这种状态下的法治形象地称为"政法"传统法治。这里的"法与法治完全被政治同化了"是指法的政治性色彩,法从为政治服务的职能来讲,是上升为国家意志的统治阶级意志的体现,这里的政治性色彩与"阶级斗争为纲"的特殊时代含义迥然不同。相对于今天有的法学家提出:引入契约理论,用契约底线取代统治阶级意志论,[①] 由此我们确实可以发现传统的"政法"法治理念确实比起今天的人们的法治理念来讲落伍了许多。曾经有一位地方县委书记比较强硬地讲:"法律是干什么的?法律是为政权服务的。"从马克思主义关于上层建筑与经济基础的关系来讲,法律也是政治上层建筑,法律的确要为经济基础服务,法律是上升为国家意志的统治阶级的意志,这样看来,这位县委书记大人的话也不是没有道理,从法律的传统政治属性讲,法律肯定是为掌握了国家政权的统治阶级服务,这是没有什么实质性错误的。但问题是这么赤裸裸的言辞恐怕不能这么简单化理解,其中威吓的意味似乎更为明显,至于威吓谁那就得看说这句话的具体场景和指向是谁了;当然再进一步深究其中味道,那种凌驾于法律之上、蔑视法律的权威、践踏法律的存在之形象跃然纸上,那种傲视群雄、让法律臣服于当权者、掌握了党政大权便可为所欲为的王侯将相思维暴露无遗。这种强烈的行政思维、桀骜不驯的权力欲望怎么能够做到服从法治、遵守法律呢?法律是沉默的官吏,官吏是会说话的法律,如果连官吏都不守法,还谈何法治。[②] 颇具中国特色的体制是政法委书记领导公检法,这种体制适应中国的社会实际具有强大的生命力,但从细节上极其容易导致市委书记或者政法委书记会把法院院长、检察院检察长、公安局局长召集到一起办案,这就是"政法"传统法治下的产物,这种具体做法肯定是违背法律条文和法治精神的。值得庆幸的

---

① 张恒山:《当代中国的法治观念》,《理论视野》2014 年第 11 期。
② 徐运良:《法治是如何实现的?》,法律出版社 2010 年版,第 104 页。

是当前这种简单化的有违法治精神的做法应该是不那么理直气壮了,这种做法和前述县委书记的强硬表态如出一辙、异曲同工。尽管我们的高等教育一直非常重视对大学生的法治教育,笔者所进行的实地调查以及相关的法治调研都显示:大学生的法治意识和法治水平有了很好的提高,但从社会传统文化影响看,和当前法治建设的要求相比,我们的大学生缺乏法治思维和依法办事能力就可见一斑了。

现在,全面建成小康社会进入决定性阶段,改革进入攻坚期和深水区,我们面对的改革发展稳定任务之重前所未有、矛盾风险挑战之多前所未有,依法治国在党和国家工作全局中的地位更加突出、作用更加重大。① 法治成为一种大势所趋,成为现代民主国家最浓重的底色。法治承载着太多的历史重任,为了增强持续性发展动力和进程的推进,政策制定者需要对法治运用和法治执法的宏观监管控制赋予更多的人力资源支持。② 在现阶段,法治更是被赋予了更多的历史功用,惩治愈演愈烈的贪腐,保障民生、民权,重构社会信任,建设法治政府权威,凝聚社会共识,打造执政合法之基,减缓或者消除社会的不稳定因素,等等,"依法治国""依法执政"成为时下大受欢迎的热词和大词。不论是面对社会问题还是个人之间的利益纠纷,民众普遍开始适应法治方式的具体要求,开始学会运用法治的思维模式;不论是单位和组织,还是普通民众个人,都逐渐适应了运用符合法治要求的方式去规范处理社会生活中的具体事务和利益纷争,做到了既坚持制度化的硬件建设,同时还特别注意坚持法治思维和法治意识的软件性建设。

---

① 人民日报社论:《实现依法治国的历史跨越》,《人民日报》2014 年 10 月 24 日,转引自《中国共产党第十八届中央委员会第四次全体会议文件汇编》,人民出版社 2014 年版,第 120 页。

② Concetta Castiglione, Davide Infante, Janna Smirnova, Environment and economic growth: is the rule of law the go-between? *The case of high-income countries*, *Energy, Sustainability and Society*, 2015, Vol. 59 (1), p. 7.

第四章　新时代大学生法治认同的现状

　　作为高等学府的大学校园，尽管大学生绝大多数都是成年人了，但是由于种种原因，人身伤害事故依然难以杜绝，甚至相比而言，在大学持续扩招人数逐年攀升的几年里，各大院校大学生伤亡事件时有发生。面对大学生人身伤害事件，特别是对于死亡情形，高校承受了较多的压力，在前几年的时间里，社会民众动辄就是扯上黑字白幅、封堵学校、冲击教学、打伤教师，甚至在校园祭拜烧纸，高校即使报警也无可奈何，最终是多赔钱了事。在此，我们的评述绝不是为了仅仅苛责冲击大学校园的家长们，虽然他们的方式方法有很多不法之处，毕竟他们也有值得同情之处，我们只是站在法治的视角审视这种事情的发生和处理。值得一提的是，伴随着法治中国建设进程的持续推进，就连这种往常视冲击、封堵校园为理所当然的情形，现在几乎一边倒地视为非法方式，并得到了有效控制，总体上表现出较为理性和法治的一面——维护伤亡学生及其家属的合法权益也必须在合法的界域内，按照法治方式、通过合法途径维护正当合法权益。民众的法治理念得到普及，法治认同度在逐渐攀升，不论是利益受侵害方需要索赔，还是利益的加害者、施害方承担刑事、民事赔偿等相关法律责任，大家都因为法治的认同而有了较多的可以沟通协商的余地和平台，彼此之间具有了更多的共通性、共同点和相互交集之处。在法治实施的具体环节上，民众普遍表现出较高的法治素养，不仅关注法治的结果是否公平，还在关注过程性的公平和正义。从法律体系迈向法治体系，[1] 法治思维的养成是实施法治的重要核心要素和基础要件，而且，人权、文化、人道主义理念，市民观念以及国家实力都将成为调整、实施、检验法治的基本要素。[2]

　　党的十八届四中全会通过的《中共中央关于全面推进依法治国若干重大问题的决定》中提出：提高党员干部法治思维和依法办事

---

[1] 王利明：《迈向法治——从法律体系到法治体系》，中国人民大学出版社2015年版，第9页。

[2] Bantika Jaruma, *The Effective Framework of the Rule of Law for Peace Building and Security*, Procedia-Social and Behavioral Sciences 91 (2013), p. 105.

能力。① 今天的大学生是我们明天党员干部的后备军和人才队伍主力,他们即将成为我们整个法治建设的主力军,今天对党员干部的要求就是对我们大学生的要求,大学生急需提高法治思维和依法办事能力,这是法治建设的根本要求,更是大学生健康成长成才的根本保障。

小　结

新时代大学生法治认同问题研究是一项非常具有现实意义的实践研究和理论研究,我们要坚持问题导向,从实践调研分析入手,掌握第一手的真实调研数据,从感性认识入手,坚持理论与实践的紧密结合,才能形成正确、科学的理性认识,最终才能达致新的理论高度。实践与理论同等重要,实践研究是基础,理论研究是提升,理论研究还要回到依法治国的法治建设实践中去进行检验和进一步提升。因此,我们在理性的反思中,坚持理论研究的指导,才能全面、正确、客观地认识现实事物的本真面目,同时,还要坚持接受法治建设的实践检验和不断丰富深化。换句话讲,只有我们坚持从新时代大学生法治认知状况、法治意识状况、法治情感状况和法治行为状况入手,并且坚持从法治认同的理论再回到法治建设的生动实践中去,才能分层次、有逻辑地认识透彻新时代大学生法治认同的现状问题,进而从法治实践的角度、从理性和理论反思的层面,较为客观、透彻地分析新时代大学生法治认同问题的基本原因,也即从存在法治理念误区、欠缺法治契约精神和尚未养成法治思维的三个维度来寻求问题根源,只有这样,才能有针对性地培育和提升新时代大学生的法治认同,为保障大学生健康成长、推进法治社会的建设奠定基础。

---

① 《中国共产党第十八届中央委员会第四次全体会议文件汇编》,人民出版社2014年版,第61页。

第五章　提升新时代大学生法治认同的战略性思考

党的十八届四中全会在中国法治建设的历史里程碑上书写下光辉的一页，依法治国吹响了法治中国建设的伟大号角，法治成为我们这个时代的最重要命题之一。人们为什么遵守法律既是一个重大的理论命题，更是一个重大的实践命题，深入思考和研究这个命题对于法治建设意义重大，新时代大学生法治认同问题研究就是从这一重大基本命题的学理视角立论的。今天，对提升新时代大学生法治认同进行研究，依法治国的基本方略要求我们必须站在法治建设的历史宏大视角，要认真分析新时代大学生法治认同受到的多种社会影响因素，要充分发挥政府法治权威的正向统领和积极影响作用，找准新时代大学生法治认同的逻辑起点，这才是一种战略性眼光、宏观性和战略性分析思考。

一　提升新时代大学生法治认同的主要影响因素分析

大学生法治认同如何生成？遵循着一种怎样的基本机制？这是我们研究新时代大学生法治认同必须要弄清楚的一个战略性和基础性问题。作为一种社会性现象，大学生法治认同受多种社会因素的综合影响，但最主要的不外乎是政治的、经济的和文化的这样三大基本方面的构成要素，是它们之间的交互影响推动着大学生法治认同的生成。

（一）提升新时代大学生法治认同问题的经济影响因素

新时代大学生法治认同的经济影响因素既包括决定性经济影响因素，也包括直接性经济影响因素，几种经济因素之间相互交织，共同作用于新时代大学生法治认同的生成。

1. 社会主义市场经济基础是新时代大学生法治认同的决定性经济因素

大学生法治认同本质上属于一种法治文化认同和思想政治教育认同，是政治上层建筑的一部分，必定会遵循马克思主义政治经济学中关于经济基础和上层建筑关系的基本原理。因此，新时代中国的法治认同，明显地受到经济基础的决定性影响，尤其是受到市场经济基础的影响。[①] 市场经济是法治经济，一切经济活动要在社会主义法治的范围内运行，法治是市场经济正常运行的制度化保障；市场经济还是权利经济，市场主体享有充分的经济自由权利，权利成为市场经济的基本元素。正如张维为教授所言：中国是以西方不认可的方式崛起的，[②] 同样，新时代中国的法治认同也有着自己独特的个性，是受中国发展模式的影响而生成的。中国的经济发展稳健持续，富有后劲，充满着自信，新时代中国的法治认同生成也是充满着朝气和活力，法治建设迅速而富有成效。当然，中国的经济发展也不是一帆风顺的，理论界对中国经济的发展预期和发展状态同时存在着两种相反的论调，即：中国模式、中国奇迹和中国悲观、中国崩溃论。在法治认同生成方面同样会打上这样的烙印，也是同时存在着两种性质差别较大的法治认同，即：对法治的高度认同和对法治的抵触悲观。对法治的高度认同表现为：认为中国在接

---

① 李春明、王金祥：《以"法治认同"替代"法律信仰"——兼对"法律不能信仰"论题的补充性研究》，《山东大学学报》（哲学社会科学版）2008年第6期。
② 张维为：《中国震撼——一个"文明型国家"的崛起》，上海人民出版社2015年版，第59页。

第五章　提升新时代大学生法治认同的战略性思考

下来的30年时间里，法治才是硬道理。[①] 对法治的抵触悲观表现为：来自民众心底对本应主持社会正义的政府（如官二代撞人事件中处置事件的司法机关）的信任危机。在这里，你不必太过苛责网络民意表达的民粹化，因为首先是法治的崩溃在先，法治下的正义沦丧，才有媒体和网络民意的歇斯底里和法律案件的政治化。[②]

新时代大学生的法治认同生成深深地打上了时代经济烙印，根据前述问卷调查发现，也是高度认同与悲观质疑并存。当然高度认同还是主流声音，尽管存在着一定程度上的悲观质疑和不信任，但是对新时代中国法治，大学生还是有着较高的认同度的，尤其是对未来中国法治的不断完善和进步方面更是有着较为自信的高度认同，这就是表现在法治文化和思想政治教育领域的法治认同的现状。

"贫穷不是社会主义，贫穷无法治！法治需由发达的经济来支撑，于此可见一斑。"[③] 这是郝铁川教授关于法治与经济的感言，借用他的话来研究新时代大学生的法治认同生成，我们有充分的立论根据。中国正在走向富强繁荣，中国已经创造了令世人瞩目的一个又一个奇迹，多数学者和权威机构倾向于认为，中国将在1年至5年（按照购买力平价）或10年（按照官方汇率）内超越美国，成为世界最大的经济体。[④] 新时代中国法治建设有雄厚的经济基础作支撑，同时，又有良好的政治环境和时代契机，新时代大学生的法治认同生成有着坚实厚重的理论基础为依据，对此，我们有着"中国超越"的自信，我们完全有理由相信大学生对新时代中国法治的高度认同是正确的、科学的。

---

① 刘哲昕：《法治才是硬道理——从法治思维到命运共同体》，法律出版社2015年版，第1页。
② 张晨：《法治的崩溃与正义的沦丧——也看官二代撞人事件》［EB/OL］.［2015-08-25］. http://blog.renren.com/share/227230380/3562665432。
③ 郝铁川：《法治沉思录》，上海三联书店2007年版，第42页。
④ 张维为：《中国超越——一个"文明型国家"的光荣与梦想》，上海人民出版社2015年版，第37页。

2. 新时代大学生法治认同的根本前提是利益保护

法治认同不仅是一种政治和道德义务，更是一种利益上的召唤。[①] 人类的社会实践活动总是脱离不了利益的推动，我们完全有理由相信利益是一种推动力。市场经济的发展使得人们心中的天平向利益倾斜，很多人开始习惯于用经济手段去解决社会问题，就连象牙塔中尚未步入社会的大学生也有着很强烈的经济思维。我们很难设想人们会对不保护民众利益的法律服从，很难设想人们会对不好好保护民众利益的法治建设认同和积极参与其中。法治建设的根本任务应该是对于社会中的人们进行利益保护，并以此成为让人们服从法律和认同法治的根本前提。

法治与经济历来是息息相关的，为了说明在现实的经济社会生活中法治的作用方式，韦伯提出了"可计算性"和"可预见性"两个概念。[②] 这两个概念给我们很多启示，例如，作为基本常识，法律通常会在其规范性的制度规定中，给人们以某种经济利益的可期待性，而且这种可期待的经济利益是可以明确预见到的，理性人总是通过理性的方式进行着理性的计算，当然也可能因为经济利益的诱惑性而失去理性，最终还要由理性的法治去规制。法律能够通过其有关于经济利益的可预见性规定引导民众的行为朝着符合理性规定的方向迈进，根本原因在于社会生活中的物质利益无处不在，利益成为一个社会生活的重要基础性元素。法律规范中极其吸引民众注意力的一个最重要基础概念是"权利"，权利通常解释就是人们享有某种利益的可能性，公民具有某种权利，通常就意味着具备享有某种利益的资格。可见，法律中的"权"是与"利益"紧密相关的。所以，法治核心问题还是

[①] 李春明、王金祥：《以"法治认同"替代"法律信仰"——兼对"法律不能信仰"论题的补充性研究》，《山东大学学报》（哲学社会科学版）2008年第6期。

[②] 郑戈：《法律与现代人的命运：马克斯·韦伯法律思想研究导论》，法律出版社2006年版，第179页。

认真看待权利的问题。① 我们不但要养成法治思维，而且还要养成经济法治思维，② 我们要学会运用法治思维，而且要特别注意运用经济法治思维去思考新时代大学生的法治认同及其生成问题。

在明确了马克斯·韦伯关于法律与现代人的命运之间关系的基本法律思想后，我们可以得出一个较为清晰的基本结论：既然法律在社会生活中发挥作用的方式就是规定"可计算性"和"可预见性"的利益，从而引导规范人们的社会行为，我们完全有理由可以认为：如果现实中的法律实施没有能够有效保护人们的实际利益和预期利益，或者对人们的实际利益和预期利益保护不周延，我们完全有理由相信人们就有了不必遵循法律和服从法律的正当性逻辑基础，当然就不可能生成什么法治认同。同样，新时代大学生的法治认同是建立在法律和良法之治对他们合法利益的充分而正当性的保护基础之上的。没有认识到这一点，新时代大学生法治认同的理论与实践研究将成为空中楼阁、海市蜃楼，只是一种虚幻而不可能真正实现。

（二）提升新时代大学生法治认同问题的政治影响因素

威廉·惠特福德（William Whitford）认为"法治"这个词语一般多用来达到一种政治目的。③ 的确，大学生的法治认同受新时代和传统政治因素影响较深，尤其是当前主流法治意识形态决定着大学生法治认同问题的基本状况。建设社会主义法治国家，是党的十八届四中全会设定的总目标。④ 因此，建设法治中国就成为新时代

---

① 葛洪义：《"法治中国"的逻辑理路》，转引自张文显《良法善治——民主法治与国家治理》，法律出版社2015年版，第262页。
② 顾功耘：《经济法治的战略思维》，转引自张文显《良法善治——民主法治与国家治理》，法律出版社2015年版，第135页。
③ William Whitford, Rule of Law, Wis. L. Rev, 2000, p.723.
④ 王利明：《迈向法治——从法律体系到法治体系》，中国人民大学出版社2015年版，第13页。

中国的主流法治意识形态。

　　中国是一个有着五千年文明传统的多民族国家，中国的传统追求是大一统，中国各民族人民历来就有强烈的政治向心力，以泱泱大国为自豪，以爱我中华为无上光荣。政治向心力的产生是与多元统一的中国国情相适应的。[①] 这种强烈的政治向心力对新时代中国主流意识形态的形成、对于新时代大学生法治认同的生成都有着极为有利的促进作用。

　　1. 党和法治的关系对新时代大学生法治认同的影响

　　党和法治的关系问题实质就是解决党的领导和依法治国、依法执政的关系问题，《法治热点面对面》就"党大还是法大"这一伪命题分析指出，党的本质是政治组织，而法的本质是行为规则，两者性质不同，不能说谁比谁大，在党和法之间不能搞简单的比较。[②] 很多人仍然对此存有模糊认识，心存疑虑，一时存在着"真命题""伪命题"之争，混淆视听，对民众法治认同产生不利的社会影响。其实，在《中共中央关于全面推进依法治国若干重大问题的决定》中就已经作了正面回应和明确阐释，习近平总书记在"省部级主要领导干部学习贯彻党的十八届四中全会精神全面推进依法治国专题研讨班"讲话中，专门就党的领导和依法治国的统一性作了论述。[③] 这些都是正面的权威性解读，对于有着强烈政治向心力之良好传统的大国公民来讲，很好地统一民众的认识，并集中到法治中国建设的正确方向上来，起到坚强的政治引领作用。

　　党和法治的关系是一种高度统一的关系，二者不能割裂开来，我们要始终坚持运用马克思主义辩证法原理去科学地理解和阐释这一重大理论问题，用新时代中国的这一主流法治意识形态去感染教

---

① 刘哲昕：《法治才是硬道理——从法治思维到命运共同体》，法律出版社2015年版，第142页。
② 张金才：《破除"党大还是法大"的伪问题》，《中国社会科学报》2015年7月16日第1版。
③ 同上。

育我们的大学生群体。只有这种重大基本理论问题搞清楚了,想通了、理顺了,法治中国建设的社会实践才能不走样,才能一以贯之地执行下去。因此,我们在大学生思想政治教育过程中,要理直气壮地讲,要坚持不懈地宣传,要大张旗鼓地贯彻下去,增强新时代大学生坚持走法治道路的自信心。这是一个关乎政治方向的大问题,这是一个直接决定新时代大学生法治认同生成的基本问题,这是依法治国、建设法治中国的战略灵魂问题,我们应该始终高度重视,以法治中国这面大旗来凝聚人心,重塑政府和社会权威,建设现代民主法治中国。

2. 法治中国建设的反腐实践对新时代大学生法治认同的影响

党的十八大以来,有许多闪光的地方值得点赞、值得大书特书。中国梦、法治中国、"四个全面"都足以号召引领时代前进方向,依法治国的抉择顺应社会发展的历史趋势,反四风、开展群众路线教育、走节俭路线、兴实干之风无不鼓舞人心,打老虎、拍苍蝇的反腐实践更是树正气、聚民心。事实上,法治中国建设的旗帜树立起来了,民主法治的社会舆论形成了,民众们都在看、都在观察着新一届政府的实际行动,宣传得再好不如采取切实的行动;民众的眼睛都是雪亮的,事实胜于雄辩、行动胜过口号,对人民的尽职、对历史的负责最能说明一切问题。

一个个老虎被打、一个个苍蝇被拍,真正在全社会树立了正气、弘扬了正义、传播了正能量,还有什么比实打实地真刀真枪实干更能践行法治、更能影响大众。法治中国建设的反腐实践对于广大的民众而言就是一种"看得见的正义"[①],法治中国建设的反腐实践持续推进,没有"一定之规",没有预设边界,没有反腐禁区,没有人能成为新时代中国的铁帽子王。此处"没有一定之规"并不是说反腐没有遵循规则和规矩,恰恰相反,意在指法治中国反腐实践没有人为禁区,不按照人治思维的所谓"常理"出牌,确实

---

① 陈瑞华:《看得见的正义》,北京大学出版社2013年版,第1页。

是哪里有腐败,哪里就有法治反腐,真正做到法律的统治和法治的思维,呈现出打破常规、坚决反腐的决心,向世人展示了法治反腐的新气象。法治中国建设的反腐行动切实受到各国称赞,受到民众的真心拥戴。法治中国建设的反腐实践使人们相信是在实行那种以"法律的统治"为内容的真法治,而不是"运用法律治民"的伪法治。① 法治中国建设的反腐实践是最好的教科书,是最生动的思想政治教育课堂,对新时代大学生的法治认同具有最直接的重要影响,极为有力地促进了新时代大学生法治认同的生成。

(三) 提升新时代大学生法治认同问题的文化影响因素

新时代大学生法治认同除了受上述经济基础、政治因素的影响作用之外,我们认为,作为一种文化心理现象,作为一种主体思维活动,法治认同更要受主体自身的理性所左右,这是一种内在的权衡和选择。

法治意味着法律规则是可预期的和公开的。② 季卫东教授认为人们之所以自觉遵循法律是出于理性的权衡。③ 当然这种说法也不是绝对的,法律和法治肯定有道德的一面,人们有时候出于道德也会服从法律的,无论如何,就法律的道德性而言,良好的意图往往于事无补,④ 有些人对法律都不顾忌了,道德还有底线约束吗? 这肯定只是一个较小的理由,甚至有时候确实不起作用,法律的内在道德注定基本上只能是一种愿望的道德。⑤ 因此,我们完全有理由认为,大学生法治认同生成的过程同时就是法治主体的理性思维和权衡的过程。

---

① 陈瑞华:《看得见的正义》,北京大学出版社 2013 年版,第 246 页。
② Craig. P., *Formal and Substantive Conceptions of the Rule of Law: An Analytical Framework*, Public Law, Sweet & Maxwell, 1997, p.467.
③ 季卫东:《通往法治的道路——社会的多元化与权威体系》,法律出版社 2014 年版,第 49 页。
④ [美] 富勒:《法律的道德性》,郑戈译,商务印书馆 2005 年版,第 52 页。
⑤ 同上。

第五章　提升新时代大学生法治认同的战略性思考

大学生是一个朝气蓬勃的群体，他们的世界观、人生观处在一个尚未定型的阶段，极易受到外界的左右和影响。他们在寻找自己人生的定位并规划自己的未来蓝图，他们最需要理性也比较缺乏理性，虽然他们拥有知识也富于开拓精神，但毕竟阅历浅、经验少，这些恰恰是理性所需要的重要基础。大学生最愿意结交良师益友，其实是需要人生导师，他们更愿意寻找人生中的贵人，希望相提相携；他们需要与人畅谈，愿意接受教诲，他们更愿意寻求理由论证，进行理性权衡，服从理性权威，进而可以走向成功的殿堂。新时代大学生易于服从权威，但他们会追寻理由论证，绝不是盲目服从，在这种场合发挥作用的，是一股比较强烈的力量，是一种比较有力量的动机。[1] 国家在追寻民族复兴的伟大梦想，大学生在与时代共奋进中实现个人的美好蓝图和愿景，追寻成功的强大动力使大学生在从事着正当性和应然的理性选择，法治成为一种最佳答案，法治同时也是国家的理性选择。

作为对人类行为具有指引和规制效力的规范，法与单纯的暴力威胁或权力命令之间的首要区别，即在于法的权威生成于某种说理或论证机制。[2] 这种理性权衡的论证过程会涉及伦理价值与道德的判断，要遵循社会意识形态和主流传统文化的要求。只有通过不断的说理与论证，才能够使法深入理性的结构中，使公民对法的正当性产生确信和认同。[3] 现代民主型法治的生活状态下，人们不受任何非理性的强力所控制，一切对自身的抑制都充满了合理性。[4] 所以，大学生的法治认同是一个主体内在权衡、理由论证的结果。

新时代大学生法治认同的基本机制在于——法治认同是一种社会现象，而且是一种心理文化层面的社会现象，必然受到现实社会

---

[1] ［美］富勒：《法律的道德性》，郑戈译，商务印书馆2005年版，第163页。
[2] 陈征楠：《法正当性问题的道德面向》，中国政法大学出版社2014年版，第25页。
[3] 同上。
[4] 武建敏、董佰壹：《法治类型研究》，人民出版社2011年版，第218页。

中各种因素的制约与影响，仍然必须遵循马克思主义关于事物发展的一般历史规律。研究新时代大学生法治认同问题要对大学生法治认同的主要影响因素做一个深入系统的研究分析，新时代大学生的法治认同首先要受社会主义市场经济发展阶段的经济因素制约，毕竟经济基础具有决定性影响，对大学生自身利益的切实有力保护是培育大学生法治认同的根本前提，利益保护是大学生自身实践法治的肇始和原动力。大学生法治认同还受到现实政治诸因素的重大影响，毕竟在现实和制度设计中，政治是要挂帅的。从这种意义上讲，经济因素虽然是决定性的影响，但政治因素更是刚性制约，甚至在某种意义上讲，政治因素是显性因素，必须表明政治立场，而经济因素是隐形因素，在政治因素面前，非决定意义的经济因素可以退而求其次。新时代大学生的法治认同还绝不能忽视主体自身的能动性，主体是人的因素，主体自身的理性选择与权衡占据着主动权，作为从事大学生思想政治教育的高校教师，我们始终不能也不可以忽视大学生主体自身的主动性和积极性，需要我们对大学生创设各种情形、进行积极引导，充分发挥他们自身理性权衡的积极效用，更好地培育大学生的法治认同。

二　提升法治权威的正当性基础

当代中国迎来一个前所未有的历史机遇,[1] 法治建设成为实现中国梦的历史选择，人们对法治寄予了太多、太大的期望。[2] 民众对国家的信任和拥护是国家政权稳固的根本所在，面对价值多元、文化交融、经济迅猛发展的信息时代，社会负能量积聚已久并极大地侵蚀着政府传统权威的今天，党的十八届四中全会通过的《中共

---

[1] 季卫东:《通往法治的道路——社会的多元化与权威体系》，法律出版社 2014 年版，第 3 页。
[2] 陈金钊:《法治共识形成的难题——对当代中国"法治思潮"的观察》，《法学论坛》2014 年第 5 期。

中央关于全面推进依法治国若干重大问题的决定》受到了国际国内社会广泛的好评和支持，显示国家、政党、民众对法治形成了较为广泛的认同。大学生群体是一个富有朝气、充满活力的代表性群体，是社会发展最重要的人才后备队伍，是社会思想意识潮流的引导者、领跑者。大学生群体是青年群体中的优秀代表，最容易培养出适合新时代社会发展需要的优秀青年才俊和社会主义事业建设者；同时大学生群体在社会青年群体中占据数量上的绝对优势，他们对其他青年群体成员的影响力、吸引力也是占据主要优势地位的。这也决定了大学生群体中不乏社会意见领袖，作为社会精英群体的意见和思想极其容易得到广泛传播，大学生群体的认同在某种意义上是新时代社会青年群体的主要认同，其根本原因就在于他们最富有热情也是最有闯劲和干劲的，他们最有激情也是最有创新和活力的，同时，他们是最有影响力也是最能代表广大青年最有社会感染力的。因此在社会急剧转型期，大学生的社会认同尤为重要，对于提升社会权威具有领跑、引导和影响、辐射的重要作用；而大学生的法治认同在当今社会思潮中又是最有主流思想意识代表性的，最符合当下法治中国建设的现实需要和未来发展方向的，大学生的法治认同无疑是当今青年群体社会认同中最重要的一种社会认同，对于引领社会思潮、保障和实现青年健康成长成才，对于塑造社会权威、维护与促进社会发展无疑具有现实的重要意义。

（一）法治权威的现实基础与基本前提

1. 法治权威的现实基础

对人们正当利益的承认和维护是法治认同形成的现实基础。[①] 人们之所以认同法治，是基于一种普遍的需求和希望。推行法治是

---

① 李春明、王金祥：《以"法治认同"替代"法律信仰"——兼对"法律不能信仰"论题的补充性研究》，《山东大学学报》（哲学社会科学版）2008 年第 6 期。

政治家的选择，同时对公众来说也是最佳选择。① 法治具有超阶级意识形态的特点，可以凝聚不同阶级利益的利益诉求，是一种国家信仰或国家理性。② 公众期待法治能实现和保障其正当利益，享受稳定的社会秩序和正常的工作生活。因此，新时代大学生法治认同的根本基础在于认同是一种利益期待，完全符合市场经济规则。公民需要通过健全的法治获得全面、平等、正当的法律利益保护，尤其是当公民的合法利益受到侵害的时候，法治应该为公民提供一种周到而现实的保护机制，让公民的正当利益得到及时恢复性补救。

首先，法治应当为公民提供一种正当的利益保护。法治追求的多元价值中包含公正、正当，法治应当为公民的正当利益提供法律保护，公民的法治实践中体验到的是一种公正价值有助于培养对法治的认同感。反之，助长特权、破坏公正、保护非法利益的法治实践只能削弱公民的法治认同感。依法治国作为一种理性选择的治国方略，在党的十八届四中全会后提升到了一种新的战略高度，从社会公众视域看，公民对法治的期望值普遍较高、认同度也较高，尤其是中央提出的老虎、苍蝇一起打的反腐政策得到了国际国内的点赞，昂山素季访华期间就曾表达敬佩中共反腐决心和力度。老虎、苍蝇一起打的做法使法治得到贯彻实施，打击非法势力正是对民众正当的利益保护，包括公民的生命、财产利益，从而极大地提升了公民对法治的普遍认同。

其次，法治应当为公民提供一种平等的利益保护。平等在法治的价值中有着特殊的意蕴，公民最易于感动和满足的是受到平等相待，只要是平等便无其他可言，唯有平等最能服人。国人办事最愿意求人也最痛恨求人，求人可以获得特殊优待，似乎高人一等；求人思维与平等思维最相矛盾，因为如果养成法治思维，平等是法治的应有之意，是自然而然的结果。大家都认同法治，自然按照制度

---

① 陈金钊：《法治思维和法治方式的意蕴》，《法学论坛》2013年第5期。
② 陈金钊：《对"以法治方式推进改革"的解读》，《河北法学》2014年第2期。

和规则办事,无须求人,反之,法治如果不能为公民提供一种平等的利益保护,便会助长求人思维,甚至破坏法治。因此,法治应当为公民提供一种平等的利益保护,久而久之,公民的法治认同便有了坚实的实践根基。

最后,法治应当为公民提供一种现实的利益保护。此处现实的利益保护有两层理解,一是法治应当为公民提供一种可实现的利益保护,曾经发生过也不可能杜绝将来会发生这样一种现象:胜诉者在街头公开拍卖法院判决书——此种现象的实质是公民对胜诉预期利益不能实现的抗议和嘲弄。法治只有为公民提供一种可实现的利益保护才能真正实现公民的利益保护期待,才能在法治实践中让公民感受法治的真实,才能有利于培养公民的法治认同。二是法治应当为公民提供一种及时的利益保护,迟来的正义不是正义,姗姗来迟的利益保护就无法真正保护公民的合法利益,甚至会极大地损害公民的正当利益或者造成难以挽回的利益损失。及时提供利益保护才能让公民认识和体会到法治的现实性,所谓越及时越现实,法治实践中公民最需要现实和及时的利益保护。

2. 法治权威的基本前提

要让人们认同法律的合法性,自愿遵守法律,最基本的前提就是立法和执法应当具有"可见性""可审视性"。[①] 认同本身就意味着是一种思想和理念的共鸣,是认同主体对认同客体的内心接受,公民同法律打交道、认同法治应当是一种发自内心的意愿,而不是一种外力强加。

要实现这一目标,法治首先应当做到公开、公正,实现看得见的正义。法治不是神秘的武器,愈是公开愈是公正,公民才愈能信服,这种可见性要求公民应当能够参与到当前的立法和司法过程中来,听证程序就是公民参与立法的很好例证,也只有广泛听取民众

---

① [美]汤姆·R. 泰勒:《人们为什么遵守法律》,黄永译,中国法制出版社2015年版,第1页。

意见的立法才能最大限度得到民众的维护和遵守。因此，依法治国的实现要充分保障公民的参与权，公民积极参与法治建设、法治实施本身就是对法治的极大认同，可以说，公民参与保证了法治的公开和可见性，公民参与培育了公民的法治认同。

其次，法治应当接受民众的批判和监督，自觉与民众相融共生的立法和司法才是最有亲和力和生长力的法治，才最容易生成公民的法治认同。以往成为热点案例的广州许霆案、辽宁刘涌案，有人评价说是舆论左右了司法，与其说是舆论左右司法不如认为是民众在审视司法，公民在用一种普遍的社会道德审视现实的司法，能够经得起民众公开审视和批判的立法与司法，才是最易于得到公民认同的立法与司法，国内国外的司法实践莫不如此。当然国内与国外的司法传统存在很大差异，也许国外的司法传统是公民首先要认同法治的形式要件和司法独立性，因为形式和程序要件的合法而接受和认同一个"不合法"的结果；国内的司法传统或许更多是因为实质和内容要件的"不合法"而拒绝接受和认同一个合法的结果。两种情形的共同点是公民都在审视着立法，尽管审视的视角有差别，但起码说明了审视法治是公民法治认同生成的基本前提。

（二）法治认同树立权威的正当性基础

就目前来说，中国需要改变由权力或者完全由市场主导改革的局面，使其逐步变成由法治主导改革更加趋向于公平的社会。① 法治与公平紧密相连，公平是社会权威的价值基础。法治认同是因为法律能够满足人们的利益期待和价值需求、能够有效实现保障权利和限制权力的社会目标，从而使公民发自内心地产生对法治的自愿服从、尊重和信赖之情。由此可见，人们选择法治本身就是社会成员之间达成的一种理性共识，法治认同自然与树立社会权威紧密相关，其正当性基础是建立在民众的内心响应—理性权衡—政治共识

---

① 陈金钊：《对"以法治方式推进改革"的解读》，《河北法学》2014 年第 2 期。

的达成这一基本逻辑根基之上而形成的。

1. 内心响应

权威的约束力，依赖于被约束者认为妥当的其他理由，依赖于正当化论证，依赖于内心响应。[1] 社会需要权威，权威的形成往往依赖于传统，人们习惯于遵从传统，这是一种心理响应定式。法治是一种传统，带有各自民族和国家的强烈历史传统色彩；法治是一种历史经验的总结，包含有大量的约定俗成和惯例。法治认同本身就是遵从法律、信守传统的结晶，是民众对传统和惯例的认可与接受。权威的力量一方面来自权威自身的感染魅力；另一方面也需要民众对权威的内心响应，权威不可能仅靠强制力树立，即使靠某种外在强制力树立了一时的权威也难以达到长久的权威、真正的权威。权威可以分为人格化权威和非人格化权威，人格化权威是一种传统社会中人治下的权威，靠的是个人魅力，中国改革开放40年的政治经济文化社会发展将人格化权威冲击得遍体鳞伤，人们不再信服个人魅力，普遍展现出个人为中心的基本特质。非人格化权威可能有多种表现形式，法治是一种比较具有共识性的非人格化权威，民众对法治的内心响应和普遍信服是一种历史的选择和推动，是一种权威的引领和带动，非人格化权威正处于形成之中。因此，在经济新常态下的大数据时代，法治认同能够树立权威的正当性基础首先在于民众对法治认同的内心响应，尤其是对非人格化权威的自觉服从和遵从，这是权威具有约束力的心理定式基础。

2. 理性权衡

柏拉图所期待的"哲学王"、庄子所倡导的"内圣外王"，着眼点都是理性权威而不是实有权力。[2] 民众对司法的自愿服从并不是简单依赖于司法的强制力，多半是对司法过程和判决内容的一种

---

[1] 季卫东：《通往法治的道路——社会的多元化与权威体系》，法律出版社2014年版，第48页。

[2] 同上书，第53页。

理性权衡，在某种意义上讲，法院本身就应当是理性的一种化身，法官是最理性的人，司法过程是完美展现人的理性的集中场合。整个的司法进程包括启动、审理、质证、辩论、裁决都是一种理性的选择和智慧的抗衡，人们经过司法理性的洗礼，特别是裁判文书的说理教育，其实就是一场生动的理性法治教育，人们服判遵法就是内心经过权衡比较最终服从于理性权威，这种权衡论证就是法治认同有效树立权威的正当性基础。人都是社会中的具体人，社会人是理性之人，在法治认同的过程中，人们会不自觉地掺进道德评价的因素，人们总是从自己的道德情感出发，做出符合个体和社会道德情感的评价和抉择。但同时符合个体道德情感的评价和抉择并不总是符合法治的判断，因此人们总是会运用理性来进行权衡和比较，试图克服不符合理性判断的选择，最终做出一种在个人道德情感和理性权衡之间妥协的最佳选择，当然个体道德情感和理性权衡之间并非总是完全矛盾和对立的，有时甚至可以是一致的。个人、社会、国家同样都需要理性，法治是实现理性的载体和必由之路。因为法治具有规则性和程序性、具有预期性和确定性，人们根据法治的指引可以预测到自己行为的后果，使未来社会发展演变成一个可以确定的规则运行的过程，人们行为变得可以确定起来，人们知道该如何行为和为什么该这样行为，国家与社会形成了一种让人们自愿服从和尊重的权威形态，当然这种权威形态是非人格化的法理型新权威，已经截然不同于以往传统社会中的个人魅力型的精神领袖权威。在此过程中，理性权衡始终起到引领和把握的推动作用，构成了法治认同树立权威的正当化进程和有效途径。

3. 政治共识

作为法律概念的法治，实际上是指一种法律文明秩序，即社会框架、人的行为、交往、活动皆以法律为依归。[①] 法治同法律一样带有政治意识形态属性，法律意识的阶级性不再是主要的问题了，

---

① 於兴中：《法治东西》，法律出版社2015年版，第133页。

第五章 提升新时代大学生法治认同的战略性思考

但人们法律意识上的不同政治倾向性或者价值性还会存在。[①] 不管人们是否深刻地意识到这个问题，法治与政治意识形态并存着，一谈到法治问题，不可避免地会涉及政治意识形态属性问题，也恰恰是政治意识形态问题使得法治更加步调统一，使得法治具备了灵魂和统帅。中国法治必须奠基于中国的文明传统之上，它一定有着与西方法治截然不同的结构和气质。中国法治需要一种政治向心力。[②] 政治意识形态是最能团结人心向背的，法治凭依政治属性和政治向心力能最大化凝聚人心、形成共识、树立权威，这种层面的共识和权威是一种政治共识和政治权威，法治承载了反腐倡廉、政治清明的时代重托，法治承载了稳固国权、繁荣发展、通向未来的历史重任，法治还承载了中华民族伟大复兴之中国梦的铁肩道义。法治在党的十八届四中全会之后受到空前追捧，比起任何网络流行语都受爱戴，法治认同达到了一种前所未有的高度，法治认同在树立时代权威、提升政府权威方面形成了深厚的政治根基和政治向心力，法治话语因为这种时代属性和政治共识而成为一种主流话语体系和主流意识形态。在相同条件下，优先提拔使用法治素养好、依法办事能力强的干部。[③] 党员干部要自觉提高运用法治思维和法治方式深化改革、推动发展、化解矛盾、维护稳定能力，[④] 自此，选拔任用领导干部注重其在工作中是否善于运用法治思维和法治方式，法治工作队伍成为首要的人才保障，法治思维和法治方式成为评价的政治共识和政治依据，法治认同具有了强烈的政治向心力，法治认同的生成为提升法治政府权威奠定了坚实政治基础、锻造了普遍的非人格化魅力。

[①] 孙春伟：《法律意识形态论》，法律出版社2015年版，第170页。

[②] 刘哲昕：《文明与法治——寻找一条通往未来的路》，法律出版社2014年版，第161页。

[③] 《中国共产党第十八届中央委员会第四次全体会议文件汇编》，人民出版社2014年版，第62页。

[④] 同上书，第61页。

三 提升新时代大学生法治认同的逻辑起点

提升新时代大学生法治认同需要围绕两个核心概念,也即民主和法治展开,具体而言,民主是一种共识,依法治国方略的实施本身就是一种政治共识的达成,是建立在对社会发展与法治运行规律的基础上做出的一种战略选择,特别是对人类社会发展的未来趋势的科学把握。当然,从中华民族伟大复兴的角度上纵览,我们也可以发现,中国法治的发展历史进程始终是与民族复兴的伟大征程相契合的,走出了一条始终以中华民族复兴为主线的中国法治的兴衰历程。民主共识是前提,中国法治进路始终与人民民主发展的政治强音同频共振,法治进路是展开,推进新时代大学生法治认同就是要遵循从民主共识与法治进路的两大逻辑起点出发,培育内在的情感动力、内化法治的价值引领、养成法治社会的公民意识,最终在法治社会的制度实践中强化和生成高度的法治认同,为依法治国方略的实施不断提升文化软实力建设水平,培养出法治社会建设所需要的高素质人才。

在近代西方的法治理念中,法治是必须与民主相连的,如果没有民主,则法治也仅仅是一种理想,这可以看作近代法治类型的一个重要维度。[①] 今天我们论述大学生的法治认同同样离不开这个重要维度,而且大学生法治认同的两大核心支柱:民主和法治——这是两个核心概念,历久弥新、愈加赤练。在论证法治认同的主要内容时成为两驾马车或者机体两翼,两者的谐调才能保证主体的稳固与和谐。民主作为共识性根本内容,民主是法治认同的核心,是一种达成共识性的政治理念;而法治是保障,是法治认同的重要依赖,是一种具体的制度化重要进路。

---

① 武建敏、董佰壹:《法治类型研究》,人民出版社2011年版,第109页。

（一）民主——共识性根本内容

人们为什么会生成法治认同？凭借了什么而认同法治？这是生成法治认同的根源和本质性内容，人们必然是因为其中的价值因素才会生成法治认同。所谓价值因素就是对主体民众的需要、活动和实践产生积极作用的因子，而且这种价值因素对新时代中国社会绝大多数人有着充分的有利性，是代表了全体民众共同的一种追求。从人的需要和尺度的客观性方面，可以理解价值是一种客观的相互作用过程及其结果。[①] 对于民主型法治而言，宽容的态度和对多元化的践行是最为可贵的品质。[②] 中国的政治正在走向一种越来越宽容的良性循环状态，容许众多不同的声音，容许普通民意发声，愿意倾听普通民意声音，新媒体的广泛使用客观上也带来了极大便利。记得看过一段视频，某位全国政协委员在全国政协会议上演讲题目是"尽量让国人少求人、不求人！"这是典型的民主心声，是民声的召唤，是对时政心声的公开表达，当然也是对现代中国广泛存在的传统弊端的针砭，这就是一种政治宽容，容许民众声音的传递和诉求表达。凡办事就得求人，即使合情合理合法的事也会首先想到求人，这正是中国传统人治社会中人治思维和行政思维的典型性表现，尽管我们对之进行努力改造和修正，无奈遗留甚深，绝非能轻松改掉。治其良方便是法治，厉行法治，遵循规则，明确预期，给民众一种公开的确定性就必须运用法治，而且是执政者首先带头遵守法治，不利用所掌握行政权力去享受规则外的利益，这首先就是一种民主共识的凝结。

在理性社会，权力在于法律。[③] 法律赋予了权力，遵守法律才

---

① 李德顺：《价值论——一种主体性的研究》，中国人民大学出版社2013年版，第73页。
② 武建敏、董佰壹：《法治类型研究》，人民出版社2011年版，第196页。
③ ［美］塞缪尔·亨廷顿、劳伦斯·哈里森：《文化的重要作用——价值观如何影响人类进步》，程克雄译，新华出版社2010年版，第96页。

能享受权力；法律没有赋予你权力，你是不能享有一点权力的，权力需要仰视法律，这就是时下流行的习近平总书记的政治名言——"把权力关进制度的笼子里"[1]所深刻表达的寓意。当然，现代民主法治社会中有人也对权力关进笼子提出某种质疑，美其名曰：既然关进笼子里，谁掌握笼子的钥匙呢？岂不是会造成集权和专制呢？依笔者个人看，问题很简单，也说明提出质疑者的无知和人治思维，他们只知道问谁掌握钥匙，没有问也没想到去问钥匙是什么？习近平总书记既然能以一位大国领导人和政治家的智慧讲出这句政治名言，当然知道谁掌握笼子的钥匙，也知道笼子意味着什么含义。在法治思维模式下试想，什么才是笼子呢？当然是法律，现代民主社会下，法律就是关权力的笼子；打开笼子的钥匙就是掌握民主立法的民意代表，笼子的钥匙就掌握在千千万万普通民众的手中。除非法律被废除了，法律崩溃了，笼子才关不住权力；只要实行法治，法律拥有权威，笼子就一定能关得住权力这个桀骜不驯的魔兽。法律的最高权威确立之后，社会就按照近代哲学家（如洛克、休谟、康德）归结为宇宙—自然法则的理性来运转。[2]所谓宇宙—自然法则今天看来其实就是能使民主社会、法治社会进行良性运转的规则、法治和良法。

可能很多人会有一种误解，认为民主会拒斥权威，其实这是不对的。[3]民主与权威可以相辅相成，民主从来不会否定权威，真正的权威其实是在民主协商基础上达成共识才能形成的事实上的权威。民主使人充分表达意愿，使人心情舒畅，达致心灵的洗涤；通过民主协商形成的权威，真正做到了使人心悦诚服，那种对权威的服从是一种发自内心的服从，是天地无私的归顺权威，即使有不同意见也会做到无条件服从权威，绝不是那种外力强迫的服从，因为

---

[1]《习近平谈治国理政》，外文出版社2014年版，第388页。
[2]［美］塞缪尔·亨廷顿、劳伦斯·哈里森：《文化的重要作用——价值观如何影响人类进步》，程克雄译，新华出版社2010年版，第96页。
[3] 武建敏、董佰壹：《法治类型研究》，人民出版社2011年版，第196页。

第五章 提升新时代大学生法治认同的战略性思考

服从者知道这是民主协商后的服从,是服从民意的权威。在这种情景中,权威的价值也立即凸显出来,在民主的氛围中,我们依然可以看到权威的价值。① 正是有了权威,人们不会再做无谓的争夺。"记得当时小布什和戈尔两个人竞选总统,戈尔得的选票多一点,小布什折算各个州的选举人票数多一点。在只差一丁点的情况下,戈尔不服气了,双方最后诉诸联邦最高法院。九名大法官做出裁决,5∶4 判定小布什赢。判决一出,戈尔立即发表败选声明。"② 小布什和戈尔的选举之争中,选举本来就是行使权利的民主形式,民主不能决定的时候,是联邦最高法院的司法权威决定了最后的结局,尽管不能完全说联邦最高法院的判决就一定是最正确的,但可以说是最权威的,因为权威所以是不可推翻的,因为是不可推翻的,所以是正确的。权威的价值就此显现出来,权威定纷止争,而且是在民主的基础上定纷止争,美国联邦最高法院的九名大法官是通过投票的民主形式做出最后的判决,而且是解决了民主难以解决的问题。

其实真正的民主不是争夺,而是一种宽容的精神。③ 宽容的精神是一种柔性的力量,中国的太极自古就讲究刚柔并济、以柔克刚,中国的传统文化也讲究怀柔。今天的中国在实施依法治国的战略同时,也宣布要重视发挥社会组织的作用,要求行业协会等社会组织与行政机关脱离,回归行业自治,在笔者个人看来,行业协会等社会组织与行政机关的剥离和回归恰是让社会组织回归本来面目,脱去刚的"男性"外包装(本不应有的一面,是在借助行政机关才具有的所谓刚性一面),显现本来的"女儿"容貌和本性,回归社会性,去充分发挥柔的一面,从而在社会事务中发挥应有的作用。同理,我们的大学生思想政治教育是做人的工作,柔的一面

---

① 武建敏、董佰壹:《法治类型研究》,人民出版社 2011 年版,第 196 页。
② 刘哲昕:《法治才是硬道理——从法治思维到命运共同体》,法律出版社 2015 年版,第 15 页。
③ 武建敏、董佰壹:《法治类型研究》,人民出版社 2011 年版,第 197 页。

应当是主流，民主应当是根本，我们应当让新时代大学生因为民主的共识性内容而充分地认同法治、正确地认同法治。大学生群体是未来社会的精英阶层，是现在的准精英阶层，师道尊严极其容易侵害师生间的民主，我们要格外注意保护大学生群体，让象牙塔中的孩子们接受民主的熏陶，不久的将来真正步入社会之时能够做社会的净化器，感染、影响、教育社会中的其他群体成员和个体成员，做到仰视法律、遵循法治、善于法治思维、运用法治方式去行使权力和权利，做到少求人、不求人，多求法、多用法，这是民主的共识——法治认同生成的根本所在。

（二）法治——制度化重要进路

中国法治必须奠基于中国的文明传统之上，它一定有着与西方法治截然不同的结构和气质。[①] 中国法治正努力走向现代法治，在这个进程中表现出一种兼收并蓄的进步与开放姿态，努力打造一条通往文明和未来的制度化道路。现代法治必须以对人格的尊重为前提，人格的在场可以使得现代法治成为人自身的生活方式，可以使得人们积极主动地投入法治的行动之中。[②] 现代法治的核心理念包括平等、民主、公正、正义这些良法、善治的基本价值追求，而平等和公正必然意味着作为法治主体的人的平等，社会有着各式各样的制度和文化理念，法治成为一种基本社会底线。社会中的人对法治都有着各自具体的期待利益，在此过程中只要是彼此真诚相待、互相尊重，理想化的状态是人人都应该能成为积极参与者，人人都能从中获得法治所带来的预期利益，从而内心自愿服从这一规则，产生对法治来自心底的认同，法治成为产生认同的制度化重要进路。一个相反的例子，缺乏尊重、高高在上、充满鄙视、破坏认同的典型案例：农妇跪求保安欲进县

[①] 刘哲昕：《文明与法治》，法律出版社2014年版，第161页。
[②] 武建敏、董佰壹：《法治类型研究》，人民出版社2011年版，第200页。

政府被踹出,①一位和保安的母亲年龄相近的农妇用中国古代最为下贱的跪爬的方式都没能进入威严的政府大门,与倒背双手、身穿军大衣和安保制服、佩备现代化对讲机的两位身强力壮的年轻保安,两者形成鲜明的对比,农妇不能认同这样的法治,任何一个有良知的社会主体都不可能产生认同,反倒是激起民众的愤慨与不满。与此形成鲜明对比的是,习近平总书记出行不封路、庆丰包子铺用餐自己付钱、与山区农民盘腿坐土炕、唠家常、冒雨卷裤腿视察、自己撑伞,等等,习近平总书记的亲民、法治形象深入人心,老虎苍蝇一起打的廉政风暴表达着对破坏法治的痛恨和惩治,在树立法治认同方面无不处处体现着尊重人格、关爱平等的人性理念。

仔细考察中国的法律生长与法治进路始终是与民族复兴相伴而生的。近代中国的民族复兴与法律生长是一段值得我们反思和记取的历史,在一定意义上,是"国家富强、民族振兴、人民幸福"的新时代"中国梦"与国家的依法治国战略相融相近、共谋发展的参照系。②法治激起的是民族精神,法治成就民族复兴的伟大中国梦想,法治成为民族复兴的重要进路。土地问题曾经是中国民生和国家发展的根本问题,抓住土地问题就是找到了中国当时社会发展的牛鼻子,就能最大限度凝聚起最广大普通民众的人心,由此,法治得以发展壮大,从而建构起富有中国特色的政法传统的时代权威,中国共产党人创造性地走出了一条与国家民族振兴相契合的法治生长道路。今天,中国面临着民族复兴的伟大强国梦想,法治又一次成为了值得托付和倚重的对象,法治面临着凝聚民主共识、形塑社会权威、实现国泰民安、打造富强中国的历史重任。法治建设只有与社会发展相契合,符合国家与公民个人的共同需求,与国家富

---

① 湖南在线:网传重庆开县农妇跪求保安欲进县政府被踹出(组图)[EB/OL]. [2015-08-21]. http://news.ifeng.com/photo/society/201002/0203_1400_1535842.shtml。

② 吕廷君:《法律生长与民族复兴》,《法学论坛》2013年第4期。

强、个人发展相谐调，才能形成发展的持续动力，才能走上法治兴则国家兴的谐调生长道路。

民主与法治的平衡是一个永恒的难题①。民主是政治的共识性需要，社会各阶层都希望民主的政治局面，民主是历史发展的趋势，能够满足民众的政治需求，但是民主到什么程度才是民众需要的民主，民主需要一个界限和限度，这就是一个度的问题。理论上和实践上都很难完全区分清晰，所谓恰到好处的把握也只是一种摸着石头过河的事后分析，总是摸着石头过河，没有对未来的明确预期又显然不符合现代民主法治的基本规则和根本精神。戈尔和小布什的竞选之争最后由联邦最高法院运用裁决方式而终结，民主由法治最后而确定下来，久拖不决和未来预期不明确都不是现代民主。我国法学家们在描述今日中国的依法治国方略时用过一句较为经典的概括，法治是在一个不明确的时代给我们一个确定的将来。法治何时介入民主算是最民主，法律上永远不可能给出最完美的答案，任由无序发展不是真正的民主，过早介入会招致司法专横的恶名，过迟介入也会导致法治的不公。在这一点上，中西方是相同的，中国传统文化向来注重适度、得体的措辞，儒家传统文化的精髓是中庸之道，讲究不偏不倚，和合文化得到普遍认同；美国司法也有关于法治的确定性价值的经典表述，"我作的判决之所以是终极性的不可推翻的，并不是因为我作的判决正确，恰恰相反，我之所以判决是正确的，是因为我的判决是不可推翻的"②。因此大学生在学习法治基本理念方面应该掌握传统中西方文化的精髓，追求政治民主方面应该结合本国发展实际，不宜一味模仿照搬西方理念，大学生应该充分掌握吸收中国传统文化的发展精髓，做到心中有法治、

---

① 凤凰读书综合：2000 美国总统大选：戈尔 VS 布什 美国最高法院一锤定音 [EB/OL]．[2015 - 08 - 21]．http：//book.ifeng.com/special/usademocracy/200811/1101_ 4934_ 857620_ 7.shtml．

② 刘哲昕：《法治才是硬道理——从法治思维到命运共同体》，法律出版社 2015 年版，第 77 页。

不过激，有底线、守规则，方能在国家发展与个人进步之间做到同频共振，循着依法治国的方略，成为时代精英之才。

象牙塔中的大学生越来越多地表现出与时代和国家社会的共命运，他们关心社会、关注时事，积极投身于社会实践之中，引领着时代精神，向往着未来愿景，担当起法治建设的主力。民主和法治焕发出勃勃生机，现代社会，必须做到民主有度，法治明确，民主代表着共识性根本内容，法治意味着制度化重要进路，民主与法治的谐调铸就新时代大学生法治认同的生成。

小　结

在依法治国的法治建设实践中，法治认同的最直接后果将是对法治权威的服从和尊重，法治认同能够为权威建设提供情感动力并起到价值引领的重要作用。因此，提升新时代大学生法治认同，从战略上看，首先我们要充分关注对新时代大学生法治认同的各种社会综合影响因素，还要特别注重发挥政府法治权威的正向统领作用，遵循这种逻辑思考，从民主的共识性根本内容和法治的制度化进路两大逻辑起点出发，才能为提升新时代大学生法治认同选准正确的战略方向、确定恰当的战略和策略，并为推进新时代大学生法治认同的具体路径选择奠定基础。

第六章 推进新时代大学生法治认同的路径选择

提升新时代大学生法治认同除了从战略上找准逻辑起点，充分发挥政府法治权威的正面积极影响，更为重要的是要从具体推进策略上选择好实现路径，这是对战略性问题的完善落实，是能否真正落地生根和能否结出硕果的关键问题。从实现策略上来讲，推进新时代大学生法治认同的路径具有非常宽泛的可选择余地，要综合实策，注意全面推进和整体推进，例如，充分加强对大学生的法治宣传教育，真正激发大学生对新时代法治的信任和敬畏情感，做到确实将法治的理性价值内化于心，形成法治社会建设所需要的真正法治思维和良好的公民意识，并最终在生活实践向度和社会维权实践中达致对法治的高度认同。

一　加强法治宣传教育

党的十八届四中全会提出要"深入开展法治宣传教育，把法治教育纳入国民教育体系"。[①] 大学生是依法治国方略和法治中国建设的重要践行者，同时又是法治教育的重要对象和受益群体，因此，高等院校要努力将法治宣传教育内化于大学生思想政治教育的

[①] 王英杰、王柏棣：《大学生的法治教育》，《中国教育报》2014年11月21日第6版。

整个过程,全民都要学法、知法、守法,全社会都要尊重宪法、实施宪法,确立和落实宪法的最高法律地位,这一切在今天看来,非常需要而又迫切。因为法治的成长道路始终是与中华民族的伟大复兴道路相契合的,法治的兴盛发达代表了中华民族和整个国家的兴盛发达,法治成为一个国家与社会治理的现代化标志,法治代表着社会发展的未来趋势,法治将成为未来几十年的硬道理,我们能形成这样的法治认识也不是一蹴而就的,是经历了正反两个方面和国际国内的经验教训而得出的一个符合当下中国社会实际的科学结论。这样看来法治宣传教育在大学生思想政治教育中的地位更加重要和突出,对于法治中国建设具有重要的现实意义,依法治国的伟大宣言将是大学生法治教育和大学生思想政治教育的纲领性宣言,在未来几十年里,我们将以依法治国作为大学生法治教育和大学生思想政治教育的旗帜和方向,由是循之,才能坚定我们的法治目标,做到法治育人、法治树人,不断向着法治社会迈进。

(一) 大学生法治宣传教育的重要价值和现实意义

法治的影响力和作用力日益显著,法治的核心在于宪法,树立敬畏宪法、宪法至上的法治理念,依宪治国、依宪执政在新时期大学生法治宣传教育中具有特别重要的理论价值和现实意义。

1. 大学生法治宣传教育的重大理论价值

第一,新时期大学生法治宣传教育事关我国实现依宪治国、依宪执政的重大战略问题。相对于我国南方经济开放较早的省份和地区,在我国北方区域,报考公务员对于大学生依然具有更大的吸引力和诱惑力,大学生源源不断地进入公务员的行列,尽管现在中央和省直公务员招考很多已经设定了基层工作经验的条件限制,大学生依然成为我国公务员的生力军和后备大军。试想在大学时期,我们的大学生如果就不能形成宪法信仰、法治信仰,到了工作岗位成为了国家公务员之后也必将极大地直接危害我们依宪治国方略的实施。大学生是时代的精英,是我国未来发展的主力军,新时期大学生法治宣传教育事关我们党和国家实现依宪治国、依宪执政的重大战略问题，是我们走向法治、建设法治国家、构建法治社会的一个迫切而现实的时代性社会课题。

第二，新时期大学生法治宣传教育事关国家文化软实力提升的全局性问题。弘扬社会主义文化、践行社会主义核心价值观是提高我国国家文化软实力的重要路径依赖。新时期大学生群体成为我们国家弘扬社会主义文化、践行社会主义核心价值观的重要主体，大学生的文化素养、法治素养尤其是宪法素养，成为新时代大学生弘扬社会主义文化、践行社会主义核心价值观的关键因子。新时期大学生的宪法素养、法治素养本身就是国家文化软实力的一个有机组成部分，在根本性程度上决定着我们国家文化软实力的水平和层次。国家的发展看青年，青年的主体是大学生，大学生的教育以法治宣传教育为统帅，一个尊重规则、注重程序的群体总是敬畏和服从法律，因为服从规则、敬畏法律而成为具备较高素养、充分彰显文化软实力的国家和民族。因此，新时期大学生法治宣传教育更是事关国家文化软实力提升的全局性问题。

第三，新时期大学生法治宣传教育事关大学生健康成长的根本性问题。新媒体时代的来临，大学生面临更多新技术的冲击和思想洗礼，大学生成长成才和健康成长在诸多的社会问题面前愈加凸显其特别的重要性和紧迫性。微信、微博等方便快捷而又新奇的通信技术，先进的3D技术、智能产品，网络生活模式，还有西式传统文化和生活理念给新时代大学生带来的冲击和震荡是难以想象的，也是难以具体估量的；七八十年代的怀旧风和当下大学生的虚拟世界是那么的格格不入，那种单纯而怀旧的朴素思想在新技术、新媒体时代显现得格外苍白，我们可以想象得到新时期大学生的健康成长环境受到多么深刻的变革和影响。大学生中的杀人犯、吸毒犯，求包养，炫富，给女生定星级，屌丝的网络流行，大学女生妈妈溺婴等发生在象牙塔中的各种事件表明新时期大学生健康成长问题不容乐观，这些恰恰就是21世纪大学生"法盲"中所极易出现的，

第六章　推进新时代大学生法治认同的路径选择

是完全偏离正常的轨迹,道德在这里显得格外无能为力,亟待通过法治来解决一些危及大学生健康成长的根本性问题。法治宣传教育既可以促使大学生依法而为,又可以鼓励大学生同侵犯自身合法权益行为作依法斗争。培育法治理念、树立宪法信仰、弘扬宪法精神,面向大学生做好法治宣传教育就成为依宪治国新时代事关大学生健康成长的根本性问题。

2. 大学生法治宣传教育的重要现实意义

第一,全面践行社会主义核心价值观的现实需求。社会主义核心价值观体现社会主义核心价值体系的根本性质和基本特征,反映社会主义核心价值体系的丰富内涵和实践要求,是社会主义核心价值体系的高度凝练和集中表达。① 在大学生中积极推进法治宣传教育是社会主义法治建设的一项基础性工作。大学生是青年最主要的群体,青年大学生承载着国家和民族的未来,各个国家历来都重视对大学生的教育培养,唯有人才方能兴国,人才的后备大军就源源不断地来自青年大学生这一社会精英群体。大学生是最富有朝气也是最易于受社会大环境影响和左右的一代,他们往往思维活跃、视野开阔,最善于冒险尝试,接纳新鲜事物的能力特别强,因此在意识形态领域里,对青年大学生阵地的占领成了主要争夺目标,究其根源,就是因为大学生是最能代表社会发展方向、最富有创造力的活跃者,更是主流价值观的重要承担者。鉴于青年大学生群体的时代特征诸种理由,大学生是践行社会主义核心价值观的基本群体,在大学生中积极推进法治宣传教育本身就是在践行社会主义核心价值观,同时,法治宣传教育的有效推进也能够从意识层面和实践层面促进大学生更加全面践行社会主义核心价值观。

第二,构建社会主义和谐社会的重要基础。党的十八届四中全

---

① 中共中央办公厅:《关于培育和践行社会主义核心价值观的意见》,新华网,2013年12月23日。

会提出:"增强全民法治观念,推进法治社会建设。"① 建构社会主义和谐社会就是建设法治社会,社会需要规则和秩序,法律是最低档次的规则,法律也是维护秩序的最有力武器,法治宣传教育能够培养大学生的法治意识,使大学生能够遵守法治、维护秩序。和谐社会的主要表征在于稳定、有序、发展和融洽,社会治理体制不断创新,社会各方利益关系实现平衡和有效协调。对于国家来讲,建设小康社会、构建社会主义和谐社会,是一元的价值导向,不可动摇。② 三个倡导的社会主义核心价值观正是这种一元价值导向的具体阐发和丰富论证,相比而言,青年大学生群体正处在人生社会化发展的关键时期,由于其所处的社会历史和生活条件具有开放性、多元性,思想、信仰易于受到社会外界不同思想观点的影响,价值取向呈现一种多元化趋势,这种价值导向的一元和价值取向的多元两者之间并非截然对立,而是有效统一于两者的共同利益需求——社会主义和谐社会的建构之中,因为建设社会主义和谐社会是广大人民利益的根本体现。在大学生中积极推进法治宣传教育能够有效引导新时代大学生的思想发展和价值取向,在构建社会主义和谐社会中,实现对青年大学生群体的积极导向作用并为之提供坚实的思想基础和人才基础。

第三,有效预防和减少犯罪、维护社会稳定的主要举措。缺乏法律知识、守法意识淡薄、没有法治信仰是新时代大学生违法犯罪的主要根源。笔者在给大学生上法律课程的过程中就发现,很多人对违法犯罪行为的严重后果近乎完全没有意识,根本没有认识到后果的严重性,往往是蒙蔽了双眼、稀里糊涂地就成为了一名违法犯罪者;当他们知晓了某种违法犯罪行为的严重后果时,往往是感到非常震惊、悔恨不已。大学生中的法盲是相当可悲的,在新技术高

---

① 《中国共产党第十八届中央委员会第四次全体会议文件汇编》,人民出版社 2014 年版,第 48 页。
② 梁中华、褚金芬:《大学生思想政治教育在构建社会主义和谐社会中的作用》,《改革与开放》2011 年第 4 期。

度发达的今天，新媒体环境下，如果高等教育还能培育出如此多的法盲将是高等教育的最大悲哀和最大败笔。在大学生中积极推进法治宣传教育可以擦亮他们的双眼、启迪法治智慧、增强守法意识、塑造法治信仰，在具体的学习、社会生活过程中培养其法治意识，树立起法治之弦，有法治红线的警示约束，就能够有效预防和减少大学生违法犯罪、在关键时刻挽救青春萌动的学子、避免付出一生难以挽回的沉重代价。在面向大学生进行的法治宣传教育中，通俗化、形象化的危害后果能够极大地增强法治的震撼力和认同度，因此，形式多样、丰富有效的直接法治宣传教育可以警醒青年大学生、鼓励他们远离不良行为、同违法犯罪行为作斗争，进而维护学校和社会的稳定发展，维护良好的社会环境。

第四，高校依法管理培养人才的强烈呼唤。法治成为时代主题，高校管理培养人才同样面临着法治挑战和法治保障的双重性。一方面，高校事务面临来自校内校外诸多的法治冲击，需要用法治规范高校管理培养人才事务本身，实施人性化育人服务，实现培养人才事务的规范化、民主化、科学化；另一方面，高校依法管理培养人才是对人才合法权益的有力保障，也是对高校本身合法权益的正当维护，高校管理培养人才事业的制度化发展、困境突破、权威树立都需要法治化保障。在大学生中积极推进法治宣传教育是适应高校依法管理培养人才的重要举措，而人才本身的法治化从根本上决定着高校依法管理培养人才的法治化水平。现在，全国范围内无论是政府还是事业单位、人民团体都在全面推行法律顾问制度，社会民众的法治意识也在迅速增强，大家都在说法律谈法治，言必说法治，"法治"成为当下的一个时代热词，出现频率极高，大家都在找法律顾问。这本身是个好事，预示着法治大有可为。大学校园里同样离不开法治，也在以各种方式推行法律顾问制度和实施法治，具体表现为高校各个部门都在遵循制度要求，履行法定手续，守规矩的意识强烈了、自觉了，经济往来行为首先签订合同，知道运用法律手段和法治方式来合理解决纠纷，不断完善各种纠纷解决机制。教职员工逐渐养成严格执行财务制度、差旅制度等规范，奖励先进和优秀、处分违纪和作弊、落实学业预警制度等事关大学生个人切身利益的各种制度、章程逐渐完善起来，懂得了严格按照事先规定程序办理相关事宜，高校依法管理培养人才的各项工作的法治水平得到了极大提升。如果面向大学生进行法治宣传教育的措施得力，大学生的法治意识、法治能力、法治水平得到很好提升，我们培养出来的高等教育人才是合格的法治产品，那么高校的法治工作将是非常顺畅的，在法治化的轨道上，高校依法管理培养人才将会事半功倍，法治高校将是法治社会的有机组成部分，为法治社会建构奠定坚实的人才基础、法治基础，并将为法治社会建设积淀先进的模式和基本经验。

（二）依法治国视域下大学生法治宣传教育的重要内容

《中共中央关于全面推进依法治国若干重大问题的决定》指出：坚持把全民普法和守法作为依法治国的长期基础性工作，深入开展法治宣传教育，引导全民自觉守法、遇事找法、解决问题靠法。[①]新时期面向大学生做好法治宣传教育，我们要深刻理解全面推进依宪治国和依宪执政战略的重要内涵，做好依宪治国面向大学生群体进行法治宣传教育的具体实施，我们要特别注意把握和深刻理解党的十八届四中全会确定的法治宣传教育的科学内涵，把大学生法治宣传教育全面拓展到立法、执法、司法、守法全过程，创造性地开展工作，推动全民广泛进行法治宣传教育工作的持续深入开展。在大学生中积极推进法治宣传教育应该突出以下几个方面的基本内容。

1. 宣传法治理念

依宪治国视域下大学生法治宣传教育，首先是宣传一种宪法理

---

① 《中国共产党第十八届中央委员会第四次全体会议文件汇编》，人民出版社2014年版，第49页。

念，结合我国首个国家宪法日的设立，宣传一种敬畏宪法、宪法至上的法治理念。我们要用一种崇高的宪法理念充实新时代大学生的头脑，抵御腐朽堕落思想的侵蚀，筑牢依宪治国的思想理念根基。理念对于一个人的行动是一种先导，是一种动力，理念先行，理念稳定，大学生只有形成内化于自觉的法治理念，才能笃信法治、践行法治。社会主义法治理念的主要内容包含"依法治国、执法为民、公平正义、服务大局、党的领导"五个方面。[①] 党的领导是社会主义法治的根本，青年大学生需要正确认识党的领导与社会主义法治理念的关系问题，党的意志也要通过立法形式上升为国家意志，赋予其法律权威，党的领导与法治两者并不矛盾，相反是在根本层面上具有高度一致性。大学生要把追求公平正义作为自己的使命和责任，树立正气，胸怀大局，以人（民）为本，在实践社会主义法治理念的过程中，学会用法律武装头脑，善于运用法律维护自身合法权益，做依法治国根本方略的践行者。大学生只有形成一种崇高的宪法理念，才能自觉地践行依宪治国的伟大方略。对宪法敬畏，发挥宪法的统帅和核心作用，才能真正把宪法放到金字塔的顶端，才能真正在社会实践中落实好宪法的最高法律效力，依宪治国、依宪执政才能真正落到实处，依法治国才不会流于形式。不论是行使国家公权力，还是保障公民私权利，都要树立敬畏宪法、宪法至上的法治理念，用宪法约束一切公权力主体和保障基本权利主体，才能让新时代的大学生感受到宪法的权威和效力，使面向新时代大学生推进的法治宣传教育产生实效。

2. 传授法治规范

依宪治国视域下大学生法治宣传教育，要传授一种行为规范——人们的日常行为规范，要明确遵守规范、尊重规则的重要性。在大学生中积极推进法治宣传教育还要传授一种规范意识，只

[①] 王会军：《中国特色社会主义法治理念研究》，博士学位论文，东北师范大学，2014年，第73页。

有具备规范意识才能生成规范行为，良好的规范行为不仅仅是对自己的约束，其实更是一种法治保障。缺少了这种法治保障的规范行为，不仅仅是对他人和社会的不利，其实更重要的是对个人和自己的不利影响。因为事物总是一分为二的，对社会规范的破坏，必定会反作用于实施违反规则行为的个人身上。所以，不遵守规则，就是鼓励他人也去破坏规则，他人破坏规则，就必然损害到社会、损害到我们每一个人自身的利益。社会需要秩序、生活需要规范，建设法治国家、构建法治社会过程中规范和秩序是不可或缺的。缺少了规范和秩序，法治社会是无法想象的。人们的安定和谐生活需要规范和秩序，只有人人遵守规范、尊重规则，社会秩序才能稳定，法治社会才能形成。如果一个国家的公民都能遵守规范、尊重规则，人们的行为就会成为自觉，法治规范人们的行为就会成为一种常态，整个国家的文明程度就被极大地提高，每一个公民都将是这种良好社会有序状态的最终受益者。反之，人人不遵守规范、不尊重规则的社会状态必将是混乱无序的，每一个公民也都将是最大的受害者。法治国家、法治社会是建立在规则和秩序之上的，依宪治国的落实需要面向新时代的大学生宣传这种对规范的遵守和对规则的尊重，其意义重大，要求落实在每一个公民的具体行为上。青年大学生作为学历、知识层次较高的群体应当自觉养成对规范的遵守和对规则的尊重，做遵守法治规范的楷模和榜样。

3. 倡导法治思维

依宪治国视域下在大学生中积极推进法治宣传教育，还要宣传倡导一种思维方式，并且是宣传倡导一种理性思维方式。法律作为一种社会治理方式是遵循人类理性判断做出的选择，因此依宪治国本身就是一种理性思维方式的体现，是国家理性、宪法思维的体现。依宪治国的贯彻落实，是与人治思维相背道而驰的，排斥行政思维，崇尚法治思维，坚持宪法至上。因此新时代大学生法治宣传教育，要注意培养他们的理性思维、努力培养大学生法治思维方式，是依宪治国这一伟大治国方略的内在要求和坚实基础；培养他们崇尚法治思维，不至于过早养成行政思维方式或者其他别的非法治思维方式，高校去行政化的步伐有些艰难，但毕竟是在进步，大学生更应当首先去行政化思维，不易过早过多沾染行政化的思维模式，以至于养成官气、高高在上。新时代大学生是一支非常重要、非常富有影响力的社会群体，他们有着活跃的思维和旺盛的需求，还有勇敢的心灵和积极的行动，在大学生的培养教育中，广泛进行法治宣传教育，注意培养他们的法治思维、理性思维，正是对党和国家依宪治国方略的具体实施。

4. 塑造法治信仰

依宪治国视域下在大学生中积极推进法治宣传教育，更要宣传一种信仰，一种法律至上的法治信仰。人是需要信仰的，俗话说没有信仰的人是最可怕的。意思是指，没有信仰的人是无法无天、毫无禁忌的，也是最难以约束的，对社会的破坏性也是最大的。因此，新时代社会面临信仰危机的今天，面向大学生进行法治宣传教育更应该宣传一种法治信仰，社会主义法治信仰是科学的马克思主义信仰，更容易抵御其他形形色色的非马克思主义信仰的干扰和破坏。大学生正处于青春期，思想和身体都在不断成长，一旦宪法至上、法律至上的法治信仰形成，将会是受益终生的，具有较强的持续性和坚定性，落实到大学生的实际行动上，也就会形成为一种自觉而不是自发的行动，会自觉地用宪法监督国家的公权力、用违宪审查制止和纠正公权力对私权利的不当限制，从而保障公民的基本权利；会自觉地运用法治思维、践行社会主义法治理念，法治社会、依法治国、依宪治国也将是事半功倍、成为现实的存在的。

（三）依法治国视域下加强大学生法治宣传教育的路径优化

党的十八届四中全会将依宪治国提到了一个新的战略高度，新时期加强大学生法治宣传教育成为实施依宪治国方略的基础性工作。法治教育在当前大学生教育中得到普遍重视，这与新时代应用型高等教育改革的基本定位密切相关，法治教育要培养新时代大学生的法治意识，形成法治认同，做到学以致用。当前，通过"思想道德修养与法律基础"课进行大学生法治宣传教育的主渠道不能动摇，但急需优化加强，可以考虑从大学课堂、维权体验、家庭生活与社会生活多方面形成新时期加强大学生法治宣传教育的合力。

1. 通过学校课堂启蒙大学生法治思维

法治思维的启蒙需要一定的法律知识素养，因此新时代大学生要在大学的课堂上汲取法学知识的营养，逐渐积淀起法律涵养，逐步学会运用法律、形成一定的法治思维。作为"思想道德修养与法律基础"课的老师，应当尽可能启用法学专业教师，因为专业的法学师资才能做到法律知识的综合运用和融会贯通，要想给学生一杯水，教师必须拥有一桶水，甚至一池水，即是此意。综合性大学在这方面的法学专业师资配备应当不是问题，高职高专类学校相对不是那么理想，甚至是极其缺乏法学专业师资去讲授"思想道德修养与法律基础"课，因此在不少高职高专类学校，"思想道德修养与法律基础"课很多情况下只是思想道德修养课而不是法律基础课。教学改革实验的事实证明，法学专业教师讲授法律基础部分，能够给大学生以充分的法律知识和法治熏陶，不少非法律专业的学生因此而走上了法律道路，立志从事法律职业，法律基础课对学生的影响甚至是人生道路抉择的关键影响，这种对大学生的法治思维的启蒙是相当成功的。

2. 参与法律实践提高大学生法治素养

参与法律实践是对大学生最好的法治宣传教育，解决大学生个人的实际法律问题是提高大学生自身法治素养、形成内心确信的最直接有效的途径。法庭庭审的旁听、社会实践调研、法律实务报告的撰写等都是行之有效的法律实践形式。因为无论多么活泼生动的法治宣传教育，最终都只能通过法治实践来不断地强化和巩固，唯有在实践当中才能不断增强和塑造大学生的法治信念，否则就只能是纸上谈兵。参与旁听法庭的审理过程，使学生真切地感受法庭的严肃、庄重氛围，体会那种让人一进入法庭就不由自主地产生对法律的敬畏、敬仰之情，聆听一次法庭的庭审过程，心灵就会受到一次强烈的震撼，这种法律教育的影响力是课堂教育永远无法比拟的。全社会良好的法治氛围和法治实践是强化大学生法治宣传教育效果的根本基石，从大学课堂学到的法律知识，从个人维权体验中形成的法治信念，最终都要到广阔的法治实践当中不断去付诸实施。

如果说"思想道德修养与法律基础"课对一些大学生的启蒙完全有可能是一生的影响的话，相当一部分学生可能并不会走上法律职业道路，但无论如何，在有了一定的法治思维的启蒙之后，法治信念的培养、法治素养的提高对所有大学生来说，这是新时期加强大学生法治宣传教育的重要任务，也是落实依宪治国伟大方略的具体实施。社会成员包括大学生法治信念的培养绝不是靠简单说教就能达成的，培养法治信念需要引导广大的大学生参与到依法、依宪维权的实际行动中来，不论是在学校还是在社会，都要善于引导大学生学会用宪法和法律来维护个人正当权益，让大学生在依法、依宪维权的实际行动中，亲身感受到宪法和法律的正义和公平，进而相信宪法和法律，逐步打造个人的坚实法治信念。相反，如果遇到一点不公平的待遇或者心理不平衡，就仇视社会甚至诉诸一些极端手段来"解决"问题，那是绝无法治信念可言的。发生在2003年浙江的周一超案就是典型的毫无法治信念的事例。

3. 借助学生活动普及大学生法治教育

采取大众化、通俗化、丰富多样的学生活动作为法治宣传教育的载体，可以让青年学生得以喜闻乐见、容易接受。除了传统的上述学生活动形式之外，在今天的自媒体时代，也要更加注重微信、微博等深受学生喜爱的网络媒体上的活动。在微信、微博等非常具有影响力的自媒体载体上，登载卡通形象进行广泛的法治宣传教育，会收到意想不到的法治教育效果。现在自媒体时代，大学生获得信息知识的渠道更倾向于微信、微博、网络平台，而且达到了一种全天候的状态，似乎离开了手机就没有正常的学习生活，给传统的青年学生教育活动带来了不小的冲击。例如，很多法律的修正案发布，尤其是那些对普通民众生活产生巨大实际影响的部门法修正，很多学生恰恰是通过微信朋友圈转发的帖子记住和掌握的，当然这里面不乏以讹传讹的现象，甚至是错误的理解和传播的。特别是《中华人民共和国刑法修正案（九）》①中规定的代替考试罪、组织考试作弊罪、故意传播虚假信息罪等对青年学生的教育和震动是比较大的，这些涉及日常行为纳入刑事法律严惩的法律修正知识，青年学生们主要还是通过微信、微博等自媒体平台获悉的，因此，非常有必要线上线下同步开展各类学生活动，比如在生效实施的时间前后，持续开展新生效法律知识辅导、竞赛、读书会、画册板报宣传或者学术沙龙、释疑解惑网上互动等，强化和扶正自媒体平台对青年学生产生的法治具体影响，巩固良好的法治宣传教育效果，筑好法治规范和法治保障这条防线。

4. 凭依家庭生活学校合力取得对大学生法治宣传教育的最优化结果

通过"思想道德修养与法律基础"课进行大学生法治宣传教育的主渠道不能动摇，但急需优化加强，可以从大学课堂、维权体验、家庭生活与社会生活多方面形成新时期加强大学生法治宣传教育的合力，单纯依靠家庭教育、生活体验或者学校教育某一层面来进行大学生法制宣传教育会事倍功半。良好的家庭环境潜移默化地熏陶锻造了青年大学生的法治品格；家庭中会遇到各种法律问题，而法治宣传教育的效果又会源源不断地输送回家庭生活中得到践行。家庭对青年学生的影响是更加基础性的，甚至是更加根本性的，家庭生活对于一个人成长的影响也是长期的和全面的，很多孩子的教育出了问题往往就是由于家庭的影响。一个充满书香的家庭生活，孩子受到潜移默化的影响和熏陶，很容易养成爱看书的习惯和爱好，并且能够养成较好的性格和学习能力；相反一个充满暴力

---

① 《中华人民共和国刑法修正案（九）》已经于2015年11月1日正式生效实施。

和嗜赌成性的家庭环境，孩子养成暴力和偏执性格的概率也是极高的。这两种性格的孩子在后来人生的成长道路上会逐渐显示出巨大差距，在大学里面甚至会形成两种截然相反的性格倾向，甚至走上性格迥异的发展道路，这样的例子在现实社会生活中已绝非鲜见。仅仅是最近几年，在社会造成巨大影响的就有陕西药家鑫、上海林森浩、云南马加爵等恶性案件，这样的案例触目惊心，令人掩卷深思。

相比于家庭生活，大学是对青年学生产生重要影响的另一关键环境和场所。大学生法治宣传教育的主阵地就是高校，大学生的法律素养在学校得到滋养和升华；大学生法治宣传教育的成果要回归生活中得到验证和实训，在生活实训中得到强化和巩固。把家庭教育、生活体验或者学校教育割裂开来的做法都不能保证长久，也不能做到相互补充和彼此配合，唯有凭依家庭、生活、学校三者的合力，才能取得对大学生法治宣传教育的全方位、最优化效果，毕竟三者是可以相互强化、共同支撑的。

二 激发情感动力

情感是人们对待外界事物在心理上的一种主观性体验，情感决定人们的态度趋向。大学生对待法治的态度首先取决于他们对待法治的情感，法治情感是法治认同的前提和充分条件，也是大学生法治认同的动力之源。

（一）培养对法治的信任感

大学生对待法治的情感首先应当是信任感，明确的制度和严格的公信力才能给人们以可靠的预期和信赖。当然这种明确的制度是建立在良法之上的，良法是一种最基本的要求，充满着专制和独裁的法治是无法达到良法境界的。坚持民主立法、规范程序、尊重民意、阳光透明才能有效防止恶法的产生，也只有这样形成的良法法治才能值得民众信赖。认真倾听社会民众每一个成员的意见和建议，不歧视每一个成员，包括在校普通大学生都能有效积极参与社会立法，让每一个社会成员包括在校普通大学生都能感受到全社会和立法机关确实做到了——只要是公民正当的意见就都能得到立法机关的平等重视，这样才能有效培养包括大学生在内的民众对待法治的亲切与信任。

情感是对人最好的教育，培养大学生对法治的信任之情感，就是对大学生最行之有效的规范与教育。实事求是地讲，传统上人们对待法治首先想到的是法的严厉、惩罚甚至是严酷，就是今天仍然有相当多的人对法还是这种心理。传统上那种对待法治的不正确心理是不可能孕育出对待法治的亲近之感的。今天我们讲法治，应当改变这种理念，法治对于个人的价值在于保障人权、保障自由，法治对于国家和社会的价值在于保障民主、保障秩序，只有认识到法治的真正价值，才能培养出对待法治的亲近之感。现实生活中，当人们遇到各种法律纠纷的时候，当人们的权利受到不法侵害之时，是找熟人、相信权力和关系，还是相信法律，用法治手段维护正当权益，[①] 这是法治社会建设好坏的最直接衡量标准。一个真正的法治社会人们会把法律作为权威，遇事首先想到法律，在工作和生活中善于运用法治方式，这是民众对法治的信任，也是我们建设法治社会、法治中国的题中应有之意，也是对大学生进行法治宣传教育的目标要求。对待法治有信任感，才可能真正接纳法治、认可法治，内心的真正接纳和认可源于最基本的法治信任。如果仅仅出于符合社会发展就口口声声说喜欢法治，其实对法治缺乏起码的信任感，那将是新时代的叶公好龙，贻笑大方。信任法治本来是一个对待法治的主观性的内心情感体验，当然更来自现实社会的法治实践，当大学生看到的、听到的全是法治的传统面貌和负面事件，绝

---

① 龚廷泰：《法治文化的认同：概念、意义、机理与路径》，《法制与社会发展》2014年第4期。

对是培养不出对待法治的信任感的;大学生对待法治的主观性内心情感体验是深切受到现实的法治实践影响的,当人们为法治所鼓舞,受法治所保障的正义支持,有着法治正义的自身体验时,大学生对法治的信任感才会有生动的诠释。总体来看,新时代大学生对待法治的认可是主流,存在的一些诸如怀疑、半信半疑、有所顾忌等都是极少数的大学生群体,但我们应该致力于所有大学生都能形成有效的法治认同,要让大学生"看得见"法治的正义价值。这里借用北京大学陈瑞华教授的著作《看得见的正义》一书的书名中"看得见"一词,陈瑞华教授是从程序正义视角,强调程序公开、程序阳光、程序可视,是对程序正义的最有魅力的概括,只有这样才能真正吸引民众,这是法治成为共识之后的对法治从程序视角的深刻解读。但这里笔者所用的"看得见"一词不仅是指程序正义,也包含实体正义,"看得见"意思是指让大学生能亲身体验到、亲自感受到法治的正义,不仅是看到还要体会到,才能真正激发大学生对法治认同的内在情感动力。总之,"看得见"来自社会法治实践的正义价值,由此法治认同产生的是一种对法治的信赖、亲近感情,愿意遵守法治、服从法治、信任法治,通过法治可以预期未来确定的利益保护和确定的行为结果,从而产生一种安定祥和的幸福心态。

(二) 培养对法治的敬畏感

大学生对待法治的情感其次应当是敬畏感,法治应当是严格的,更是公正无私的,中国传统文化的精髓早已经浸透每个公民的身心之中,那就是刚正不阿的法与法治是受人敬仰与爱戴的,同样也会让违法冒犯之徒产生无限的畏惧之感,这两种情形是相辅相成的,敬与畏是可以统一的。大学生对待法治的敬畏感是建立在对待法治的信任感的基础之上的,试想如果连最基本的信任感都没有的话,是无论如何不可能产生对法治的敬畏感的,没有了信任也就意味着无足轻重,更谈不上对法治的敬重和畏惧之情。

人应当有所敬畏，新时代大学生思想政治教育也应当培养他们对待法治的敬畏之感。人们常说，一个人如果无所敬畏，将是极其可怕的，无所敬畏意味着就是没有什么底线的人；无知者无所畏惧，没有什么畏惧就会为所欲为，全然没有任何规则思维和章法意识。没有底线、为所欲为，很明显，这是法治社会的对立面，与法治是水火不兼容的。大学生形成对法治的敬畏感，才能让大学生三思而后行，足够的敬畏，就有足够的执行力和足够的规范力，而执行力和规范力是建立在法治认同基础之上的。当然这里的敬畏是一种由敬而生的畏，敬是前提、畏是延伸，只有这样才可能生成高度认同；相反，如果只是畏没有敬，这种畏将是一种严酷的畏，畏到一定程度、达到一种极限就会崩溃，这样的畏没有容量和弹性，是刚性的恫吓之畏，即使有一时顺从也不是发自内心的心悦诚服的认同感。从某种意义上讲，人与社会是具有同质性的，对一个人来说，如果大家只是对他感受到一种简单的畏惧而没有什么值得敬重之处，那么大家即使对他有服从也只是一种不得已而为之的服从，并不是出于一种真正的感情。起初，人们或许会想办法避而远之，无法避之也会选择暂时的隐忍，隐忍不能时就会爆发出来，有一种辞职其实就是一种简单恫吓之下着实无法隐忍的爆发。同样一个社会如果缺乏必要的民主张力，一味高压政策以使民众顺从，那样也将会不能长久，一时的顺服也是威吓的结果，威吓之及时也是威吓失去效力和影响之时，达到崩溃之际，社会将承受严重失序的混乱结果。大学生的法治认同需要的法治情感是一种由敬而生的畏，前提是敬，存在值得敬的内涵，敬使得畏才具有了弹性和限度，这种法治情感下的认同才是发自内心的认同，才具有持续性和相当的张力与限度。

新时代大学生法治认同体现为对规则的尊重和敬畏，法治为社会和社会主体确定了一种规则，法治认同推崇法治至上，法治认同体现为公民对规则的尊重和敬畏，遵守规则就是守法，守法是法治的最低要求。对规则的尊重和敬畏还意味着公民不盲目崇拜个人力量，不迷信个人权威，个人永远是服从于法治规则的，不论是主张公民权利还是控告违法犯罪，总是体现为依据权限、服从规则、遵照程序来处理，公民不必担心有什么规则外因素的影响。法治认同比规则本身更为隐性、更为重要，规则只是法治的物质基础和物质前提；情感动力支持下的法治认同才是建立在规则基础之上的法治的精神要件和思想内涵，精神要件和思想内涵是法治的灵魂。总之，推进新时代大学生的法治认同，我们要进一步激发大学生对法治的丰富情感，在规则和制度的规范之下，公民、社会、国家都各得其安，大到国家领导人选举这样的政治事件、小到坐电梯上楼这样的生活事情，大家都充分地尊重和敬畏规则，不逾越雷池，这正是法治社会的理想状态。

三 内化价值引领

法治本身包含多种价值因素，法治是多元价值相融的结果。法治认同与价值因素密切相关，价值成为法治的内隐因素，正是法治价值的内在引领，使得法治才有了活的灵魂和精神。

（一）法治建设的重大政治价值

法治中国建设将会给中国带来巨大的社会变化，激起民众积极进取和科学创造的精神，并最终会促进人们的价值观念发生转变，甚至会成为一种社会"新常态"发展，在当今的社会意识形态领域也将产生重要的变化。法治中国建设的重大政治价值，首先在于把中国特色社会主义与现代法治有机联系在一起，进一步深化了对社会主义本质的新认识。[1] 法治成为现代社会治理的一种首选，提高国家治理能力和治理体系的现代化水平，必须依赖新时代社会主义

---

[1] 包心鉴：《开启社会主义民主和法治新时代——法治中国建设的当代政治价值》，《党政研究》2015年第3期。

法治建设，法治建设成为国家治理能力与治理体系现代化的主要标志之一。同时，能否真正坚持与发展中国特色社会主义，关键在于社会主义法治建设的成败。中国特色社会主义和社会主义法治建设都首先要求必须坚持中国共产党的领导，这两者是一脉相通的，党的领导成为两者的坚强保障，法治建设也必须坚持走中国特色社会主义道路，是中国特色社会主义道路和体系的一个重要组成部分。当前，我们坚持依法治国，进行法治中国建设，正是为了继续坚持走中国特色社会主义道路，把党的领导与依法治国、依宪执政相统一，充分运用宪法和法治增强其法理型权威，解决好长期以来"党大还是法大"这一个困扰很多人的问题，增强党执政创新的积极活力和持久动力，从而为中国特色社会主义开辟新的前进道路。法治是现代国家的基本特征，法治已然成为了当今世界现代国家治理的坚定选择。

当前，中国共产党坚持依法治国也是对世界的一种郑重宣告，尤其是世界范围内并非所有的国家搞法治建设都是成功的，一些国家简单模仿和效法西方式法治和民主建设所带来的政局动荡、经济衰退已经证明了这一点。西方国家一直以来对我国进行和平演变和各种渗透，打着人权和法治的大旗大肆攻击我们的社会主义社会制度，俨然是法治的真正斗士。"人权"和"法治"一时间似乎成为了西方的专有名词和专属物，曾经的一段时间里令我们谈人权和法治色变，即使这种状况大有改观，但是西方国家以人权、法治等为挡箭牌图谋和平演变之心并未减退，法治似乎是我们国家的软肋。现在，我们不但要搞法治，而且已经把依法治国上升为治国基本方略，这种政治意义尤其重大，是对西方国家和平演变的坚决有力回击，是对我们中国发展道路和中国法治制度的充分自信。作为接受高等教育和世界新技术洗礼的新时代大学生，这种政治意识尤为重要，要充分认识到新时代法治建设的重大政治意义和政治价值，提高对坚持依法治国基本方略践行的自觉性、敏感性，提高对法治中国建设的自信心和坚定性，使其成为新时代大学生成长的内在指引和政治旗帜。

因此,新时代大学生要与时俱进,全面认识和学习领会法治方略,正如党的十八届四中全会公报指出的:"全面深化改革、完善和发展中国特色社会主义制度,提高党的执政能力和执政水平,必须全面推进依法治国。"[1] 依法治国成为中国特色社会主义道路的前进方向和必然进路,从而在新的社会历史条件下深化了对中国特色社会主义的本质认识。

(二) 法治的内在理性精神价值

古希腊自然法观念强调自然法就是理性法,它是法律和正义的基础。[2] 上述理性法则是对新时代法治的最好阐释,理性是法治的一项重要价值理念。现代社会物质极大丰富,生产极度膨胀,带给了人们极大的思想震撼和观念冲击,甚至是一种心灵和理性的扭曲,为了追求一时的快速发展,不惜以破坏环境为代价,蓝天白云繁星点点成为一种奢求,于是便有了"APEC 蓝""阅兵蓝"。因此,法治社会建设尤其应当注意将法治本身所蕴含的理性价值内化为对人们的一种社会引领,充分挖掘理性价值的社会现实功用。相比较而言,一谈起法治,人们都能想到公正、公平、正义、平等等几项法治的价值,几乎是如数家珍、妇孺皆知,大家都能够说出法治追求的公平和正义,但法治的理性价值却可能为大部分人所忽略,甚至即使是意识到了却也不能够阐述清楚。理性是法治的重要内在价值,法治不能仅仅依靠外在强制力来贯彻实施,理性支配着民众的精神和意识,使得民众有了高度自觉性,应该说,维护契约、遵守契约、传承契约精神的关键性因素就是理性,唯有理性才能真正支撑起契约精神的大厦。在大学生中积极推进法治宣传教

---

[1] 《中国共产党第十八届中央委员会第四次全体会议文件汇编》,人民出版社2014年版,第3页。

[2] 占茂华:《论西方近代自然法观念及现代法治价值》,《河北法学》2015年第6期。

育，重在唤起大学生的法治理性和法治意识，进而激发大学生对法治的高度认同。没有法治的理性精神，就没有遵守和服从法治的自觉性，当然就不可能认同法的至高无上的地位和唯一社会权威身份[①]，这种理性精神是对法治内在价值的重要实现，是一种需要融进传统文化血液中的法治文化基因，是法治中国建设的根本基础和极为重要的心理准则。

不论是法治的新时代重要政治价值还是法治的理性精神价值，都是处在内在的意识形态层面，对大学生进行法治宣传教育，要特别注重这种内在的价值引领，塑造全新的理性价值认同，充分发挥大学生的主观能动性，这是新时代大学生法治认同生成的内在基本路径之一，对新时代中国法治建设具有极为重要的促进作用和正能量影响。

四　培育公民意识

公民意识是新时代法治中国建设的心理基础和理念形态，是一种主观性文化建设的体现，是国家和社会文化软实力提升的重要内涵。在一定程度上，公民意识制约法治社会建设的进程和发展水平，毕竟意识会决定公民个体的行为趋向。因此，正如俞睿和皋艳在《公民意识：中国政治现代化的驱动力》一文中指出的那样：公民意识是与民主政治和市场经济相适应的，以平等、自由为轴心的正义价值追求和理性自律精神。[②]

（一）培育公民权利意识

从公民意识的内涵角度讲，具体到大学生法治教育层面，就是要使我们的大学生具有与新时代法治社会建设相匹配的权利意识、

---

① 占茂华：《论西方近代自然法观念及现代法治价值》，《河北法学》2015年第6期。
② 俞睿、皋艳：《公民意识：中国政治现代化的驱动力》，《求实》2006年第1期。

责任意识、关爱意识和主体意识。权利意识是法治社会最基本的构成要素，是公民意识的本质所在。如果人治社会民众向往的是权力，享有权力意味着对他人、对社会、对资源的支配性，是一种不对等的强制力，那么，法治社会民众向往的就应该是权利，享有权利意味着民众享有某种合法利益的可能性，而且法治社会中，权力来源于权利的授权，权利是法不禁止就可为，是充分享有自由的保障。这也意味着权利是可以也应该能够制约权力的，权力是受到法律严格约束和限制的，权力行使的目的是公民更好地享有权利。权力只是手段，权利才是目的。权力培养的是顺民和臣民，而权利培养的才是公民和法治，因此权利意识是培养公民性格的基本元素。

在学校教育中，要强化公民有责任通过社会组织参与社会服务的意识。[1] 参与社会管理和社会服务既是新时代大学生的权利，又是新时代大学生的责任，实现基本途径是通过社会组织作为媒介进路，逐步承担起壮大社会组织、培育公民意识的重要责任。大学是社会系统的重要组成部分，大学可以在当今市民社会培育中充当风向标、起到积极引领和导向作用，具体而言，在教学方法上，教师要引导学生关注自己的生活空间，在班级管理、团队活动、主题班会中培养学生的责任意识和协作精神；教师还要引导学生走入社区，开展公益活动，关心社区事务。[2] 司法社工就是市民社会理念的最集中展现，大学生利用法律和社会工作的多学科专业知识，成为了司法专业人员与社会人员之间的桥梁纽带，是一种柔性社会力量，从专业优势视角能够最大限度关怀服务对象，化解社会上潜在的对抗和矛盾，增强社会凝聚力和向心力。

（二）培育公民责任意识

责任意识是法治中国建设中关乎制度执行力的根本问题，一个

---

[1] 李永忠：《马克思市民社会理论视阈下的中国公民社会建设》，博士学位论文，西南交通大学，2011年，第124页。

[2] 同上。

不负责任的社会很难想象会成为法治社会。大学生要具有对社会、对国家、对单位、对家庭、对他人、对自己负起应有的义务和担当的意识，只有具备担当意识，才能谈得上尊重法治、顺应自然、服从理性；同时还要培养全局意识，只有具备大局意识才不会以自我为中心，忽略他人、忽略社会、忽略自然。今天的司法改革，法官要对案件终身追责就是在培养法官的责任意识，而且是要终身负责到底，要勇于担当和尽职。一个没有责任意识的大学生，其行为肯定是非常随意的，甚至是放荡不羁的，这样的学生也是绝对没有希望的学生，与法治社会也是根本不相容的。大学生应当培养基本的责任担当意识，只有具备法治建设所需要的这种责任担当意识，他们才能有所追求、富于进取，因为他们会有一种使命在身、责任在肩的崇高精神；也只有培养大学生的这种责任担当意识，他们才能尊重理性、遵守法治，才能依照法治精神和法律制度不折不扣地贯彻执行下去，一以贯之地尽职尽责，做一个真正的法治社会的建设者和捍卫者。

从公民责任意识的主体角度讲，公民责任意识可以从两个角度具体探讨：一是执法者的公民责任意识，二是民众的公民责任意识。执法者和民众都需要培养公民责任意识，这种价值追求和理性自律的法治意识对于二者都是必不可少的，在某种程度上讲，执法者更是关键，如果执法者缺乏这种精神意识，对法治建设的破坏将是致命性的。毕竟，今天我们的法治中国建设是由政府主导推进型的，在这种意义上讲，执法者的公民责任意识培养对于法治中国建设就是一种积极的引领和带动作用。相比而言，民众的公民责任意识对法治中国建设也会产生重要的影响和促进作用，在政府主导推进型的法治中国建设中，民众是一种相对方，但又绝对不能只是一种相对方、只是被推动方，那样绝不是法治意识，民众应当具有顺势而为的精神意识，并主动参与到法治建设中来。毕竟，民众和政府都是法治建设的受益者，而且是直接受益者，从这个意义上看，在当今政府主导型的法治中国建设进程中，民众将是一种积极性的主体角色，而且对于执法者的不当行为也将是一种有力掣肘，对于培育执法者的公民责任意识也将是一种监督和促进，这也正是"把权力关进制度的笼子里"的具体体现和实际运用。因此，培育新时代大学生的公民责任意识尤为迫切和重要。

（三）培育公民关爱意识

关爱意识历来是道德建设的重要内容，法治本质上就是对公民的关怀和呵护，公民应该培养人与人之间的这种相互关照和呵护精神，对他人、对社会的冷漠绝不是法治的精神。当然对他人的漠视也未必全是出于没有关爱之心，外在的法治环境和社会人文环境使得做一名"雷锋"有可能会使当事人付出高昂的经济成本和名誉代价，这样的司法影响是致命性的。一位外事部门的人员在对一批到境外某大学进行交流访学的学生进行送行谈话时，曾经这样说道：大家到了境外某大学要注意充分展示我们学校学子良好的精神面貌和综合素养，不要有什么顾虑，该去关爱帮扶有困难的人就要勇于伸出援助之手，不要表现得没有关爱之心，他们那里法治健全，不会有什么讹诈之说，人与人之间是互相关爱的，社会是比较文明有序的。从这番谈话我们也可以体会到，法治健全可以深深地影响公民的个体意识和社会氛围，进而对人们的行为产生极大的影响，并影响着民众对新时代社会的法治认同。法本来就是善良的，法治是要弘扬正气、传播正能量的，只有这样的法治才能得到民众的普遍认可和自觉遵守。社会最低保障制度其实蕴含着深沉的社会关爱之法治精神，也是法治社会公民关爱意识的具体实现。"如果是见义勇为做好事，更符合实际的做法应是抓住撞倒原告的人，而不是仅仅好心相扶。"[①]——这种出现在南京市某区人民法院判决之中的用语，着实给全社会的人们上了一堂对五千年传统道德极具杀伤力

---

① 来源：武林军事 责任编辑：军事小a：南京彭宇案真相 最终判决结果惊呆众人［EB/OL］．［2015-08-27］．http://www.5011.net/shehui/30494.html．

和破坏力的法治课，它助长的是人与人之间的冷漠，传播的是负能量，以致在全社会掀起了"对老人摔倒扶不扶"的热议。这种现象与当前法治建设极不相符，凸显了法治建设没有将主流价值观和正确的价值观很好地融入其中，导致法治建设的重大缺失，这是一种法治人性关怀的缺失，缺乏最基本的人性关爱意识。

马克思正确界定了国家与市民社会的基本关系，指出是市民社会决定国家，由此导致了马克思哲学思想发展中的第一次转折。[①]今天，伴随着市场经济的成熟发展，以及政治制度的发展和革新的需求，更重要的是法治中国建设的历史进程使得市民社会构建成为一个显性问题。当下法治中国"小政府，大社会"的改革和市场经济的高度发展也是历史的必然，[②] 党的十八大以来，新一届中国政府一直推行各种简政放权的改革措施，李克强总理亲自见证了天津市政府封存近两百枚象征政府公权力的公章，还政于民、还权于社会，努力建构符合历史发展潮流和改革趋势的大社会、小政府，让政府承担其应有的职能，努力做到政府严格遵循法律授权，法律授权之外的行为不可为。只有严格约束限制了政府公权力，当今法治中国建设对公民的人性关怀才能最终真正形成和实现。市民社会恰恰遵循着与政府公权力相反的规则，在市民社会领域里，私权利遵循着法律不禁止即可为的基本原则，尽可能多地给私权利自由行使空间、面向公民释放更多的人性关怀。除了简政放权之外，新一届政府又提出了群团组织、行业协会与政府机关部门相脱离的具体政策，使之回归行业协会的本来自治属性，使政府机关实现瘦身并使政府机关和群团组织、行业协会回归各自本来的职能定位。党的十八大以来，所有这些大政方针和具体政策的实施，使得市民社会得以重现和强化，法治社会、法

[①] 仰海峰：《超越市民社会与国家：从政治解放到社会解放——马克思的国家与市民社会理论探析》，《东岳论丛》2005年第2期。

[②] 马长山：《中国法治进路的根本面向与社会根基——对市民社会理论法治观质疑的简要回应》，《法律科学》（西北政法学院学报）2003年第6期。

第六章　推进新时代大学生法治认同的路径选择

治政府成为一种现实,市民社会成为当前依法治国、建设法治社会的重要社会基础。社会层面是与国家层面相对而言的,市民社会的建构是对传统政治制度中家、国合一政治强权基因的削弱,是对公民个体权利和社会性权利保护和关怀的一种强化和凸显。中世纪晚期,关于"法前平等"与"依法而治"的朴素想法已经显现,表明市民社会希望通过塑造国家来保障权利。[①] 市民社会与国家层面应该有一个很好的界限,两者不能混淆,在相当长的时间里,由于计划经济和社会主义制度属性的认识局限,导致市民社会极度不发达,呈现与国家政治层面明显不相对称的缺失局面。在推进法治国家建设进程中,建立健全法律制度体系、培育公民关爱意识尤为重要,[②] 这是法治健康发展的重要基础。

(四) 培育公民主体意识

所谓公民主体意识是对国家与公民之间基本关系的正确认识,即公民作为与国家相对应的基本概念,应该具有的和被充分肯定的法律人格和尊严。[③] 大学生具有这种公民主体意识非常重要,青年是国家的未来和希望,法治中国建设需要受过高等教育的大学生积极参与进来,并能引领法治中国建设的潮流。大学生是最富有朝气和活力的,他们也是最渴望被国家和社会充分肯定的群体,他们具有健全的法治人格才能形成现代法治社会所需要的公民主体意识,他们只有养成了法治中国建设所必须的公民主体意识,才能形成法治社会所需要的规范行为,也才能使我们今天的法治中国建设具有最可靠、最持续性的推动力量和主导力量。

---

① 张康之、张乾友:《对"市民社会"和"公民国家"的历史考察》,《中国社会科学》2008年第3期。

② 马长山:《中国法治进路的根本面向与社会根基——对市民社会理论法治观质疑的简要回应》,《法律科学》(西北政法学院学报)2003年第6期。

③ 俞睿、皋艳:《公民意识:中国政治现代化的驱动力》,《求实》2006年第1期。

新时代大学生法治认同要论

大学生在新时代法治社会建构的历史进程中应当树立公民主体意识和发挥生力军作用，充分运用专业理论知识，在开展社会实践教学中，依托社会化服务机构积极实践各类行业化社会活动，深入开展直接面向社区居民的社会化服务。党的十八大以来，中央专门召开了党的群团组织工作会议，为法治社会专业化社会服务的培育建构奠定了坚实的政策基础和行业架构层面的高端引领，在全社会打造了正确的价值理念、制度机制和舆论氛围，形成了以党和政府为主导的、自上而下和自下而上相互结合的良性互动机制，在专业化社会服务建构中产生了重要的基础性促进和带动作用。所谓自上而下是指中央主导，层层推进，这种模式在法治中国建设中是与依法治国方略推进主导模式相吻合的；所谓自下而上是指专业化社会服务的建构中，基层社区发挥着至关重要的基础性作用，所有的制度理念最终都要在社区居民中生根发芽，唯有从社区街道中具体实践落实党的群团工作会议精神，践行公民主体意识和社会服务理念，才是最有生命力、最有活力与创造力的社会实践。没有公民主体意识、没有社会服务理念中所蕴含的契约、权利、平等、自由等市场化、公民性的价值诉求，[①] 现代法治精神根本不可能内化为全体社会成员一体遵行的行为规范与价值尺度。大学生应该是公民主体意识和社会服务理念的积极践行者，可以建立社会性非营利机构或者服务中心，也可以在社区居委会中开展常年实践性专业教学，依托街道社区，面向社区居民开展居家养老、亲情陪护、日间照料、留守儿童关爱、法律援助等，以上诸种都是现代市民社会行业化服务的具体展现。大学生要从自身与服务对象的实际对接中，将现代公民主体意识和社会服务理念传输给全社会，充当政府与社会的缓冲器和连接器，从服务社会的角度践行法治中国建设的制度和理念。

[①] 马长山：《中国法治进路的根本面向与社会根基——对市民社会理论法治观质疑的简要回应》，《法律科学》（西北政法学院学报）2003年第6期。

五 养成法治思维

大学生法治认同的重要基础在于大学生法治思维的养成,法治思维是一种精神层面的范畴,是内在的心理活动过程和具体方式。按照心理学的界定,思维决定行为,行为是人的内在思维和观念意识的一种具体外化。法治宣传教育是大学生法治认同生成的外在物质条件,法治权威塑造是大学生法治认同生成的精神物化结果和外在物质表征,而法治思维是新时代大学生法治认同生成的内在心理基础,这些构成了新时代大学生法治认同的重要基础,也是推进新时代大学生法治认同的具体路径。

(一) 法治思维的逻辑解构

"把法律当成逻辑"是法治对思维方式的基本要求,[①] 法治思维是一种专业化的思维模式,是法律人的独特思维方式。法律专业新生在刚刚接触法律知识的过程中,我们总要讲:要养成法治思维,要学会用法治思维来学习法律知识。而法律专业学生在养成法治思维的过程中总要经历一个并不算太短的转化历程,有的甚至很长一段时间还是摸不着边际。但这是一种潜移默化的过程,需要掌握一定的法律知识,并逐渐内化于心。一般来讲,针对社会事件,法律人根据自己的法律知识素养,运用一定的法律方法和法律技能,遵循一定的专业思维模式,寻求依靠法律分析和解决当前社会问题的心理过程。根据法治思维的逻辑运行过程,我们将法治思维解构为三大构成要素,即知识要素、技能要素、模式要素。

1. 知识要素

法律知识是法治思维的前提基础,我们经常说,大学生接受法

[①] 陈金钊:《法治思维的前提之殇及其修复》,《山东大学学报》(哲学社会科学版) 2014 年第 5 期。

治教育，要有法治这根弦，不能做 21 世纪的大学生中的法盲。高等教育中所有专业都得开设"思想道德修养与法律基础课程"、接受法治教育，目的就是让大学生具备一定的法律知识素养。掌握系统的法律专业知识是成为法律人的必备基础，法律人进行法治思维就是建立在法律专业知识基础之上的精神历程。

　　法律知识是法治思维的静态要素。法律知识既包括像法律概念、法律规范、法律原则等理论知识，也包括诸如遵循程序、价值衡量、追求公平等特殊职业理念。法律概念、法律规范、法律原则等是法律基本知识的长期、高度凝练的结果，提供的是一种法律规则，规则使人得以因循。法治思维的典型表现就是遵循法律规则。每当社会有重大事件发生，公民想到的首先是法律如何规制，要寻找到相应的法律规范依据，获悉法律是如何规定的，法律是如何解决社会问题的，这其实是浅层次的法律知识要素。深层次的法律知识要素是一种更为内隐的、稳定的法律职业操守和职业理念，例如，刑法修正案（八）关于逃税罪之初犯免责的规定在具体适用中遇到类似问题，特别是在司法场域中一些法律人的理念就足以说明坚守法治思维的意义。有人认为如果按照刑法修正案（八）新的规定，初次逃税之人在补缴税款、接受税务行政机关的处罚、缴纳滞纳金之后就可以免予刑事处罚，岂不是放纵犯罪、存在以钱赎罪的可能，而且就连部分司法实务人员也坚持认为公安、检察人员大量的司法资源岂不是白白浪费？换个角度，法治思维要求什么，要求坚守罪刑法定，哪怕是事实存在一定程度上的司法资源的浪费，比起司法的文明进步、坚持法治思维、追求法治来说又算得了什么呢？这种内隐的法律职业操守和职业理念正是法治思维的坚实基础，真正起着形塑和建构的作用。缺乏系统的专业法律理论知识，法治思维无从谈起；缺乏内隐的、稳定的法律职业操守和职业理念，法治思维同样无法真正建构起来。

　　2. 技能要素

　　法治方式是一种需要小心谨慎、精细论证的思维方式，就事论事、讲究程序、按部就班,[①] 法治思维是一种动态的思维过程,法律专业知识和职业操守理念只是法治思维的基础材料,如何运用这些系统的专业法律知识和职业操守理念解决社会法律问题则是法治思维的一种技能要素,需要法律人的主观能动性、积极性,这也正是法律案例可能是相似的,甚至面对相同的案子,不同的法律人解决办法却是千差万别的,法律规范并不会提供给我们标准答案。由于法律规范多是过去经验的总结,尽管立法也具有一定的前瞻性,但是法律规范与社会生活明显地存在不一致性,这也就造成了——当我们面临社会生活的丰富多彩的现实问题需要运用法律来解决时,我们总会发现要么法律规范根本无法提供符合现实需求的理论知识,要么只能提供部分符合的答案,或者存在多种理解和分歧,会在不同的法律规范中找到零散的答案,这就是法律规范的抽象性和现实社会生活的具体丰富性之间的巨大差异造就的。要想弥补这种差异性,唯有依靠法律人运用法律的娴熟技巧,这种技巧是一种有别于法律知识的主观性技能,带有强烈的个性化色彩。国外法官特别注重年龄和个人有丰富的社会阅历,其中原因就是法治思维的技能要素依赖于娴熟的法律技巧。

技能要素是法治思维的动态要素。法治思维的养成不但需要善于领会法律规范,还要精于运用法律技巧。培养灵活运用法律规范解决现实社会案例的技能是一个长期积淀的过程,社会积累越深厚,法治思维越成熟。有的法官处理的案子成为经典案例,有的律师代理的案子令双方当事人都能信服,这不能不说是一种个人智慧的魅力,这种法治思维的技能是不可模仿和复制的,尽管法律知识是可以学习、可以传授的。所以,法律知识的储备可能是相同的,但是面临社会问题的解决方案却是不同的,技能的差异决定了法治思维主体会选择不同的法律知识和法律方法,并带来不同的法律

[①] 陈金钊:《缘何以法治方式提升国家治理能力?》,《山东社会科学》2014年第7期。

后果。

3. 模式要素

法治必须在很大程度上保持形式性。① 在保持形式性上，法治思维也不例外。理解和把握研究问题的方式（范式），在许多情况下比研究问题本身更重要。② 正如思维是有一定的模式程序的，法治思维的模式概言之有两种，一种是形式主义的涵摄思维，一种是实质主义的类型思维。

第一，涵摄思维模式。涵摄思维模式是一种基本的法律推理模式，一般称之为司法三段论，是建立在演绎逻辑之上的思维模式，指的是将具体的案件事实，置于法律规范的构成要件之下，并据此得出结论。涵摄模式下所依赖的是法律概念和法律规范的演绎，例如：

大前提：容留他人吸毒构成犯罪。

小前提：某明星在豪宅容留他人吸毒。

结论：某明星构成犯罪。

司法三段论演绎推理模式简化了思维，从一个一般性的前提，通过推导得出一个具体的个别结论。当然，在现实的法律案例中，涵摄思维模式通过司法三段论演绎推理的过程可能是一个比较复杂的逻辑推理过程，会包括若干个三段论，首先需要找到明确的法律规范，还要对法律规范进行解释，将案件事实涵摄到相对应的法律规范中去，才能得到一个确定的具体结论。也就是我们所说的大小前提都为真，才有可能得出一个真的结论。涵摄思维实际上是一种形式主义的法治思维，特别注重形式逻辑的严谨性，要有一个完美的形式体系，通过逻辑上的演绎推理才能得出一个令人折服的有效结论。

---

① 陈金钊：《实质法治思维路径的风险及其矫正》，《清华法学》2012年第4期。
② 张耀灿、钱广荣：《思想政治教育研究范式论纲——思想政治教育研究方法的基本问题》，《思想教育研究》2014年第7期。

第二,类型思维模式。类型作为一个范畴,我们并不陌生,相比较而言,概念是一个比较明确、相对具体的范畴,类型却呈现出相对变动、开放的局面,我们通常会将某个人或者事物归为某个类型,类型确实是大致如此的一个界定,并不像概念那样精准,但却有一个大概的、相类似的核心描述。在法律场域中也是如此,法律人会将法律事实归于某个类型,徒有其形没有其实质是不能归于某个类型的,并不需要法律事实全部具备某个类型的外部特征要件,要将二者的本质特征作一个比较。因此说类型思维是一种建立在事物本质基础上的思维模式。2014年8月25日,广西两个14岁少年偷鸭被抓,村民逼其嘴叼死鸭下跪示众的图片在网上大量被转载,在这样一个案例中,人们会将偷鸭被抓、被逼嘴叼死鸭、下跪示众等类型化、抽象化为案件事实,在其中法律人所关注的是取向事物本质的类型化要件,类型是使理念与事实取得一致的调和者。类型思维不满足于将案件事实与犯罪构成要件语词之间的简单、外观对照,更注重于案件事实与犯罪构成要件所描述的典型事实在价值评价、意义导向上的同一性。这种价值导向、意义关联的类型思维对应的必然是刑法的实质解释。①

(二)法治思维的价值分析

1. 法治思维的理论价值

第一,法治思维能够为思想政治教育提供价值引领。党的十八大提出"三个倡导"的社会主义核心价值观,其中自由、平等、公正、法治是社会层面的价值取向。思想政治教育中如何践行社会主义核心价值观就成为一个时代课题,法治思维的培育和养成与践行社会主义核心价值观就具有了紧密的天然连接。

在现代社会,神治、德治和人治都逐渐失去了治道基础与根

---

① 齐文远、苏彩霞:《刑法中的类型思维之提倡》,《法律科学》(西北政法大学学报)2010年第1期。

基，法治成为主要治道。① 在法治国家，法治思维就应该是全体公民在日常生活中的思维常态，即便作为非法律职业者的一般公民也至少应该具有最基本的法治思维能力，更不用说作为接受过高等教育的大学生。法治思维对于高校思想政治教育的成效意义重大，法治思维的研究为高校思想政治教育提供了法律价值观念和法律知识，并且法治思维以理念与方式、方法形态为高校思想政治教育指明发展方向、开辟前进道路，如果法治思维方式能够成为高校教育者和受教育者的日常思维方式，那么人们就会更多地从法律角度看待问题，会把对法律的信仰转变成自觉行动，高校思想政治教育的有效实现就是可期待的。

　　法治思维首先是一种价值思维。法律思维是法治思维的前提，但法治思维不等于法律思维，法律思维只有同法律权威至上、维护公平正义和切实保障人权深度地融为一体，才可能上升为法治思维。② 罗尔斯指出："正义是社会制度的首要价值，正像真理是思想体系的首要价值一样。"③ 一个正义的社会总是意味着自由和平等，自由和平等促进了人类的进步。唯有正义、自由和平等才能产生效率、秩序、公平、文明、民主、人权等价值，这些都是社会的基本价值。尽管所谓的平等、民主、公平等永远都是相对的，而且这些问题的解决绝非易事，但法治思维的培育和养成却能孕育和涵养这些重要的民主社会所必需的社会价值，能够使全社会绝大多数公民认同和接纳这些价值，认同当下的社会制度，维护当下的社会秩序，拥护执政者执掌国家政权。最近微信上转发的一篇帖子《一篇小学生作文：吓死老师，惊动教育部！》，反映的是一个天真幼稚的孩子的视角所代表的一种扭曲的价值观，是一种缺乏社会认同的

---

　　① 陈金钊、邱成梁：《法治方式的公信力研究》，《湖南警察学院学报》2014年第3期。
　　② 汪习根：《法治政府的基本法则及其中国实践》，《理论视野》2015年第1期。
　　③ ［美］约翰·罗尔斯：《正义论》，何怀宏等译，中国社会科学出版社1988年版，第3页。

第六章　推进新时代大学生法治认同的路径选择

思维方式。因此运用法治思维中的丰富价值内蕴，践行社会主义核心价值观就有了底蕴和地气，也就能够为当前高校思想政治教育注入新鲜活力并有效提供价值引领，使高校思想政治教育沿循社会主义核心价值观所指引的轨迹前进。

第二，法治思维的确立能够有助于推动思想政治教育的科学化进程。新形势下的高校思想政治教育受到各种思潮的冲击和影响巨大，尤其是互联网媒体的发展已经到了自媒体时代，新媒体的发展已经迅速颠覆了传统媒介和传统教育的习惯性模式。高校思想政治教育的科学化进程是一个复杂的发展过程，面临日益创新的新媒体时代的冲击波，必然做出应有的应对和必要的革新，否则新瓶装老酒的做法是无法完成高校思想政治教育的科学化发展进程的。

法治思维还是一种建构性思维。黑格尔指出："精神的伟大和力量是不可以低估和小视的。"[①] 法治思维同样是一种精神力量，试看法律史上，人类伟大的法律制度的建设成就无一不是直接来源于法律思想家的伟大思想和理论结晶。法治思维以其特有的批判性视域审视高校思想政治教育的发展样态，适时寻求创新策略，建构起应对挑战的新机制、新制度。事实上，人们总是用法律和制度来解决现实中出现的各种问题和麻烦，但是生活总是变动不居的，不断呈现出新的样态和发展，法律和制度也需要不断重新建构。人们普遍以为法律是教条化的，高校思想政治教育是鲜活的，两者何以发生彼此联系？并且法治思维何以促进高校思想政治教育的科学化进程？其实，正是法治思维的建构性作用才能发挥出如此重要的推动力，法治思维是在不断地建构起新的制度和机制来应对新形势下的高校思想政治教育受到的各种冲击和影响。法治思维以其理性专业化方式深化了高校思想政治教育的规律性研究，拓展了高校思想政治教育的科学化视野和科学化发展进程。

第三，法治思维有助于简化思维，并将预防社会问题的发生提

[①] 黑格尔：《小逻辑》，贺麟译，商务印书馆1997年版，第36页。

前到思想与思维的内在层面。法治思维具有简化思维的作用，其通过赋予事实以法律意义进而将复杂问题简单化。法律人往往能够透过复杂的社会事实表象，将具有法律意义的事实要素提炼出来，加以类型化，或者涵摄到某个法律概念之下，进行法律分析或者寻求到法律解决方案。要坚持法治教育与法治实践相结合，广泛开展依法治理活动，提高社会管理法治化水平。① 法治思维方式具有内在的本质意义，决定着大学生看待问题和事物的基本方向和根本特质，在某种程度上决定着旧问题的自然消解，因为思维方式的转变，问题或许就不再是问题，这是思维方式和思维依据的变化所带来的积极效果。因此可以说，法治思维方式如果能够被更多的大学生认同并将其作为自己行动的指南，高校思想政治教育中的一些基本而普遍和重大的社会问题将会消解和融化，如春雨般润物于无声无息之中，如复旦大学投毒案、"富二代"杀人案等社会焦点矛盾问题正是缺乏基本法治思维的典型表现。

法治思维更是一种规则思维。法治思维强调和推崇法律规则在解决社会问题中的重要作用。社会需要法律规则，高校本身就是一个小社会，属于大社会中的一个有机组成部分。高校同样需要法律规则，而且更要重视发挥法律规则在高校思想政治教育中的作用。法律规则是社会的一条底线，基于对规则的认真遵守和严格执行，才能有效约束各种不合规则的行为发生，才能增强高校思想政治教育的实效性；正是基于对规则的普遍遵守，有违高校思想政治教育理念的各种行为才能得到修正，从而做到防患于未然，并能够从细微之处化解那些有可能发生的刺激社会敏感神经的高校事件。思维决定出路，规则约束行为，法治思维决定了人们的行动，决定了人们对于规则的遵守和执行，决定了高校思想政治教育的实际成效，并将预防社会问题的发生提前到思想与思维的内在层面。

---

① 《习近平谈治国理政》，外文出版社2014年版，第145页。

2. 法治思维的实际应用价值

第一,法治思维的积极影响。法治思维是思想政治教育的软性力量,法治思维培养的是思想政治教育受教者的一种内在潜质。法治思维自身的理性化、严谨性对高校思想政治教育产生了积极影响,诸如对职业观的影响、学习观的影响、发展观的影响,还能培养大学生务实自律与创新品质。

职业观的影响。大学生大都喜欢新奇事物、接受能力强,不会墨守成规。因此不少大学生对自己所学的专业和将要从事的职业缺乏认同,多元化职业价值观呈现明显加重趋势。法治思维的一端连接着信仰和价值,另一端连接着说理方法和解决纠纷的艺术。① 因此,专业和职业需要一种信仰般的价值认同,职业是需要一种执着的精神去追求,把个人的兴趣和爱好充分发挥出来,那种朝三暮四的做法是无法发展好个人职业的;同时职业也是一门处理好实务问题的艺术,需要将在高等学府里学到的理论知识转化成一种实务能力和艺术技巧。还需要指出的是现代社会更多地需要一种多学科、复合型的应用型人才,以法律专业为例,想处理好法律实务,仅有法律理论知识还是远远不够的,法律面向社会生活的方方面面,想处理医疗纠纷,没有一定的医学知识就是医疗案例的小学生;想处理好涉外贸易纠纷,没有过硬的外语知识和专业贸易知识就会成为涉外贸易领域的门外汉。

法治思维讲究遵循规则,职业领域同样也不例外,遵循规则的思维对于职业是十分重要的。能够很好地遵循规则必然能培养诚信品质,诚信教育是法治思维和职业观都不可或缺的,诚实信用已经成为民事法律的帝王条款,所以能够坚持法治思维的公民,必定是一个诚信的职员;而一个诚信的职员,也能够诚实守法、遵循法律规则。在这一点上法治思维是和职业观相通的,两者之间有着互相

---

① 谌洪果:《法律思维:一种思维方式上的检讨》,《法律科学》(西北政法学院学报)2003年第2期。

补充、相得益彰的紧密关系。

学习观的影响。法治思维是一种批判思维。法律是由现实的人制定出来的，法律永远不可能是最完善、最完美的，法律要在历史的发展中不断修正、不断完善，向理想的完美目标迈进。因为现实生活总是不断前进，并提出新的需要法律解决的问题。高校思想政治教育中我们也要树立这种批判性理念，任何事物不可能是最标准、最完美的，我们要敢于质疑、勇于修正，只有不断修正，才能做得更好，才能不断发展、进步。与此同时，高校思想政治教育过程中，我们也要树立不断学习、终生学习的理念，法律人就有一种终生学习的理念，因为法律在不断修正。任何事物总是在发展中的，新生事物会不断涌现，靠吃老本是注定要落伍的，就像法律人靠吃老本会用错法律条文一样。这对当前高校思想政治教育中出现的学生厌学、混日子、混学历是一剂良方，笔者总是用法律人参加全国统一司法考试、努力考取国家司法资格证书的经历来教育大学生，确实改变了相当一部分大学生的学习观念，使他们能够从内心出发知道需要刻苦读书、不断学习。

发展观的影响。"依法治国"解决的主要是治理国家所必需的规范问题、制度问题和程序问题，而"以人为本"的发展观则进一步明确和解决了"依法治国"的价值取向和目的性价值之基础。[①]法治是方法方式问题，解决的是靠人还是靠法的问题，但法治绝不可能脱离人的活动，相反人本主义法治思维坚持法治必须首先注重人的作用和影响，要把尊重人、关怀人放在首位。人本主义法治思维体现法治的终极价值追求，把人作为出发点，关注人的自由而全面的发展，这与传统和现实中思想政治教育的管理本位是格格不入的。人本主义法治思维有利于法律信仰的形成，是高校思想政治教育中价值观的重要理论基础和文化底蕴。

---

① 吕世伦、张学超:《"以人为本"与社会主义法治——一种法哲学上的阐释》，《法制与社会发展》2005 年第 1 期。

第六章　推进新时代大学生法治认同的路径选择

人本主义法治思维要求以权利为本，保障公民个人权利，限制和约束公共权力；人本主义法治思维还要求尊重人、保护私权利为其核心，坚持保护和尊重个人自由，尊重个体差异性发展，也只有这样在高校思想政治教育中以个体为本位，才能真正实现人的自由而全面的发展，才能顺应时代发展潮流，全面实现以人为本的发展观。

培养务实自律。法治思维是一种现实思维，法律永远是致力于研究解决现实问题的，也即法律的事实研究。从这个意义上讲，法治思维是一种实然性研究。同时，法治是治国理政的基本方式，建设法治社会，我们要更加注重发挥法治在现代国家治理中的重要作用。[①] 法律人运用法治思维，思考法治在国家治理和社会治理中的价值，思考法律的实际社会作用，注重法律的社会效果和目的，强调运用法律方法整合不同的社会利益，推动社会的不断发展。从法学的最大魅力角度讲，法的实务性是其他任何学科无法比拟的，法要解决的是社会问题，具有很强的实务价值，借用一句话"上可安邦、下可抚民"，可以"为权力戴上'镣铐'"。法治思维的这种务实性指向，启发我们在高校思想政治教育中要特别注重培养新时代大学生的务实自律的优秀品质，要学会学以致用，只是纸上谈兵是没有任何社会现实意义的；只要务实肯干，发展空间是无限的，成就是与人的务实努力成正比的。法治思维还是一种内在、自觉到自发的思维习惯，有了这种一以贯之的自发性、源发性品质，高校思想政治教育中养成自律的个性便是一种自然而然、水到渠成的事情了。

培养创新品质。法律人面对的是丰富多彩、变动不居的社会生活，你永远无法完全预料到会出现什么样的案例和事实，法律条文中也绝没有标准的现成答案可寻。只有置身于特定的社会现实生活中，才能激发人的创新品质和创造性思维。法治思维本身所具有的

---

① 《习近平谈治国理政》，外文出版社2014年版，第138页。

批判性和建构性也决定了只有具备批判性思维才能建构起富有创新性的事物,批判和创新永远是相伴而生、联系在一起的。养成法治思维,解决法律实务问题,其本身就是一种创新和创造活动。高校思想政治教育中要充分注重借鉴法治思维,发掘大学生的创新潜质,培养大学生的创新精神和创新能力,促其不断创新尝试,助其养成创新品质。

第二,法治思维的丰富功能。法治思维之真——规范人的精神世界。我们经常说法律作用于人的行为,道德作用于人的思想,法律不惩罚思想犯。马克思有句名言:"只是由于我踏入现实的领域,我才进入受立法者支配的范围。对于法律来说,除了我的行为以外,我是根本不存在的,我根本不是法律的对象。我的行为就是法律在处置我时所应依据的唯一的东西。"[①] 但法治思维却是一种心理过程,直接指向人的精神世界,法治思维以其特有的法律内容规范着人的精神世界,使其遵循法律的要求,具有合法性。笔者认为,法律是直接指向了人的行为,但法律对行为的规制,法律对人的影响是不可能剥离对人的思想的影响,刑法中分析犯罪构成也是坚持主客观相统一的分析模式,真正起着本质作用的还是对人的思想的规范和制约,进而指挥人的外部行为展现出来。这和我们通过分析人的行为来研究人的主观思想之进路正好是对应的,真正决定人的行为的还是人的思想即人的精神世界。在法治廉政教育中,我们经常会提到要敬畏职业操守,因为敬畏职业操守是一种天生的自我保护。从法治思维的角度看,敬畏职业操守实质是我们要敬畏法治和职业制度与职业道德,这都是从制度与法治纪律的角度谈的,敬畏法治、敬畏宪法,培育法治理念、养成法治思维,这更是一种内在的自我保护。有法治思维就是有底线思维,恪守底线、遵守法治就是最大的自我保护,因为有什么样的思想就存在会有什么类型行为的可能,行为始终是人的思想的外显。

---

① 《马克思恩格斯全集》第 1 卷,人民出版社 1995 年版,第 121 页。

第六章 推进新时代大学生法治认同的路径选择

当然法治思维在规范人的精神世界领域方面还有其自己的特殊性，这就是法治思维之真的特殊性，毕竟法治思维是一种底线思维，合法性就是法治思维的基本底线。司法权的最大特点是在法律上认定事实，而不是就事实认定事实。① 打官司打的就是证据，法律上认定的事实需要有证据佐证，没有证据佐证的事实就不是法律上的事实。法律上有法律推定、法律拟制，例如，过错推定、无罪推定，如果没有客观证据证明或者证据是非法所得，即使客观事实上你是有罪的，法官也要依据法律上认定的事实判你无罪。这其实就是合法性的决定作用，合法性在法治思维上是第一位的。法治思维的真就是合法性，在规范人的精神世界方面，法治思维成就合法性，合法性排斥其他特性，甚至排斥客观真实性；法治思维成就法治认同，法治认同可以有效防止思想的散漫性、增强凝聚力。这里谈到合法性排斥其他特性，甚至排斥客观真实性，一是在描述一种客观的司法现象，二是在凸显合法性的重要性，哪怕是付出了一定的代价，也必须坚持合法性，一般是指存在权力行使或者程序瑕疵的情况下，牺牲客观真实性为代价坚守合法性底线。

法治思维之善——倡导人的精神世界。要用法律来推动核心价值观建设。各种社会管理要承担起倡导社会主义核心价值观的责任。② 法律是惩恶扬善的，法治思维在本质上是向善的思维。电影、电视、小说等各类艺术作品中，坏人总要被绳之以法方能大快人心；生活中，也总是信奉恶有恶报、善有善报，不是不报，是时候未到，时候一到，立即就报。现实世界中的四川刘汉刘维涉黑案、全国首例特大地沟油案、人们口诛笔伐的"北京摔婴案"，陕西的"房姐"龚爱爱、"表叔"杨达才案，还有网上一则调侃山西省委常委会议近日在新址——秦城召开的帖子等社会热点刑事案例，每

---

① 郑成良：《论法律思维的基本规则》，http://www.110.com/ziliao/article-20678.html，最后访问日期2015年1月25日。
② 《习近平谈治国理政》，外文出版社2014年版，第165页。

当正义得到伸张,大众的精神世界就得到愉悦。

　　刑法中关于侵占罪的规定告诉我们,其中一种情形是将他人的遗忘物非法占为己有,拒不归还,达到一定的数额就构成犯罪;拾得遗失物,拒不归还,达不到刑事立法规定的犯罪数额的,构成民法中的不当得利。况且物权法中规定拾得人有返还的义务,有及时通知权利人或者送交公安机关等有关部门的义务。法律人按照法治思维来处理拾得遗失物,不论是通知权利人,还是归还失主或者送交公安机关等部门,这都是一种积极向善的思维模式,既有明确的法律指引,还有不遵循法治思维、不按照法律规范处理拾得遗失物所带来的相应制裁后果,都让人们必然遵循法治思维,用多种强制化的方式方法引导人们向善。向善的法治思维给人的是一种积极的倡导,这种倡导比起简单说教要有效得多,是一种发自内省的倡导,内因的作用远比外因的作用强大,是发乎心、止于行,形成一种稳定的思维定式趋向。所以法治思维对公民个人来说,是对个体情感的深情表达(权利方感受到温暖,义务方体验到美德);在集体方面,法治思维是对集体情感的诗意表达(集体是鼓励这种美德,褒奖有美德之人的)。个人和集体都能得益于这种向善的法治思维模式的。

　　法治思维之美——升华人的精神世界。有人说政治是一种妥协的活动,政治思维是一种妥协性的思维模式,政治思维其实就是一种似是而非的模糊选择心理,看起来完美的事物未必就是合适的选择,似乎看起来很不完美的却可能是比较适合的抉择。但是,法治思维则不同,法治思维是一种追求真与善的思维,真象征着法治思维的知识与理性,善是法治思维的正能量,一个追求真与善的思维就是美的思维,法治思维就是一种美的思维,能净化人的心灵、升华人的精神世界。法治思维是一种美的思维,追真求善就是一种纯真的美,追求正知、正念,传递与释放正能量,就能使人远离污浊、去除杂质,就能使人的心灵得到净化。近日看到新闻媒体报道民众遵守社会秩序意识增强,以传递正能量为个体应为和该做的普通事情，令当事公民和广大民众都倍感愉悦。我国交通法规明文规定：社会车辆应当让行急救车辆，执行紧急任务的急救车辆、消防车等具有优先通行权。事实上，在现实生活中，没有让行急救车辆，致使急救车辆在车流中动弹不得、前进不了，因而致使救人行为延迟的事件屡见报端。现在令人欣慰的是，民众对法治的认同度越来越高，民众已经逐渐习惯于运用法治思维和法治方式来解决社会问题和保护个人权益，例如，主动让行急救车辆和消防车辆等受到大众赞誉，在2015年11月初，南京某区隧道内车辆正值上下班高峰期，车辆本来已经排起了长龙，此时，后方响起急救车辆的警报声，由远及近将要行驶到隧道口，必须经过隧道才能快速将受伤之人送到最近的医院，本来缓慢、拥堵的车流致使急救车辆行动前进极其迟缓，近乎不能前行，忽然之间，离急救车辆较近的一辆私家车司机将自己的小轿车尽可能偏向路边，让出中心道路的空间，其他社会车辆紧接着也纷纷驶离主干道，停在路边，静等急救车辆从道路中心位置快速通过了隧道。急救车当时需要四十多分钟才能通过的隧道只用了十几分钟就快速通过赶往了最近的医院，使伤者获得了最及时的救助，为抢救伤者的生命争取了宝贵的时间。主动让行急救车辆事件被媒体披露后，相关报纸媒体的记者通过视频和行车记录仪的记载，迅速找到了一些私家车的司机，但这些私家车主普遍觉得让行急救车辆是个人应该做到的一件普通事情，因为社会车辆也好，私家车也好，让行执行紧急任务的急救车、消防车等是交通法规明文规定的，这是一种普通守法行为。相反如果不让行急救车辆等，不仅有违法律法规的基本规定，而且也是没有社会公德、违背社会主义核心价值观的表现。当地交警部门对社会车辆纷纷自动让行急救车辆纷纷点赞，要对这些遵守交通法规、传递正能量的私家车主进行每人500元油票的奖励，这也是一种对那些遵循法治思维，坚持运用法治方式的守法公民行为的褒奖。这其实是法治思维带来的道德红利，法治思维和法治方式使得民众更加认同法治，法治思维使人们生成了美感和愉悦。社会主义核心价值观能够引导和支持法治思维，法治思维也因为社会主义核心价值观而得到强化和提升。

总之，要切实把社会主义核心价值观贯穿于社会生活方方面面。① 要把社会主义核心价值观贯穿、内化进人们的法治思维之中，使社会主义核心价值观得到具体落实并从中升华人们的法治思维——法治思维使人认同规则、遵循规则，会给人以健康的活力；法治思维使人发乎心、止乎行，感受内心的愉悦，会给人以快乐。要真正体验到敬畏法治的人是最快活的，要坚持慎始慎微，要真正感受到法治能使豺狼变成羊，法治的威力和魅力是无穷的，法治思维是在构筑一种自律防线，培育法治思维、服从法治权威，做一个严谨的人、快活的人，法治认同是一种内因、一种思想和灵魂。以遵守税法为例，一个公民会因为迟缴税、没纳税、逃避纳税而倍感忐忑不安，也一定会视循税法缴税款为理当如此，这样的公民会因为依法办事而内心坦坦荡荡，在这种层面或意义上，法治思维使人的精神世界得到升华，法治思维带给人的是一种提升人性境界的美，是一种大爱之美。

（三）培育新时代大学生法治思维的着力点分析

培养大学生法治思维要从充分发挥思想政治理论课的主渠道作用等几个着力点出发，把握好课堂育人、实践育人、文化育人、管理育人等几个方面的密切结合。

1. 课堂育人：充分发挥思想政治理论课的主渠道作用

大学生要把追求公平正义作为自己的使命和责任，树立正气，胸怀大局，以人（民）为本，在实践社会主义法治理念的过程中，学会用法律武装头脑，养成法治思维，善于运用法律维护自身合法权益，做依法治国根本方略的践行者。大学生法治思维的培养要坚持首先从课堂育人出发，充分发挥思想政治理论课的主渠道作用。

---

① 《习近平谈治国理政》，外文出版社2014年版，第164页。

作为一种深切的体会和感悟,课堂育人的涵括面就绝不仅仅局限于思想道德修养与法律基础课。我们经常说,大学生要有法治这根弦,不能做21世纪的大学生中的法盲。培育大学生法治理念一直以来都是高校思想政治理论课的重要目标之一,培养大学生法治思维成为当前践行依法治国的重要目标任务,因此,在思想政治理论课中,都要围绕这一目标,坚持依法治国的纲领性指引,做到从思想政治理论课多门课程的具体特点和实际内容入手,进行有效的法治理念教育,培养大学生法治思维。法律知识是法治思维的前提基础,思想政治理论课要让大学生接受法治教育,具备一定的法律知识素养。我们要用一种崇高的宪法和法治理念充实新时代大学生的头脑,抵御腐朽堕落思想的侵蚀,筑牢依法治国的思想理念根基。理念对于一个人的行动是一种先导,是一种动力,理念先行,理念稳定,大学生只有形成内化于自觉的法治理念,才能笃信法治、践行法治,才能真正形成法治思维。

2. 实践育人:努力发挥社会实践的育人作用

法治的存在是以社会生活的存在和需要为依赖和根基,法治的理念只能以具体的社会生活实践为场景的现实展开,法治思维也只能由现实的社会生活实践来培育和塑造。

我们要通过生动的社会法治实践,让大学生产生切身的体会和深刻的认识,法治要成为社会每个普通公民合法权益的忠实守护者和坚定的捍卫者,只有这样才能让我们的法治建设接地气,也只有这样才能让我们的法治建设真正做到对大学生来说不仅是进课堂、进教材,更是一种入脑入心的、生动的社会维权实践。当法治建设能够给人们对维权行为及其正当结果以合理的预期时,新时代大学生更愿意通过法治方式来维护自身权益的时候,法治思维的形成就是一种现实的感知。坚定地从大学生亲身参与社会维权的具体实践出发,充分发挥法治实务能为人们排忧解难、提供法治权益保障的应用型特有魅力,大学生法治思维的培养就是一种自然形成的结果。

3. 文化育人：积极营造良好的校园法治文化环境

大学法治文化环境对大学生法治思维养成具有重要而直接的影响，法治文化是社会主义文化的重要组成部分。弘扬社会主义文化、践行社会主义核心价值观是提高我国国家文化软实力的重要路径依赖。习近平总书记强调指出，要切实把社会主义核心价值观贯穿于社会生活方方面面。[①] 新时期大学生的宪法素养、法治素养本身就是国家文化软实力的一个有机组成部分，在根本性程度上决定着我们国家文化软实力的水平和层次。国家的发展看青年，青年的主体是大学生，大学生的教育以培养法治思维为新的切入点，一个尊重规则、注重程序的群体总是敬畏和服从法律，因为服从规则、敬畏法律而成为具备较高素养、充分彰显文化软实力的群体。新时期大学生群体成为我们国家弘扬社会主义文化、践行社会主义核心价值观的重要主体，要把社会主义核心价值观贯穿、内化进大学生的法治思维之中，使社会主义核心价值观得到具体落实并从中升华大学生的法治思维。法治思维使人认同规则、遵循规则，会给大学生以健康的活力；法治思维使人发乎心、止乎行，感受内心的愉悦，会给大学生以快乐。

积极营造良好的大学校园法治文化环境是培养大学生法治思维的重要条件。当前，大学贯彻落实依法治国、推行依法治校，要大力宣传法治教育，宣传宪法、学习法治；要坚持大学去行政化，努力构建民主法治和权利本位的良好校园文化环境。要充分利用校园广播、宣传栏等传统媒体，以及校园微信、局域网等新兴媒体，多渠道、全方位实现法治文化对大学生的育人效果。要坚持大学校园中法治文化教育的日常渗透和影响，充分展现法治知识的宣传、法治理念的塑造、法治行为的践行，实现法治文化的潜移默化影响和熏陶。让大学生真正体验到敬畏法治的人是最快活的，要坚持慎始慎微，要真正感受到法治的威力和魅力是无穷的，法治思维是在构

---

① 《习近平谈治国理政》，外文出版社2014年版，第164页。

筑一种自律防线，培育法治思维、服从法治权威，做一个严谨的人、快活的人，法治思维是一种内因、一种灵魂。

4. 管理育人：注重在推进依法治校中培养学生法治思维

法治成为时代主题，高校管理培养人才同样面临着法治挑战和法治保障的双重性。一方面，高校事务面临来自校内校外诸多的法治冲击，需要用法治规范高校管理培养人才事务本身，实施人性化育人服务，实现培养人才事务的规范化、民主化、科学化；另一方面，高校依法管理培养人才是对人才合法权益的有力保障，也是对高校本身合法权益的正当维护，高校管理培养人才事业的制度化发展、困境突破、权威树立都需要法治化保障。在大学生中积极推进法治宣传教育是适应高校依法管理培养人才的重要举措，而人才本身的法治化从根本上决定着高校依法管理培养人才的法治化水平。现在，全国范围内无论是政府还是事业单位、人民团体都在全面推行法律顾问制度，社会民众的法治意识也在迅速增强，大家都在说法律谈法治，言必说法治，"法治"成为当下的一个时代热词，出现频率极高，大家都在找法律顾问。这本身是个好事，预示着法治大有可为。大学校园里同样离不开法治，也在以各种方式推行法律顾问制度和实施法治，具体表现为高校各个部门都在遵循制度要求，履行法定手续，守规矩的意识强烈了、自觉了，经济往来行为首先签订合同，知道运用法律手段和法治方式来合理解决纠纷，不断完善各种纠纷解决机制。教职员工逐渐养成严格执行财务制度、差旅制度等规范，奖励先进和优秀、处分违纪和作弊、落实学业预警制度等事关大学生个人切身利益的各种制度、章程逐渐完善起来，懂得了严格按照事先规定程序办理相关事宜，高校依法管理培养人才的各项工作的法治水平得到了极大提升。如果面向大学生进行法治宣传教育的措施得力，大学生的法治意识、法治能力、法治水平得到很好提升，我们培养出来的高等教育人才是合格的法治产品，那么高校的法治工作将是非常顺畅的，在法治化的轨道上，高校依法管理培养人才将会事半功倍，法治高校将是法治社会的有机组成部分，为法治社会建构奠定坚实的人才基础、法治基础，并将为法治社会建设积淀先进的模式和基本经验。

总之，有什么样的思维意识，就会有什么样的具体行为和外在行动。大学生法治认同最终会体现在个体自身具体的行为模式上，法治认同本身是一种对法治由观念认同到情感认同再到行为认同的复杂历程，最终会有一种物化的结果呈现。从这种意义上讲，法治思维是大学生法治认同生成的心理基础和内在前提，法治认同是法治思维的外化形式和物化结果。如果法治思维缺失，对法治的认同就成了无本之木、无源之水，也将是一种空中楼阁。换句话讲，处处是一种盛气凌人的人治思维，怎么可能会愿意接受法治的约束和规范，又怎么可能会生成对法治的认同呢？我们要采取多种方式培养大学生法治思维，通过学校课堂启蒙大学生法治思维，引导大学生参与法治实践提高大学生法治素养，凭依家庭、学校、社会合力取得对大学生法治宣传教育的最优化结果，借助学生活动普及大学生法治教育；我们要不断向大学生宣传法治理念、传授法治规范、培育法治思维，只有这样我们才能不断增强大学生对法治的认同。

六 参与制度实践

大学生在法治中国的建设进程中应该如何与时俱进、又应该有什么样的法治态度，一直是新时代大学生思想政治教育应该充分关注和聚焦的时代问题。所有的实践行动都应当是理念先行，没有思想文化理念的指引，只是一味的行动，这样的行动就是盲目的行动；相反，如果只是研究思想和文化理念，没有付诸实际行动，甚至只有一味的思索和坐拥书屋，这样的思想和文化理念是空洞的论调，永远不会对社会发展起到促进作用。推进新时代大学生法治认同最终要到法治建设的生动实践中得到践行，并进行检验和升华。

第六章　推进新时代大学生法治认同的路径选择

（一）生活实践向度

法是人类社会生活经验的经典性反思和总结，法源于社会生活又高于社会生活，最终又将回归社会生活的实践。法如果离开了人类的社会生活实践，将成为空洞的浮云。中外哲学家、思想家、法学家和思想大师们都曾经有过无数宝贵的论述，而且都是关于法与社会生活的精辟见解和深邃洞察。作为法治之精神意蕴的人们对法的信仰的真实根基便是现实的人的日常生活世界。[①] 所以无论如何，法都是从现实社会生活实践中汲取营养和生命力的，法都将回归到现实的社会生活实践中去，从中得以实现法治的理念，从而形成法治的现实社会秩序。因此，正如姚建宗教授指出的：立足于人的日常生活世界，关注人的生活现实的具体场景，乃是法治的真实路径与基本向度。[②]

新时代大学生的法治认同培育同样遵循着上述共识性的基本认知，必须观照大学生的现实生活场景，立足于大学生的现实生活世界，只有这样才能使面向广大青少年的法治教育具有真正的说服力和鲜活的生命力。以现在的高考招生网上录取制度为例，这是培育大学生法治认同的最初的一次制度性安排，也是最重要的法治认同实践之一，制度化安排能够让社会民众和莘莘学子们产生真切而实际的法治认同。历年高考招生过程中，是最令广大社会民众和准大学生揪心的时刻，他们经过十年寒窗苦读即将踏入高等学府，这将是人生的一次重大抉择和分化。尽管高考早已不是昔日万众挤独木桥的壮观景象了，但是今天的社会民众仍然将高考视为孩子成长成才的极其重要的一个环节。他们陪同孩子走过漫长的学业奋斗历程，在高考考场外翘首以盼，在填报志愿时忐忑不安，不惜运用一

[①] 姚建宗：《生活的场景与法治的向度》，《吉林大学社会科学学报》2000年第1期。
[②] 同上。

切办法，动用个人、家庭和社会可能的一切人脉资源，寻找一切可能的途径想让自己的孩子升入理想一点的大学。其实，家长的思想里仍然是相信传统的人的力量，不完全相信法治制度的规范和约束力量。在将当前的高考录取程序与规则制度和其他制度程序作了对比后，我们不难发现，当下的高考录取程序与规则制度是最公平、最符合法治要求的，其原因在于其程序的公开透明和迅速及时，规则制度的执行严格彻底，取消了原来计划体制下和向市场体制过渡时期的所谓"点录"制度，给予了考生公开录取和志愿平等的机会，政策着力点就是以考生分数排序为最根本的依据。随着网上录取制度的成熟，考生可以第一时间通过网络查询获知自己被录取的状态信息，如果考生档案被退回考试院，招生学校将需要做出详细说明，同时可以快捷地转到其他志愿报考的学校，只要处在某一合理的分数段，又能够服从志愿调剂，被相对应层次学校录取的概率就是几乎完全可以确定的，除非考生报考的目标学校过高，存在过于悬殊的差距。因此，我们可以说，当下的高考录取制度是最公平、最阳光、最符合法治的。当然我们在这里探讨的不是高考制度，这里仅是就高考后的录取程序和规则制度而言的，程序越是公开，结果就越是公平，正所谓阳光是最好的防腐剂。就目前的高考制度而言，超出了本书探讨的范围，可以明确指出的是，从山东省教育厅在山东省人大专门会议上接受询问的相关新闻报道中，我们知悉，山东的高考制度也将进行比较大的改革，因为全国的高考制度也是时常饱受非议的，历来成为人们关注的热点问题。

新时代大学生的法治认同培育必须从他们的日常生活实践维度去展开，他们经历了高考录取制度洗礼之后，大学文化的教育熏陶和锻造培育是非常关键的，大学中的各类规章制度应当成为他们的第一课，而制度的执行与落实将成为重要的制度实践。竞选学生会、班委成员、评选各类优秀先进和奖（助）学金，甚至入党都将成为大学生参与制度实践的重要平台，大学应尽可能将各类涉及大学生切身权益的事项，按照阳光程序和规章制度去规范落实，尽可能减少个人因素的不当影响，充分尊重大学生的个人自主权利的实现。当然，最能促动学生内在积极性的就是教师与辅导员的关爱和负责，但这种关爱和负责应当确实是建立在平等法治的基础之上，如果让新时代大学生感受到的是教师和辅导员个人的管理权威影响，是某一个管理者最终幕后操纵，是人治权威的结果，那将仍然是一种致命性的破坏。因为这样的结果将是，大学生遇事仍然是会首先想到人治的威力，而不是制度规则的福音。这也是新时代法治中国建设征程中首先需要破解的阻力和难题。法治建设首先需要观念的更新，而观念和理念的更新确实又来自日常生活维度的实践影响和潜移默化的熏陶，只有当民众遇事首先想到用法治手段去解决，而不是想尽办法去找熟人、走后门、托关系，也就是说只有法治环境越来越有利于民众权利的保障和维护，法治中国建设才有可能说是真正从根本上、从实际上见了成效的。

当然大学生的法治认同还要坚持不懈地从制度实践中不断强化，而且这种强化应该是与社会法治实践相对接的。高校毕竟还是象牙塔，相对于整个大社会而言，更多的还是比较富于理想主义色彩，往往是在大学的课堂上培养出来的仅有的一点理想化色彩，一旦到了社会大课堂、大染缸，原有的底色很快被冲淡了，完全被撕裂了、扭曲了。现在的法治中国建设的历史进程为当前大学生法治教育和法治认同培育提供了非常有利的机遇和现实条件，政府部门全部建立法律顾问制度，高校和中小学法律顾问制度也正在全面铺开，依法治国、法治建设深入人心，无论是象牙塔内还是整个社会各级各类机关单位和企业事业团体组织，等等，人们的法治意识普遍大大增强，已经开始习惯于遇事想"法"、找"法"，咨询法律顾问，寻求法律支持和帮助。社会法治环境的健康发展为新时代大学生法治认同的培育带来了前所未有的良好机遇和时代条件，因此，大学生法治教育和法治实践与社会法治建设的有序对接已经成为现实，这将成为最有利的生活实践向度条件，为大学生积极参与法治建设的制度实践奠定良好基础。

(二) 社会维权实践

社会应当成为国家和公民个人之间的过渡空间,成为公民个人发声有效合成并转化为公共意见和建议的一个平台,尤其要成为解决社会不公平、不安全问题的有效平台。① 因此,在这样一种符合法治政府、法治社会、法治国家理念的视角下,社会有了新的定位与功能,这是建立在一种不同于传统行政思维基础之上的法治思维才有可能实现的效果与状态。只有在法治思维的指导之下,法治的精神和要求才能得到人们的理解和接受,并转化为人们的运用法治方式进行治国理政或依法维权的法治实践。② 这样看来,法治思维是一种软实力、一种精神层面的潜在推动力,只有很好地培养法治思维,法治维权的社会实践才能够形成。法治教育在大学生思想政治教育中占有越来越重要的地位,在实施依法治国的今天,在大学生思想政治教育中的作用也越来越凸显出来,我们要培养具有强烈的法治意识、善于运用法治思维和法治方式来解决社会问题的优秀大学生,在今天看来具有重要的现实意义和政治意义。

大学生由于其所处的特定年龄阶段、较少的社会阅历和仅有的一点社会人脉资源,决定了大学生的社会性还未完全形成,他们还无法拥有足以完全保护自身合法权益的实力,常常成为被侵害正当权益的弱势一方。大学生上当受骗、被诱骗、被胁迫、被侵害,甚至是被强迫去做违法乃至于犯罪的事情也就不是什么稀罕情形了。有的因为贪图物质享受去行窃、去诈骗或者充当别人诈骗的道具或者工具:驻济某高校同一个宿舍的八位女生,国庆小长假在一大型商场勤工俭学期间,由于贪图区区两百元人民币的报酬,未加认真区分和甄别,听信一些不良之徒的花言巧语,不惜拿着自己的身份

---

① 江必新:《法治政府的制度逻辑与理性建构》,中国法制出版社 2014 年版,第 210 页。
② 高国梁:《法治思维的承载主体与实现路径分析》,《常州大学学报》(社会科学版) 2014 年第 5 期。

第六章　推进新时代大学生法治认同的路径选择

证作抵押去实施所谓的分期付款"购买"某知名品牌的高档电子消费产品。实质是被那些无良之人作为诈骗的工具，去骗取他人钱财，幸被有良知和警惕性的销售人员识破，并及时报警处置，才使这群天真但并不烂漫的女大学生如梦初醒，避免了更大的经济损失。有的因为想追求进步但却想寻求捷径、不用努力，因此不得不想一些制度外的非常规做法；有的是因为缺乏必要的法治常识，即使受到不法侵害，也不懂得如何维护自己的合法权益；有的因为打架斗殴和不良习气受到人身伤害，却不知道如何自我保护和防范；有的即使上当被骗或者自身被侵犯，也可能因为受到威胁和恐吓而不敢声张，只得自认倒霉甚至一再隐忍，导致权益重复和长期被侵害；当然也有的大学生遇到各种纠纷或者冲突采取了非法的保护方式，致使自己反而担惊受怕，如同犯罪分子做了见不得阳光的事情一样躲躲闪闪：笔者的一名学生在勤工俭学创业期间，因为经济纠纷，与合作伙伴产生利益分歧，另一名学生在校利用周末打零工期间，与雇主因为工资报酬产生纠纷，两名学生都因为年纪轻、阅历少、处置问题简单化，采取了某些不当的方式，反而害怕对方来追究自己的责任，由最初的利益受侵害方转化成为后来的利益侵害者，维权不当反而得被动躲避对方，不敢和对方协商解决先前受到侵害的经济纠纷和利益分歧。这种做法其实是以暴制暴、以非法对抗非法，其结果只能是自己也深陷不当和非法的泥潭。这种对法治的不当运用是不可能产生高度的法治认同的；相反，如果我们能够抓住这种机会，适时加以法治专业化引导，使其深刻体会到法治的正当和现实利益，是能够让我们的大学生从自身的生动体验中生成强烈的法治认同的。笔者也是这样实践的，也正是因为这种缘故，自己作为班主任、辅导员和专业老师所带过和教过的很多专业大学生，都愿意和笔者保持经常性联系。还有的大学生可能接受过一些法治教育，因为喜欢法律专业自己也钻研了一些法律书籍，但在实际运用中由于运用和把握不当，导致跟风形成社会上的一种过度维权行为，实则是权利滥用和法治不当运用。因此，大学生的维权实践成为一个亟待加强的薄弱地带。

大学生法治认同的生命力在于应用，应当与他们的自身维权和社会维权实践紧密相结合。不少非法律专业的学生或许由于个人现实生活的需要或者由于个人的爱好兴趣，喜欢学习法律专业知识，主动旁听法律专业相关课程，并进一步提升个人的法律知识水平，愿意从事法律职业。法律事务专业的很多学生由于在校期间奠定了比较好的专业知识素养，在法学院系开办的法律诊所和法律援助中心从事法律具体事务的实习和实践，通过这些具体而直接的法律运用实践，维护了自己和他人的合法正当权益，有效拓展了大学生在校期间的社会维权实践。一些非法律专业的大学生因为能够在大学校园里亲身接触和体验到这种维权的实践，也深切感受到法学学科和法治实践的实务魅力，从而转向法律行业作为个人将来终生从事的职业，而很多法律专业的大学生，因为在法律实务中训练养成的良好法律素养而成为未来法律职业中的骨干和行业中的佼佼者。还有什么能比得上这种现实的法律纠纷与维权事务的亲自参与处理，更能让在校大学生体悟和领会到法治的实务性、应用型，从而生成稳固而高度的法治认同。

我们要通过生动的法治维权实践，让大学生产生切身的体会和深刻的认识，法治要成为社会每个普通公民合法权益的忠实守护者和坚定的捍卫者。以前人们对小康社会的理想描述是"楼上楼下，电灯电话"，这种朴素而形象的描绘唤起了多少民众的向往和执着追求，这样的描绘是最接地气的。现在我们进行社会主义法治建设，建设法治中国同样需要这种接地气的描述来唤起民众对法治的强烈认同，有一种理论认为多少年来形成了一种所谓西方自由化法治理念，说这种自由化法治理念是对社会主义的演变和腐蚀。抛开这种政治意味的讨论不说，单就法治对人们的号召和吸引来说，如果自由化法治理念能够很好地激发民众那种内心深处最为朴素的法治认同感的话，我们认为存在就是一种合理性，完全可以辩证吸收、为我所用。只有这样才能让我们的法治建设接地气，也只有这

第六章　推进新时代大学生法治认同的路径选择

样才能做到让我们的法治建设不能仅仅是一种高大上的上层供品，也只有这样才能让我们的法治科学理论和依法治国的宏大理念真正具有强大的生命力，真正做到对大学生来说不仅是进课堂、进教材，更是一种入脑入心的、生动的社会维权实践。当法治建设能够给人们对维权行为及其正当结果以合理的预期时，新时代大学生更愿意通过法治方式来维护自身权益的时候，法治建设就取得了明显成效，大学生是社会发展的风向标，他们具有比较强烈的社会适应能力，最终将成为整个社会法治建设的主要推动者和担当者。最给力的法治教育就是法治维权实践，可以说华丽的言辞永远无法代替实际的切身行动。伴随着社会转型期的发展，国家在高等教育改革与发展方面也正在进行着一系列的变革和转型，比较突出的就是强调应用型普通本科教育的推行，加大了社会实践教学的比例和要求，要培养学生的动手实践能力，培养适应社会发展实际需要的实践性、应用型人才。这种改革举措拉近了学校与社会之间的距离，使得普通本科院校培养出来的毕业生能够很好地适应社会与市场需求，具有很强的行业实践能力，实现了教学科研与社会生产、大学与用人单位之间的零距离接触，使得大学培养出来的人才更具有社会适应性。只有让我们的大学生真正从象牙塔里走出来，走进社会实践，培养学以致用的应用能力和实务能力，这样的教育才是真正具有生命力的教育，这样的法治建设才是真正具有影响力、感染力和生命力的法治建设，这样形成的法治认同才是最具底气、最接地气、最有定力的法治认同。

只要我们坚定地立足于现实的人的日常生活世界，密切地关注现实的人的具体的生活场景，那么，对于中国社会来说，法治就不仅是可欲的，而且是可行的；不仅是可期待的未来的理想，而且是可感知的当前的现实。[1] 同样，只要我们坚定地从大学生亲身参与

---

[1] 姚建宗：《生活的场景与法治的向度》，《吉林大学社会科学学报》2000年第1期。

社会维权的具体实践出发，运用法治思维方式，充分发挥法治实务能为人们排忧解难、提供法治权益保障的应用型特有魅力，那么，对于大学生乃至于全体民众的法治认同生成都将是一种水到渠成、自然而然的事情。

小　结

中国的法治建设正经历着深刻变革和历史转型，当然也已经取得了令世人瞩目的成就。但是如何彻底、全面、顺利转型，如何充分克服前进道路上的不利障碍，尤其是如何引导广大民众真正走向法治，还是一个较为现实的问题。因为不少学者撰文指出：中国是一个缺乏契约的国家，中国人没有契约精神；中国素以不讲规则出牌为智谋，所谓中国人的聪明是以违背契约精神为代价的，以钻法律的漏洞为智慧和光荣而沾沾自喜。还有学者指出：在中国传统高度集权制的社会中，权力可以攫取利益，是以强权破坏平等交换、践踏契约为牺牲的。词语虽然尖锐，但却是有一定道理。建设法治社会确实需要培养平等精神、保障契约自由。但我们也应该全面地看待中国的文明发展历程，中国的崛起是有其历史的正当性的，在一些人眼里的重大瑕疵和缺陷，在特定社会历史背景下对中国的发展和崛起也是起到了重要进步作用的。西方国家对中国政府具有强大的整合社会资源能力、集中全社会力量办大事办对全社会有意义的事情也是刮目相看、非常震惊的，这一属性对中国来说应该是把双刃剑，这才是历史的眼光、才是实事求是和科学的态度。

今天，在法治中国建设的宏大历史背景下，我们研究大学生的法治认同问题，尤其是探讨推进大学生法治认同的具体路径应该既要探讨法治认同的思想文化理念方面的问题，又要分析研究法治认同的实践行动，只有这样才能实现法治理论与法治实践的有机结合，才能真正有效推动新时代法治中国的建设进程。具体而言，我们应该坚持加强法治宣传教育、培养法治情感、遵循法治价值的内化引领，还要进一步培育新时代大学生的公民意识和法治思维，优化建构依宪治国背景下的市民社会，并积极引导新时代大学生参与法治制度的具体实践。情感动力、价值引领、法治思维、公民意识等几个维度是大学生法治认同的思想文化理念维度，一个根本即参与制度实践，是大学生法治认同的实践行动，思想文化理念维度最终要统一于一个根本，依此深入研究大学生法治认同的路径问题，只有这样才能造就法治中国建设所需要的、新时期大学生对法治的高度认同。

结　　语

　　大学生的法治认同需要诸多外在和内在条件，法治思维的培养是一种至关重要的因素，更是一种内在软实力的体现和升华。只有逐渐形成法治思维的模式，才有可能实现通过对法治的宣传教育——外在的灌输和影响，达致对法治首先是不排斥不拒绝——做到能够初步接纳，尽管或许存在对法治的质疑，并进一步达到形式上的法治认同——形式层面的法治认同是一种基本的共识，法治将成为绝大部分社会成员的时尚话语体系，言必说法治成为一种时代的主题旋律和关键词；在形式上达成法治认同的基础上进一步升华才能到达实质的法治认同——实质的法治认同是一种默契和自觉，必然内化为一种法治的固化理念和定式行为，社会成员视遵守法治为一种必然和常态。在实质法治认同状态下，社会成员会视规则为生命线，不遵守法治就是一种不正常的状态，是对正常法治状态的极大破坏。即使没有警察值守，民众也照样自觉遵守和维护秩序，不会因为自己的聪明而去探寻法治的漏洞，也不以能钻法律的空子而自豪——这当然是实质法治认同的一种理想状态。曾经听到过一个男青年因为深夜敢闯红灯和不敢深夜闯红灯而备受同样的奚落和被爱情之神两次拒绝垂青：一位中国男青年因为在深夜闯红灯被其外国女友指责："你怎么能闯红灯呢？太没有规则意识了。"怎么能继续相处下去呢，无法理解怎么会敢于闯红灯呢，因而分手离去；同样是这位中国男青年，因为在深夜没有警察情况下，都不敢闯红灯，被其中国女友指责："你怎么这样没有一点男子汉气概呢，

结 语

又没有警察,深更半夜里,几乎就没有人,你都不敢闯红灯?就你这样子,一点勇气没有,怎么指望你保护我呢?"因而分手离去,其中不乏笑谈中外的幽默诙谐,但应当值得深思的是其中的法治理念和法治思维,其中反映和折射出的法治理念却是截然不同的,尽管这是一种笑谈和传说,甚至后来有学者批判西方式理想化自由法治理念,认为这种法治认同的应然和实然是存在巨大差异的,绝不是人们想象中的绝对完美形态。当然还有学者指出缺乏严格公正的执法和严厉的法治惩罚,法治认同将是一种空话。正是对严厉的法治惩罚存在着巨大的畏惧之心,实质法治认同才能最终形成,并模式化为社会成员的一种自觉行为。这种观点也是非常具有深刻道理的,这其实是实质法治认同的另一种外在条件,必须辅之以严厉的法治惩罚手段和不利后果,单纯的法治宣传教育是无法达到完全的法治认同的境界和层次的。

推进新时代大学生的法治认同必须渗透进大学生思想政治教育的具体实践过程中去,空洞的说教是永远不会有多么生动的实际效果的,尽管从事大学生思想政治教育的工作者们进行了不断的改革尝试,力求将大学生思想政治教育大众化、实践化、通俗化、形象化,但是不可否认的是仍然有相当一大部分人,他们将大学生思想政治教育作为一种工作手段,即使取得了生动的效果,一旦不能持续跟进,也将很有可能无法持续有效,甚至出现大逆转和大反复。法治和法治认同能够很好地弥补大学生思想政治教育的这种缺陷和不足,因为法治具有持续性和发展性,法治认同更加具有长效性、制度化色彩。法治认同要发挥制度的规范色彩,立足于外在规范与内在引领,使其二者相互支撑、彼此强化、共同发挥实效。具体而言,所谓外在规范主要是指法治是行为的准则和依据,这种规范带有法律层面的国家强制力作为保障,是普遍应该一体遵行的,不存在只是舆论或道德谴责而不敢强制适用的问题,如果只是思想政治教育和说教的话,是不能诉诸法律的强制力作为保障的。如果培养出更好的契约精神,一方违约给对方带来不利益或者损失,对方必然会有对违约的制约措施，比如某种对违约行为的惩罚措施，正是这种具体的惩罚措施会使自己处于不利境地，也必然规范制约己方行为严格遵守法治要求。所谓内在引领就是指，法治的规范价值和精神理念已经深深地植根于法治主体的头脑之中，形成为一种内隐式、自觉性的固化理念，正是这种理念和价值的精神作用，使得遵守法治、认同法治是一种发乎于心的自觉和积极引领，这是一种当然和应然，法治主体已经形成思维定式和行为定式，完全是一种不自觉的行为了，一种自觉性的理念达到了不自觉性的行为状态，成为一种境界和理念的提升。这种不自觉性的行为完全是一种内在自律和内隐引领，会视遵守法纪为自然而然的当然行为，不会刻意追寻法律制度的漏洞，更不会以能钻法律的漏洞寻求某种利益为个人的"聪明才智"，如果是这样的话，"王海买假打假"将成为法治社会中的一种不可思议的反常现象，是缺乏法治认同内在引领作用的基本表现。以此类推，大学生如果生成普遍的法治认同，那么我们的大学生思想政治教育将会比现在有效得多、容易得多。

大学生的法治认同还能够有效培养大学生对法治的敬畏之心，敬畏是最好的规矩意识。美国第一任总统乔治·华盛顿说过："当我走向总统的座椅时，就像一个罪犯走向刑场时的心情一样"，说明总统华盛顿尽管成为开国总统，但仍然对待总统的治国最高大权心怀深深的敬畏，他不是欣喜若狂，而是胆战心惊、如履薄冰、诚惶诚恐。唯恐施政不当带来极为不利益的后果，对待总统权力的行使采取了一种极其审慎的态度，寥寥数语将其对待总统权力带有十二分的敬畏之神态刻画得淋漓尽致，只有做到权力真的是被关进了制度的笼子里才会有这种深刻的体验和感悟。相反，如果无所畏惧将是非常可怕的，是最没有规则意识的表现，是最没有法治文化和法治意识的结果与体现。现在，常听人们提到社会中不少人缺少起码的职业道德和职业纪律，不按规则行事，自以为可以为所欲为，无所畏惧，甚至就连白衣天使、神圣的学堂里也不时传出不和谐音符。刚刚发生的两件事情，令人不可思议却又是实实在在发生的。

结 语

一则是湖南省某医院医生在手术台上给病人家属加价,不交钱不继续做手术,病人已经躺在手术台上被切开了伤口,就这样等着家属无奈交上一万六千元后,手术才得以继续进行。更为恶劣的是,当媒体记者去采访该医院医生时,拒绝采访也就罢了,竟然穿着洁白的医生服在医生的办公室里就动手暴打女记者,确实骇人听闻。另一则是义务教育的小学校园里,面对花一样的幼小年龄的孩子们,不是出言粗野、粗俗,就是大发脾气,再有就是年幼童真的孩子不是被罚站打骂就是被打得屁股上出现大片瘀血青紫。这两则事件是非常令人震惊的,但是很多民众包括大学生却又感觉很是稀松平常,还算不上什么爆炸新闻。就是这些发生在治病救人的圣洁的医院和教书育人的神圣的校园之中的事情,当事者们的内心还能有什么畏惧吗?又有什么规则法治可言呢?没有什么畏惧,就没有什么规矩方圆,表现出的就是为所欲为,没有底线的胆大妄为,当然谈不上有什么法治思维和法治意识,法治早已跑到爪哇国去了,先是违法行事,再是行凶伤害,完全是一副法盲的嘴脸,与现在进行法治中国建设完全是背道而驰的,根本毫无法治精神。

心存敬畏才能使人产生发自内心的遵规守纪,从这种带有普遍性的意义上讲,现代法治建设迫切需要培育人们对法治的敬畏之心。因为只有心存对法治的敬畏之心,才能谈得上对法治的遵守和服从,才有可能谈得上对法治应有的认同态度,很难想象那种对法治没有一点敬畏之心的人会是一个遵守法治的人。其实,大学生对美国法院判处两名中国的留学生终身监禁是大受震撼的,只是因为他们在美国暴力殴打侮辱同为留学生的同胞同学,而这种行为在很多国内的大、中学生们看来,那完全是小事一桩,根本与监禁扯不上边,更不要说终身监禁。特别值得一提的是,就是那些在现场没有动手亲自施暴,只是旁观或者参与的留学生也是一样地遭受重罚,罪同施暴者一样,这种情况更是让这些大学生、留学生产生深深的畏惧之感。心存敬畏才能很好地自我约束和自我提升,甚至是,心存敬畏才能更深刻地产生认同乃至于形成某种信仰。信仰是一种更高级的精神活动,是在认同和敬畏基础上才能形成的,包含着强烈的凝聚力和吸引力。认同和敬畏同样都是一种不可忽视的精神力量,具有内在本质上的同质性。认同是一种内心的体认,乃至于模仿和服从,是对比其地位高的人或物的一种认可、效仿和遵从;相比较而言,敬畏其实在某种意义上也是一种认同,只不过是因为敬畏给人更多感觉是一种须仰视才可见的重压,畏是畏惧和胆怯,敬也因畏而生威,当然首先是认可,而且是不得不认可,所以敬畏是一种特殊的认同,对法治的敬畏之情能有效巩固法治认同的效果,敬畏法治本身就是一种对法治的认同,敬畏进一步加剧了法治认同的效力。反之,法治认同也能够有效培养对法治的敬畏之情,认同法治使人们养成守法遵规的良好意识,也能让人们对法治产生更深刻的敬畏之情。因为越是认同法治,越能够更好地认识到法治的刚性和惩罚性,越能够认识到法治的惩罚性就越能够产生对法治的敬畏之情,毕竟认同法治的惩罚性就必然生成对法治的敬畏。法治认同和对法治的敬畏都是一种对法治的情感体验,具有了这种深刻的情感体验,法治教育和大学生思想政治教育才能产生比人们预期要好得多的具体效果,所以,推进新时代大学生的法治认同不仅是法治中国建设的法治要求,也是大学生思想政治教育的时代要求;大学生的法治认同极大地推动了大学生思想政治教育的进一步发展和进步,对于提高大学生思想政治教育的实效性和长效性具有重要意义。尽管提高大学生思想政治教育的实效性也是一个时话常新的现实课题,但是应该看到的是,在政治新常态、法治新常态、经济新常态、社会新常态下,大学生的法治认同为解决这一思想政治教育的基本理论问题提供了新的范式和新的视野,使这一命题更加具有时代性、前沿性、可操作性、发展性和未来趋势性。

附录 大学生法治认同的调查问卷

一 单选

1. 你的专业背景是（ ）

A. 非法学   B. 法学

2. 如果有机会选择法律职业，你最可能选择（ ）

A. 法官   B. 检察官   C. 律师   D. 法学教师

E. 法学研究人员   F. 公证员

G. 基层法律服务工作者

3. 假如你是一名法律专业毕业的选调生，挂职村支部书记助理两年后，面临如下选择，你最可能选项是（ ）

A. 区法院   B. 区检察院

C. 街道办事处或乡镇党委   D. 村党支部书记

4. 法律及相关专业吸引你的因素，最可能的选项是（ ）

A. 律师能够赚大钱   B. 法官、检察官地位高

C. 学法、懂法、解决法律纠纷   D. 法治是大势所趋

E. 不喜欢法律专业、也不相信法治

5. 你对实施法治的态度（ ）

A. 相信，法治是趋势，法治会越来越好，尽管现在还存在很多问题

B. 质疑，现在依然还是人治，只是提法不同而已

C. 排斥，不可能取代人治传统

D. 无所谓，没关注

6. 在对"人治"与"法治"的内涵及其相互关系的理解上，你认为：（ ）

　　A. 人治基本不具有合理性，且与法治水火不容，应该坚持法治，彻底摈弃人治

　　B. 人治具有一定的合理性，可以与法治结合，法治为主，人治为辅

　　C. 人治具有一定的合理性，但是作为一种治国模式，它不可能与法治结合，必须摈弃人治

　　D. 人治比法治更适合中国的国情，只需要吸收法治的有益成分作为补充就可以了

7. 新一届政府打老虎、拍苍蝇，反腐力度备受世人瞩目，法治得以张扬，但对于"党大还是法大"、"权大还是法大"的命题看法还存在颇多说辞，你认为：（ ）

　　A. 必须坚持党的领导，即使再强调依法治国，我们至多可以有法制，但不会有法治。

　　B. 做到党的领导和依法治国有机的统一，坚持国家事务中"宪法至上"、党内事务中"党章至上"。

　　C. 法律至上，党也必须在宪法和法律范围内活动。

　　D. 其实还是党大，法律是在党的领导下制定出来的。

8. 你认为依法治国的推演提法——依法治省——依法治市——依法治县——依法治乡——依法治村——依法治校——依法治水——依法治人——"依法治X"是否科学？（ ）

　　A. 只要依法就可以，已经是进步了，治谁无所谓

　　B. 逻辑正确，提法科学

　　C. 偷换概念、结论错误，成为治民的工具，法治价值消失殆尽

　　D. 感觉还可以，不是很专业

9. 在当前法治环境下，从大学生就业机会角度看，你认为下面哪种观点更符合你个人的情况？（ ）

　　A. 整体上较为公平，国家提供了尽可能多的平等竞争就业

机会

　　B. 仍然是靠父母社会关系才能有好的就业机会

　　C. 既要有个人奋斗努力，也要有关系才行的通

　　D. 靠个人实力就足以有很好的就业机会

　10. 到政府机关、事业单位办事，现在实施依法治国的社会环境下你通常最可能选择下面哪种方式（　　）

　　A. 首先还是会想方设法找熟人、打招呼

　　B. 查询规章制度，按程序依法去办理

　　C. 法治只是说说而已，只要送礼、请客就有可能

　　D. 基本上还得遵照法治规章去办理，但同时也不可能完全脱离人情因素

　11. 对于"路怒一族"，从法治角度看怎样评判？（　　）

　　A. 可以理解，但过于冲动，需要冷静、理性解决纠纷

　　B. 人不犯我，我不犯人；人若犯我，我必犯人，有些没有公德之人就得需要"教育"、"修理"

　　C. 严格按法律处理，都要依法严惩

　　D. 太不理性，应该学会用合法的方式维护正当权益

二　不定项

　12. 你认为当前中国最主要的社会矛盾是什么？（不超过三项）

　　A. 贫富差距　　B. 劳资矛盾　　C. 征地拆迁

　　D. 官民矛盾　　E. 信访　　　　F. 腐败

　　G. 利益集团　　H. 信仰缺失　　I. 其他（请注明）_____

　13. 对于网络反腐，从法治角度看如何评判（　　）

　　A. 腐败太令人痛恨，坚决支持网络反腐斗士

　　B. 网络反腐与侵权界限模糊，极其容易侵犯他人隐私，需要严格限制使用

　　C. 要充分合理合法利用网络渠道反腐，正确引导、加强自律、不断完善网络反腐

D. 无所谓，只是可以经常看到新故事

14. 对待校园暴力行为和校园欺凌事件的处理，中美两个国家法律存在巨大差异，针对这种法治差异有什么样认识和感受？（　　）

A. 非常震惊美国法律的严厉，竟然判了终身监禁，受到了深刻法治教育

B. 中国的法律更加人性化

C. 缺乏必要的人性关怀，毕竟还是学生

D. 美国法律也未必就是公平的，全世界一样都奉行金钱主义

E. 其中一个留学生家长竟然试图用"中国式聪明"贿买证人，可惜只能在中国可行

F. 应该学习美国的法律，严惩校园暴力和校园欺凌的行凶者

15. 你会因为1元钱而去法院起诉打官司吗？（　　）

A. 会，现在司法改革了，法院是有案必立

B. 不会，太没必要了

C. 一般不会去打这样的官司吧，除非想出名

D. 应该提倡学习这种法治精神，但未必去打这样的官司

16. 当你本人或者你的家人、亲朋好友的合法利益受到侵害甚至长期受到侵害得不到解决时，你的态度会是（　　）

A. 退一步海阔天空，该容忍的得容忍

B. 寻求法律帮助，运用法治方式理性解决

C. 感到忍无可忍时，以牙还牙，不否认会试图采取暴力乃至极端手段，快刀斩乱麻痛痛快快解决

D. 现在已经是法治社会了，相信这种情况比较罕见，即使是真的出现了，也应该能得到合理的解决

17. 怎样看待在大学生中进行法治宣传教育？（　　）

A. 非常有必要，适应依法治国的需要

B. 尽管是好事，但是由于精力有限，学好专业课就可以

C. 多学习法律知识有好处，可以多开设法律类公选课

D. 法律也是需要人去实施的，还是相信"人"，法治宣传没有

什么用处

18. 对于党的十八届四中全会提出的"要自觉提高运用法治思维和法治方式深化改革、推动发展、化解矛盾、维护稳定能力"如何看待？（　　）

A. 法治思维是坚持法律至上、遵循法律的思维

B. 高大尚，与传统上行政思维是相对立的，现实生活中难以实现法治思维

C. 全民都要信法，都要自觉养成法治思维

D. 不懂得什么是法治思维

19. 2014年我国首次设立"国家宪法日"，你的看法是（　　）

A. 重视宪法，适应社会发展、与国际接轨

B. 不知道宪法有什么作用，宪法日也没什么用

C. 设立"国家宪法日"是制度上的一大进步，必将对法治中国建设产生重要影响和积极推动力

D. 越是没什么作用的，越是有自己的节日，"国家宪法日"也将是如此

E. 应该设立，要树立宪法最高权威，维护公民正当权益

谢谢参与！

参考文献

经典文献

《马克思恩格斯全集》第 1 卷,人民出版社 1995 年版。
《马克思恩格斯文集》第 1 卷,人民出版社 2009 年版。
《马克思恩格斯文集》第 2 卷,人民出版社 2009 年版。
《马克思恩格斯文集》第 3 卷,人民出版社 2009 年版。
《马克思恩格斯选集》第 4 卷,人民出版社 2012 年版。
《习近平谈治国理政》,外文出版社 2014 年版。
《中国共产党第十八届中央委员会第四次全体会议文件汇编》,人民出版社 2014 年版。

著作类

白建军:《法律实证研究方法》,北京大学出版社 2014 年版。
陈金钊:《法治思维及其法律修辞方法》,法律出版社 2013 年版。
陈瑞华:《看得见的正义》,北京大学出版社 2013 年版。
陈征楠:《法正当性问题的道德面向》,中国政法大学出版社 2014 年版。
丛日云:《西方文明讲演录》,北京大学出版社 2014 年版。
顾友仁:《中国传统文化与思想政治教育的创新》,安徽大学出版社 2011 年版。
郭义贵:《伯尔曼的法律世界:信仰与秩序的谐调》,知识产权出版社 2013 年版。

韩非：《韩非子》，北方文艺出版社2014年版。

郝铁川：《法治沉思录》，上海三联书店2007年版。

何勤华等著：《大陆法系与西方法治文明》，北京大学出版社2014年版。

何中华：《重读马克思——一种哲学观的当代诠释》，山东人民出版社2009年版。

何中华：《社会发展与现代性批判》，社会科学文献出版社2007年版。

季卫东：《法治中国》，中信出版社2015年版。

季卫东：《通往法治的道路——社会的多元化与权威体系》，法律出版社2014年版。

江必新：《法治政府的制度逻辑与理性建构》，中国法制出版社2014年版。

蒋德海：《社会治理回归社会路径研究》，知识产权出版社2015年版。

李德顺：《价值论——一种主体性的研究》，中国人民大学出版社2013年版。

林雪梅：《马克思的权利思想》，人民出版社2014年版。

刘旺洪：《法律意识论》，法律出版社2001年版。

刘瑞复：《法学方法与法学方法论》，法律出版社2013年版。

刘钰：《第三种文明——社会主义政治文明建设研究》，南京大学出版社2005年版。

刘哲昕：《法治才是硬道理——从法治思维到命运共同体》，法律出版社2015年版。

刘哲昕：《文明与法治——寻找一条通往未来的路》，法律出版社2014年版。

卢建军：《法治认同生成的理论逻辑》，法律出版社2014年版。

钱穆：《中国历代政治得失》，九州出版社2012年版。

沈壮海：《文化软实力及其价值之轴》，中国出版集团、中华书局

2013年版。

苏力：《法治及其本土资源》，中国政法大学出版社2004年版。

孙春伟：《法律意识形态论》，法律出版社2015年版。

王利明：《迈向法治——从法律体系到法治体系》，中国人民大学出版社2015年版。

王人博、程燎原：《法治论》，广西师范大学出版社2014年版。

汪习根：《权力的法治规约——政治文明法治化研究》，武汉大学出版社2009年版。

武建敏、董佰壹：《法治类型研究》，人民出版社2011年版。

徐国亮：《政府权威研究》，山东大学出版社2006年版。

徐运良：《法治是如何实现的？》，法律出版社2010年版。

姚建宗：《法治思语》，法律出版社2014年版。

殷啸虎：《法治的品格》，上海社会科学院出版社2015年版。

俞可平：《国家底线：公平正义与依法治国》，中央编译出版社2015年版。

於兴中：《法治东西》，法律出版社2015年版。

喻中：《法律文化视野中的权力》，法律出版社2013年版。

喻中：《中国法治观念》，中国政法大学出版社2011年版。

张晋藩：《依法治国与法史镜鉴》，中国法制出版社2015年版。

张维为：《中国震撼——一个"文明型国家"的崛起》，上海人民出版社2015年版。

张文显：《良法善治——民主法治与国家治理》，法律出版社2015年版。

张中秋：《中西法律文化比较研究》，中国政法大学出版社2006年版。

郑戈：《法律与现代人的命运：马克斯·韦伯法律思想研究导论》，法律出版社2006年版。

郑永廷、罗姗：《中国精神生活发展与规律研究》，中山大学出版社2012年版。

参考文献

［英］阿尔弗雷德·汤普森·丹宁：《法律的正当程序》，李克强、杨百揆、刘庸安译，法律出版社 2015 年版。

［美］艾伦·德肖维茨：《你的权利从哪里来?》，黄煜文译，北京大学出版社 2014 年版。

［英］伯特兰·罗素：《权威与个人》，储智勇译，商务印书馆 2012 年版。

［英］布莱恩·辛普森：《法学的邀请》，范双飞译，北京大学出版社 2014 年版。

［意］布鲁诺·莱奥尼（Bruno Leoni）：《自由与法律》，冯辉译，湖南教育出版社 2008 年版。

［美］富勒：《法律的道德性》，郑戈译，商务印书馆 2005 年版。

［美］哈罗德·J. 伯尔曼：《法律与宗教》，梁治平译，生活·读书·新知三联书店 1991 年版。

［德］何意志：《法治的东方经验——中国法律文化导论》，李中华译，北京大学出版社 2010 年版。

［德］黑格尔：《小逻辑》，贺麟译，商务印书馆 1997 年版。

［英］霍布斯：《利维坦》，黎思复、黎廷弼译，商务印书馆 2014 年版。

［德］卡尔·施密特：《论法学思维的三种模式》，苏慧婕译，中国法制出版社 2012 年版。

［美］卡尔·威尔曼：《真正的权利》，刘振宇、孟永恒、魏书音等译，商务印书馆 2015 年版。

［美］理查德·A. 波斯纳：《法理学》，苏力译，中国政法大学出版社 1994 年版。

［法］卢梭：《社会契约论》，李平沤译，商务印书馆 2011 年版。

［美］罗斯科·庞德：《法律与道德》，陈林林译，商务印书馆 2015 年版。

［英］梅因：《古代法》，沈景一译，商务印书馆 1959 年版。

［美］塞缪尔·亨廷顿、劳伦斯·哈里森：《文化的重要作用——

价值观如何影响人类进步》，程克雄译，新华出版社 2010 年版。

［美］塞缪尔·亨廷顿：《文明的冲突与世界秩序的重建》，周琪、刘绯、张立平等译，新华出版社 2010 年版。

［英］汤姆·宾汉姆：《法治》，毛国权译，中国政法大学出版社 2012 年版。

［美］汤姆·R. 泰勒：《人们为什么遵守法律》，黄永译，中国法制出版社 2015 年版。

［英］亚当·斯密：《道德情操论》，谢宗林译，中央编译出版社 2015 年版。

［古希腊］亚里士多德：《政治学》，吴寿彭译，商务印书馆 1983 年版。

［英］约翰·埃默里克·爱德华·达尔伯格-阿克顿：《自由与权力》，侯健、范亚峰译，译林出版社 2014 年版。

［美］约翰·罗尔斯：《正义论》，何怀宏等译，中国社会科学出版社 1988 年版。

［英］约翰·穆勒：《功利主义》，徐大建译，商务印书馆 2014 年版。

论文类

白建军：《论法律实证分析》，《中国法学》2000 年第 4 期。

包心鉴：《开启社会主义民主和法治新时代——法治中国建设的当代政治价值》，《党政研究》2015 年第 3 期。

陈金钊：《对"以法治方式推进改革"的解读》，《河北法学》2014 年第 2 期。

陈金钊：《高度重视法治思维的作用》，《环球法律评论》2014 年第 1 期。

陈金钊：《缘何以法治方式提升国家治理能力？》，《山东社会科学》2014 年第 7 期。

陈金钊、邱成梁：《法治方式的公信力研究》，《湖南警察学院学报》2014 年第 3 期。

陈金钊：《法治与改革的关系及改革顶层设计》，《法学》2014 年第 8 期。

陈金钊：《法治共识形成的难题——对当代中国"法治思潮"的观察》，《法学论坛》2014 年第 3 期。

陈金钊：《"法治改革观"及其意义——十八大以来法治思维的重大变化》，《法学评论》2014 年第 6 期。

陈金钊：《"法治方式"对中国的冲撞及其反思》，《东方法学》2014 年第 2 期。

陈金钊：《"法治思维和法治方式"的意蕴》，《法学论坛》2013 年第 5 期。

陈金钊：《法治思维的前提之殇及其修复》，《山东大学学报》（哲学社会科学版）2014 年第 5 期。

陈金钊：《实质法治思维路径的风险及其矫正》，《清华法学》2012 年第 4 期。

陈煜：《试论法治信仰》，《延安大学学报》（社会科学版）2001 年第 3 期。

陈玉祥：《法治原则认同与国家软实力》，《法制与社会》2014 年第 5 期。

谌洪果：《法律思维：一种思维方式上的检讨》，《法律科学》（西北政法学院学报）2003 年第 2 期。

范毅：《论宪法精神的概念》，《现代法学》2004 年第 4 期。

范毅：《论宪法精神的价值》，《法学研究》2004 年第 7 期。

高国梁：《法治思维的承载主体与实现路径分析》，《常州大学学报》（社会科学版）2014 年第 5 期。

龚廷泰：《法治文化的认同：概念、意义、机理与路径》，《法制与社会发展》2014 年第 4 期。

何中华：《"法治"的合理性及其限度》，《中共济南市委党校济南市行政学院济南市社会主义学院学报》2001 年第 3 期。

胡国梁：《积极守法：一个被忽视的法治维度》，《中南大学学报》（社会科学版）2015 年第 1 期。

赖建东：《法律信仰命题的交锋、探源与出路》，《研究生法学》2014 年第 3 期。

李春明：《传统"法治"文化与当代中国公众的法律认同》，《东岳论丛》2007 年第 6 期。

李春明：《市民社会视角下当代中国法治文化认同》，《山东大学学报》（哲学社会科学版）2009 年第 6 期。

李春明、王金祥：《以"法治认同"替代"法律信仰"——兼对"法律不能信仰"论题的补充性研究》，《山东大学学报》（哲学社会科学版）2008 年第 6 期。

李春明、张玉梅：《当代中国的法治认同：意义、内容及形成机制》，《山东大学学报》（哲学社会科学版）2007 年第 5 期。

李晖：《法律·法制·法治——公民的法律意识与法治认同》，《社会心理科学》2015 年第 1 期。

李翔：《对现行正式法文化属性的一种反思——以当代中国民间习惯法的"情理"观为出发点》，《中华文化论坛》2011 年第 6 期。

梁中华、褚金芬：《大学生思想政治教育在构建社会主义和谐社会中的作用》，《改革与开放》2011 年第 4 期。

刘立明：《民间法与农村社会的法治启蒙》，《延边大学学报》（社会科学版）2012 年第 1 期。

刘江翔：《生态文明建设的法治维度及其认同》，《湖南科技学院学报》2013 年第 6 期。

吕廷君：《法律生长与民族复兴》，《法学论坛》2013 年第 4 期。

吕朝辉：《论边疆法治文化认同建设的障碍与路径——以云南边疆多民族地区为分析视角》，《云南行政学院学报》2015 年第 2 期。

吕世伦、张学超：《"以人为本"与社会主义法治——一种法哲学上的阐释》，《法制与社会发展》2005 年第 1 期。

马长山：《中国法治进路的根本面向与社会根基——对市民社会理

论法治观质疑的简要回应》,《法律科学》(西北政法学院学报) 2003 年第 6 期。

苗金春:《法律实用主义的进路及其贡献——司法能动主义的理论渊源》,《学术界》2008 年第 4 期。

亓同惠:《法治中国背景下的"契约式身份":从理性规制到德性认同》,《法学家》2015 年第 3 期。

齐文远、苏彩霞:《刑法中的类型思维之提倡》,《法律科学》(西北政法大学学报) 2010 年第 1 期。

饶世权:《如何提高法治政府建设的公众认同》,《中国党政干部论坛》2014 年第 2 期。

石雁:《法治教育中的思想政治教育渗透》,《思想教育研究》2013 年第 2 期。

宋玉波:《政党"束手束脚"可让国家少走弯路——习近平法治思想蕴含的新意》,《人民论坛》2013 年第 12 期。

王春风:《从法律工具主义论法律信仰的缺失》,《法制与社会》2011 年第 28 期。

汪怀君:《"认同"内涵的跨学科分析》,《理论导刊》2015 年第 5 期。

王慧扬:《论当代中国社会主义法治观》,《贵州师范大学学报》(社会科学版) 2014 年第 1 期。

汪习根:《法治政府的基本法则及其中国实践》,《理论视野》2015 年第 1 期。

魏治勋:《"消极法治"的理念与实践路径》,《东方法学》2014 年第 4 期。

武晓婕:《〈思想道德修养与法律基础〉课教学中大学生法治认同观念培养路径探析》,《价值工程》2011 年第 11 期。

徐显明、齐延平:《走出幼稚——十一届三中全会以来法理学的新进展》,《法理学、法史学》1999 年第 1 期。

仰海峰:《超越市民社会与国家:从政治解放到社会解放——马克

思的国家与市民社会理论探析》,《东岳论丛》2005年第2期。

杨锦帆、杨宗科:《试论民族认同的法治化重构——"库尔德倡议"的意义及对我国的启示》,《贵州民族研究》2013年第3期。

姚建宗:《信仰:法治的精神意蕴》,《吉林大学社会科学学报》1997年第2期。

姚建宗:《生活的场景与法治的向度》,《吉林大学社会科学学报》2000年第1期。

殷啸虎、朱应平:《论消极法治和积极法治的互动与平衡》,《法学评论》2003年第1期。

俞可平:《破除"党大还是法大"的谜思》,《山东人大工作》2010年第8期。

喻名峰:《法治认同的理论辨析与路径探索》,《湖南师范大学社会科学学报》2015年第4期。

俞睿、皋艳:《公民意识:中国政治现代化的驱动力》,《求实》2006年第1期。

占茂华:《论西方近代自然法观念及现代法治价值》,《河北法学》2015年第6期。

张恒山:《当代中国的法治观念》,《理论视野》2014年第11期。

张康之、张乾友:《对"市民社会"和"公民国家"的历史考察》,《中国社会科学》2008年第3期。

张永和:《法律不能被信仰的理由》,《政法论坛》2006年第3期。

张耀灿、钱广荣:《思想政治教育研究范式论纲——思想政治教育研究方法的基本问题》,《思想教育研究》2014年第7期。

郑戈:《澄清关于法治的某些思想误区》,《理论视野》2014年第11期。

周光权:《公众认同、诱导观念与确立忠诚——现代法治国家刑法基础观念的批判性重塑》,《法学研究》1998年第3期。

祝捷:《培育宪法精神》,《人民政坛》2012年第11期。

报纸类

丁国强：《依宪治国是法治中国建设的首要任务》，《北京日报》2014年11月26日第17版。

沈瑞英：《确立"法律信仰"》，《北京日报》2011年12月5日第18版。

孙保全：《边疆治理视野中的法治认同问题》，《中国民族报》2015年7月24日第6版。

王英杰、王柏棣：《大学生的法治》，《中国教育报》2014年11月21日第6版。

张金才：《破除"党大还是法大"的伪问题》，《中国社会科学报》2015年7月16日第1版。

学位论文

陈洁：《我国大学生法治教育研究》，博士学位论文，复旦大学，2012年。

李永忠：《马克思市民社会理论视阈下的中国公民社会建设》，博士学位论文，西南交通大学，2011年。

王会军：《中国特色社会主义法治理念研究》，博士学位论文，东北师范大学，2014年。

夏丹波：《公民法治意识之生成》，博士学位论文，中共中央党校，2015年。